U0929258

铁路科技图书出版基金资助出版

机车动车和电车的驱动装置

The Drive of Locomotive Trainset and Tram

徐　铭　编著

中 国 铁 道 出 版 社

2016年·北　京

内 容 简 介

驱动装置是机车、动车和电车的重要组成部分。百年以来机车、动车和电车的发展史也是驱动装置的发展史。

本书论述了机车、动车驱动装置的基本原理、设计要求，从运动学和动力学方面加以说明，将机车和动车的46种主要驱动装置分成十四类，阐述了每一种驱动装置的结构、驱动扭矩的传递、弹性元件的特性、齿轮的技术要求和车辆的走行品质，并以300张详细尺寸的工程图和照片来描述，其中许多驱动装置在国内的机车和动车中未曾使用，也未见诸国内书籍。

本书为铁路技术人员、研究人员和学生学习和研发机车、动车和电车的驱动装置提供了宝贵的资料。

图书在版编目(CIP)数据

机车动车和电车的驱动装置/徐铭编著. —北京：中国铁道出版社，2016. 4

ISBN 978-7-113-21152-3

Ⅰ. ①机…　Ⅱ. ①徐…　Ⅲ. ①机车—驱动机构②动车—驱动机构③电车—驱动机构　Ⅳ. ①U260. 332②U266③U482

中国版本图书馆CIP数据核字(2016)第289922号

书　　名：机车动车和电车的驱动装置
作　　者：徐　铭　编著

责任编辑：侯跃文　　**编辑部电话**：010-51873421
封面设计：郑春鹏
责任校对：孙　玫
责任印制：陆　宁　高春晓

出版发行：中国铁道出版社(100054，北京市西城区右安门西街8号)
网　　址：http://www.tdpress.com
印　　刷：北京盛通印刷股份有限公司
版　　次：2016年4月第1版　2016年4月第1次印刷
开　　本：787 mm×1 040 mm　1/16　印张：14. 75　字数：261千
书　　号：ISBN 978-7-113-21152-3
定　　价：120. 00元

作者简介

徐铭，教授级高级工程师，1931 年出生，浙江省镇海县人，1952 年毕业于上海交通大学机械系机车车辆专业。历任铁道部设计局技术员；铁道部专业设计院标准设计处工程师，机车车辆科科长，工厂设计处热工工艺设计科科长，金工工艺设计科科长；铁道部科学研究院机车车辆研究所机车动力学强度研究室主任；铁道部北京工程机械厂厂长；铁道部援外办公室（中国土木工程公司）副总工程师，驻欧洲地区经理。

序一

改革开放以来，我国铁路实现了快速发展。20 世纪 90 年代开始的铁路大提速和 21 世纪初启动的高速铁路建设，促进了我国机车和动车制造水平的迅速提高。

驱动装置是机车和动车的重要组成部分。随着列车速度的提高，对驱动装置的性能要求也越来越高。为此，百年以来很多国家持续地开展了研究，推出了种类繁多、适合不同速度和功率的驱动装置，并在实践中得以广泛应用。

目前，我国尚缺少系统论述机车、动车和电车驱动装置的专著，现行高校教材中，虽有论及，但都过于简略。今天作者推出了这本著作，将会弥补这一缺陷。本书内容相当丰富，既阐述了机车、动车和电车驱动装置的基本原理，也分析了各种设计结构及其主要性能，并将各种不同的驱动装置加以归并分类。

书中，作者重点分析了各种驱动装置的结构、扭矩传递、齿轮和弹性元件的特性及对车辆的走行品质的影响，此外，还展示了具有详细尺寸的工程图和实物照片 300 张，这些都是珍贵的资料。特别值得提出的是，书中不少驱动装置未曾见诸国内书籍。

本书在论述驱动装置的同时，也尽可能地展示了这些驱动装置所装备的机车、动车，以便使读者不但了解驱动装置本身，也能增加对相关机车和动车发展的知识。

我与作者徐铭同志早年相识，后来也时有接触。他一生服务于铁路事业，曾任职于铁道部所属的设计院、科学研究院和制造企业等多个岗位，从事机车研究或领导工作。他在常驻德国期间，多次考察了欧洲铁路和机车车辆工业。在我看来，作者不但有丰富知识，又有严谨态度，使我特别敬佩的是他在八十岁的耄耋之年仍在伏案勤奋“耕耘”、潜心研究，编写了这本关于机车、动车以及电车驱动装置的专著。

我相信，本书的出版有助于读者系统地了解各种驱动装置的性能，有利于借鉴国外的先进经验，并会对我国机车、动车和电车驱动装置的设计和创新起到促进作用。

原中华人民共和国铁道部部长

中国工程院院士

傅志寰

2014 年 11 月 28 日

序二

机车、动车和电车的驱动装置一书，是作者多年以来从事机车和动车等研究工作所取得的成果，为铁路人员及研究人员提供各种实践经验。该书可为学生、铁路工作人员以及研究人员学习研发驱动装置提供有益的资料。

关于机车、动车和电车的驱动装置，在我国现行的高校教材中，虽有论及，但未有详细、系统论述。该书详尽地阐述了各种驱动装置的发展由来及目前现况，因而它的出版问世将填补这一空白，应该说是一件很有意义的事。

第一章讲述了驱动装置的基本原理及设计要求，后者从运动学、动力学及可靠性三方面提出要求。

第二章驱动装置的分类，为了便于讨论驱动装置的结构和优缺点，进行了必要的分类，这是应该首先明确地做到的第一步。

第三章论述了各种类型驱动装置的主要结构及优缺点，这本书的最主要章节，也是该书的重点内容。

第四章介绍了当今世界铁路高速列车牵引电机的驱动装置。特别列出了日本、法国和德国高速列车牵引电机的驱动装置。

第五章介绍了我国目前机车和动车组的驱动装置。

期望该书的出版能进一步提高我国机车和动车组驱动装置的设计研究水平。

同济大学教授

龚积球

2014年7月6日

前　　言

自从机车作为重要的交通运输牵引动力问世以来，人们一直致力于研究探索从原动机输出的动能如何正确地传送到轮对上去的机构问题。

绝大多数的蒸汽机车是用连杆驱动装置来成组驱动的，由架空导线或轨道传输电能的电力机车，也曾用过连杆驱动装置，而机车、动车、电车以至电传动内燃机车的电动机的运动都与车轴一样，均为旋转运动，所以寻求不用连杆，而直接传递运动的机构是完全合乎逻辑的，这样就发展了牵引电机单轮对驱动装置。连杆驱动装置曾在相当长的时间内占有一定的地位，至今少数国家仍有旧型的电力机车使用连杆驱动装置，但绝大多数都采用了单轮对驱动装置。从 20 世纪初开始，正值机车车辆的新兴时期，世界各国的研发工程师和相关工作人员以无穷的智慧结合大量运行实践积累了经验教训，不断研发和创造出形式多样、适合各种运行速度和国情的驱动装置。

相比世界上先进铁路国家，我国电力机车和电传动内燃机车的起步都较晚，只有 70 多年历史。所有的电传动机车不论是国产的，还是从国外引进的在改革开放前以抱轴式驱动装置为主，远远不能满足我国铁路事业和现代化机车的发展要求，也不符合国外机车的发展史给我们所提供的宝贵经验和教训。改革开放以后，特别是自 1997 年铁路第一次大提速起，我国铁路机车车辆工业通过引进、消化、吸收、创新后得到突飞猛进的发展，各种不同的驱动装置相继引进至我国的机车、动车和电车上。

关于介绍机车驱动装置的书籍，在大学机车车辆教科书和有关机车转向架的书籍均有论述，但专门论述驱动装置的专著却很少，因此编写一本关于论述驱动装置的专著在当今我国铁路大发展的形势下实属必要。笔者在 20 世纪五六十年代期间长期从事机车车辆工厂的新建和改造的工艺设计，曾参与或主持大连机车车辆厂、大同机车车辆厂、太原机车车辆厂等工厂改造的工艺设计。20 世纪 70 年代在铁道部科学研究院机车车辆研究所动力学和强度研究室工作期间，负责机车动力学和强度的研究试验，曾选定机车驱动装置作为一个研究课题，由于上级调动工作只是开了一个头。在20世纪八九十年代笔者曾常驻德国工作数年，有机会陪同原铁道部代表团访问欧洲铁路，领略了欧洲铁路先进的装备和管理，也有机会参观了西门子（Siemens）、BBC、Duewag和Krauss Maffei等机车工厂，考察了机车车辆及其先进生产工艺及设备。也曾乘坐德国ICE高速列车，速度达250 km/h，对列车的高速度、走行品质和旅行舒适度羡慕不已，希冀我国铁路也能达到世界先进水平。如今，我国CRH动车组运营速度已达到350 km/h，我曾多次乘坐京沪高铁，走行品质良好，可与德法日高铁媲美，特别是高铁里程、速度均已达到世界第一位，这是随着我国经济大发展，我国铁路工作者发挥聪明才智，艰苦奋斗的结果，使我兴奋自豪不已，圆了铁路工作者的一个梦。在1992年退休以后，一直想完成在铁科工作时的课题，完成一本有关驱动装置的专著。退休之后，一方面有了时间，可以继续这方面的工作，而另一方面，由于失去了工作平台，想与国内外单位咨询、收集资料变得十分困难，但一直没有放弃。

本书阐述了自1825年英国人乔治·斯蒂芬森（George Stephenson）设计和制造的蒸汽机车上的连杆驱动装置开始到目前高速动车的驱动装置，包含了百年以来数十种不同的结构、形式多样的驱动装置。从1886年美国人斯博拉格（J. Sprague）发明抱轴式滑动轴承电机驱动装置起，发展了抱轴式滚动轴承电机驱动装置，又发明了弹性抱轴式电机驱动装置并派生了ASEA橡胶盘驱动装置，阿尔本-SWⅠ及SWⅡ驱动装置，特别是西门子橡胶块弹性抱轴式驱动装置，取得了原始的抱轴式不可比拟的运行质量和效果。

1889年无齿轮驱动装置首次应用在伦敦地铁，百年以来，这种驱动的研究与应用从未间断，德国AEG和西门子公司在1901年到1903年曾在铁路上进行电动车试验，最高速度达200 km/h，2006年西门子在慕尼黑地铁运行了无齿轮驱动的Syntegra转向架后还拟修改设计用于160 km/h的干线上，无齿轮驱动装置的生命力不断。

本书对德国西门子空心轴六连杆万向轴驱动装置，法国阿尔斯通（Alsthom）和扎克曼（Jaquemin）万向轴驱动装置，瑞士BBC多连杆万向轴驱动装置做了详细的阐述，并寻根溯源这类连杆万向轴驱动装置的创始瑞士布赫利(Brown Boveri Buchli)驱动装置的详细结构。西门子式、阿尔斯通式和BBC式可以说是大扭矩端万向轴驱动装置的代表,小扭矩端牵引电机空心轴万向轴驱动装置以瑞士勃朗包维利(Brown Boveri)圆盘驱动装置,塞雪龙(Shécheron)板簧驱动装置,瑞典ASEA电机空心轴驱动装置和派生的日本WN齿轮驱动装置为代表。大扭矩与小扭矩端驱动装置,在同一时代同台竞争,装在为数众多的机车、动车和电车上。

装有弹簧或橡胶元件的齿轮驱动装置从美国威斯汀豪斯(Westing House)空心轴驱动装置开始,瑞士塞雪龙由Ⅰ型发展到Ⅳ型,奥林肯(Oerlikon)驱动装置由Ⅰ型发展到Ⅵ型,德国AEG-克来诺空心杯驱动装置更是风行一时。

成组驱动装置以连杆驱动装置开始,而法国单电机转向架的齿轮成组驱动,不用连杆却显示了连杆成组驱动的优点而克服了不宜高速运行的缺点,以崭新的面貌再度与单轮对驱动装置竞争。

弹性车轮广泛应用于欧美的电车、地铁动车和轻型动车等轻型列车上,具有良好效果。也曾用于大功率的机车上,2012年庞巴迪提交204台Flexity型100%低地板有轨电车装有4 650个SAB弹性车轮,弹性车轮具有强大生命力,本书将予以详细介绍。

本书对每一种驱动装置力求以细节尺寸的工程图和图片来描述,并对驱动扭矩的传递和效果进行了详细的说明,以便读者参考。第一章对驱动装置的原理及设计要求做了论述;第二章对驱动装置进行了分类;第三章将为数众多的驱动装置分成12类进行叙述,在分类时有个别装置存在着可以分在这类也可以分在另一类的问题,其中,弹性车轮是一个重要的部件,而不能成为一个驱动装置,但与弹性抱轴式驱动装置有相似之处,因此放在一起论述;第四章为高速列车的驱动装置,主要介绍日本WN齿轮联轴节电机驱动装置,法国TGV体悬式三爪万向轴驱动装置,AGV架悬式动力转向架驱动装置,德国ICE-1轮对双空心轴双六连杆半体悬式驱动装置,ICE-3和Velaro架悬式驱动装置;第五章则阐述了我国机车和动车的驱动装置。

本书叙述了各种驱动装置的原始型,及其演变过程和在发展过程中所用的科学的研制试验道路。一般先做样机进行试验，然后小批试验再大批生产，投入正常运行。有的采用在一台机车的两台转向架上安装不同的驱动装置进行对比试验。通过各国铁路的不懈努力，创造出形式多样的驱动装置，在不断的实践中，改进与创新。今日先进的驱动装置均在前人创新中发展而成，学习和吸收前人的经验十分有益，既可以创造更先进的驱动装置也可以从失败的教训中少走弯路。

本书在叙述驱动装置的过程中尽可能介绍安装这些驱动装置的机车、动车和电车的型号、机型和数量，以便从一个侧面了解机车、动车和电车的发展，并包括有关参数（速度、功率、轴距、轴重和转向架）等以供参考。本书保留了英、法、德等文字的专用名词以便读者参考，关于力的单位保留资料来源的单位。

本书中所叙资料均来自驱动装置的生产和运用实践，为读者提供各种经验，希望为学生、铁路工作人员以及研究人员学习和研发驱动装置提供有益的资料。

笔者很荣幸地请中国工程院院士、原铁道部部长傅志寰为本书作序；请我的上海交通大学同学，资深教授龚积球为本书审校。

本书的编写过程中得到原铁道部科学研究院徐榕芬工程师和李桂荣同志的大力协助，还得到原铁道部科学研究院情报研究所、中国国家图书馆、中科院图书馆、原铁道部图书室的大力协助，谨表示衷心感谢。本书有很多图片和资料由我的二儿子夫妇徐放和李斌斌在美国密西根等几个图书馆多方寻找而得以完善，还得到我的老伴徐幼青和大儿子徐冬冬的大力支持。在写作过程中，主要参考了本书所附参考文献中的著作，《国际铁路会议协会公报》，《国际铁路工程》，《铁路机车车辆手册》，中国铁道出版社和《铁道知识》杂志社的部分出版物，龚积球、董锡明、钱立新、藏其吉、俞展猷、刘友梅、鲍维千、张红军、林宏迪、杨中平、华茂昆、赵洪伦等作者的著作、图片，在此向这些书籍的作者们表示衷心感谢。

目　　录

第一章　驱动装置的基本原理和设计要求

一、驱动装置的基本原理

驱动装置是机车、动车和电车的核心部件，为了适应其牵引力和速度的要求，原动机的输出通过一组变速和传动机构传送到轮对上，这些机构都属于驱动装置。

驱动装置的功能：

(1)不影响原动机原有的运动。

(2)转换原动机的速度和扭矩。

(3)原动机与轮对间传递扭矩的弹性连接。

(4)允许原动机和轮对之间的垂向、横向和角位移。

(5)保证车辆良好的走行品质。

驱动装置功能就是要在满足机车、动车和电车的牵引力、速度和运行品质的条件下传递扭矩。

旧式机车的车架弹性地支撑在轮对上，轮对与车架由牵引装置来传动；而现代机车的车体均支撑在转向架构架上，由转向架构架弹性地支承在轮对上，一般在两侧通过纵向刚度很大的定位牵引装置，将轮周的牵引力传递到转向架构架上，再通过牵引装置将牵引力传到车体上去。在机车运行时，轮对上作用着动态和静态的力，其大小主要取决于机车各部件的质量，轮对与转向架的构架、车体与转向架构架之间的弹性以及轮对与轨道上部建筑之间的弹性。为了取得较小的横向力，轮轴与转向架构架之间的连接应具有一定的弹性，两轴以上的转向架，由于通过曲线的要求，轮对相对于转向架应具有一定的横动量。装有二系悬挂的机车转向架和车体示意图如图 1-1-1 所示。

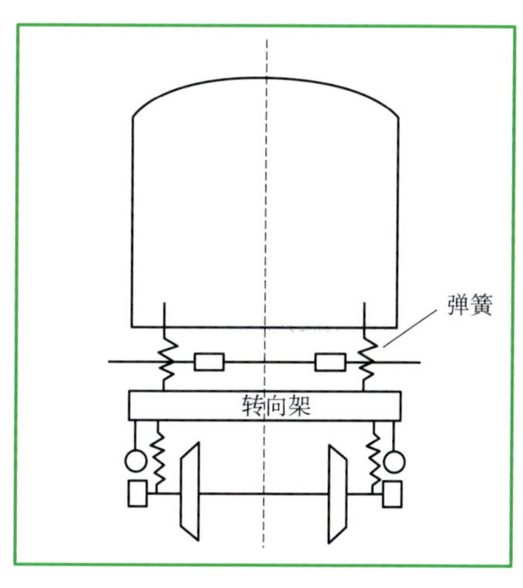

图 1-1-1　装有二系悬挂的机车转向架和车体示意图

转向架构架与车体之间二系悬挂较之一系悬挂在垂向应具有较大的弹性挠度，其挠度一般随着速度的提高而增加。机车速度在 200 km/h 以下，一般情况下，一、二系总挠度速度每增加 1 km/h 弹性挠度约增加 1 mm。为了取得良好的运行品质，车轴的弹簧的弹性要适应车辆质量的分配以控制垂直振动。轮对相对于转向架构架，应在轮对纵轴线的铅垂面内进行垂直位移、角位移和横向位移，这是机车走行部分的基本要求。可以通过建立机车数学、力学模型进行计算，并通过实践经验，选择合理的参数。

机车振动的一般方程式为

$$\boldsymbol{M}q_i+\boldsymbol{D}q_i+\boldsymbol{K}q_i=\boldsymbol{F}$$

式中 $\boldsymbol{M}$——惯性矩阵；

$\boldsymbol{D}$——阻尼矩阵；

$\boldsymbol{K}$——刚度矩阵；

$\boldsymbol{F}$——外扰力矩阵；

q——广义坐标；

i——$1,2,\cdots n$，自由度数。

二、驱动装置的设计要求

驱动装置的设计要求主要是根据机车运行要求而提出的。例如：对于客运机车在低速时，可以采用结构简单的弹性元件少的驱动装置，甚至刚性的驱动装置；对高速客运机车来说，驱动装置对于机车动力学性能和轮轨的相互作用力的影响就很大。现代的货运机车也采用了动力学性能良好的驱动装置，所以理想的驱动装置必须根据工作条件来满足运行品质的要求。其主要要求如下：

1. 运动学的要求

(1)驱动装置要尽可能的不影响动轮轮对的垂向运动。也就是说，要尽可能的没有内阻，从而对轮对弹簧垂向挠度的影响尽可能的小。

轮对通过弹性元件及轮对连接部件与转向架构架相连接，作用于轮对的力通过这些元件直接传递到转向架构架上。如果驱动装置相对于轮对的垂向弹簧装置具有内部阻力，那么作用在轮对上的力将按照驱动装置部件的弹性系数与弹簧部件的弹性系数的比例，有一部分要传到驱动部件上；如果驱动装置因此影响了轮对的垂向弹性，那么为了保证簧上质量所需的弹簧挠度，就需要将轮对弹簧的弹性系数减小。

(2)驱动装置不应阻碍轮对的横向运动，即不产生横向的内部阻力且不影响轮轴的横向弹性。

为了减小机车运行时轮轨相互作用产生的横向力或横向冲击，轮对与转向架构架、转向架构架与车体之间必须具有横向的弹性。

如果驱动装置对轮对的横向运动具有内部

阻力，轮对上的横向力将按驱动装置的横向弹性系数与轮对连接部件的弹性系数的比例，有一部分要传到驱动装置上。一方面给驱动装置的部件增加附加的应力，另一方面也影响了轮对的横动。

轮对的导向和弹性应由按一定标准的轮对连接部件来保证，理想的驱动装置的结构应对轮对的横向运动没有或只有很小的影响。

(3)驱动装置应能够保持正确的角度，电机轴与轮轴的角度应不受轮对弹簧的影响。

当采用抱轴式电机驱动装置时，如果轮轨处于黏着状态，轮对垂向跳动会对电机电枢产生旋转，而电枢的质量阻止这种冲击加速度。这样，除了使传动部件增加附加应力外，抱轴电机悬吊弹簧对轮对弹簧还会产生部分的作用力。电机全悬挂装置也有这种缺点，但比较小。在动轴垂向运动时如果驱动装置不能保持正确的角度就会出现由于轮对的垂向运动和附加在电机电枢上的加速力，造成不规则的扭矩波动。

(4)驱动装置应允许有较大的横动量

为了使三轴转向架在通过曲线时取得较好运行品质和较低的轮轨横向力，必须使中间轴能够横动，以减少导向轴的受力。因此，一般的中间轴具有±25 mm 的横向位移。在这种情况下，驱动部件应不出现或只有很小的内部阻力。

驱动装置的机械传动系统位于动轮与电机或其他原动机之间，轮对与转向架构架之间的相对运动必然要作用到驱动装置上，因此要求驱动装置不仅能够横移，而且能够沿各个方向作角位移(亦即所谓万向偏转)，并允许动轮轮对横移。在发生这些运动的同时，驱动装置可以毫无阻碍地进行扭矩的传递。

以 BBC 万向轴驱动装置为例来描述，从图 1-1-2～图 1-1-6 可以看到轮对相对于电机电枢轴的相对位移情况。当轮对的一个车轮跳动或两个车轮同时跳动时，空心万向轴相对于轮对及紧固在电机上的齿轮轴之间均有角运动。在空心万向轴两端必须装有联轴节，以使空心轴中心导向，并可以进行角位移；同时将扭矩从大齿轮传递到空心轴，再通过另一端的连接装置将扭矩传到轮对上。

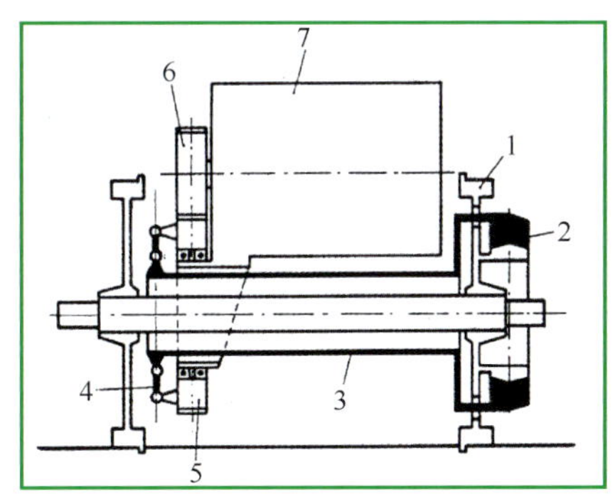

图 1-1-2　在同心位置时的示意图

1—轮对；　2—橡胶环弹簧；
3—万向空心轴；　4—关节连杆联轴节；
5—大齿轮；　6—小齿轮；　7—电动机

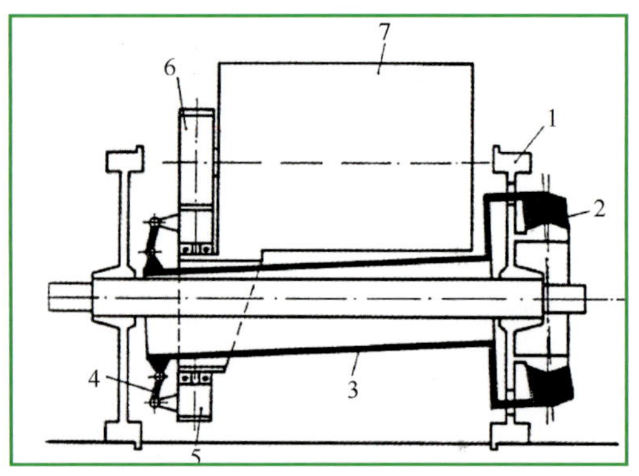

图 1-1-3　两侧轮对相对于电机同时跳动的示意图

1—轮对；　2—橡胶环弹簧；
3—万向空心轴；
4—关节连杆联轴节；
5—大齿轮；　6—小齿轮；
7—电动机

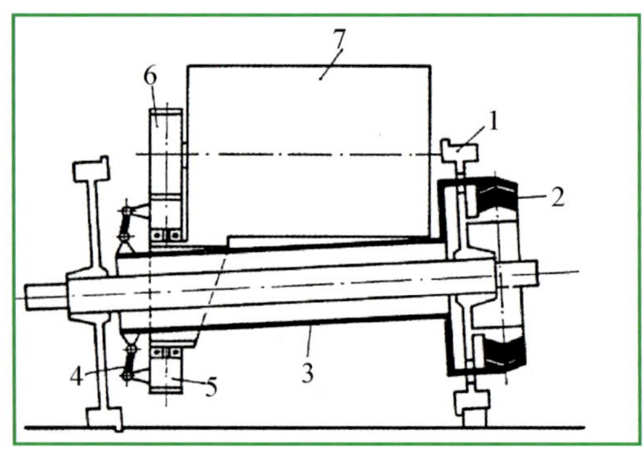

图 1-1-4　轮对相对于电机右侧跳动时的示意图

1—轮对；　2—橡胶环弹簧；
3—万向空心轴；
4—关节连杆联轴节；
5—大齿轮；　6—小齿轮；
7—电动机

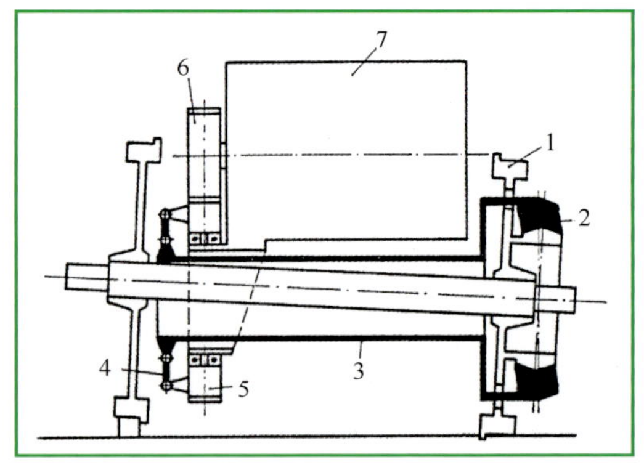

图 1-1-5　左侧轮对相对于电机跳动时示意图

1—轮对；　2—橡胶环弹簧；
3—万向空心轴；
4—关节连杆联轴节；
5—大齿轮；　6—小齿轮；
7—电动机

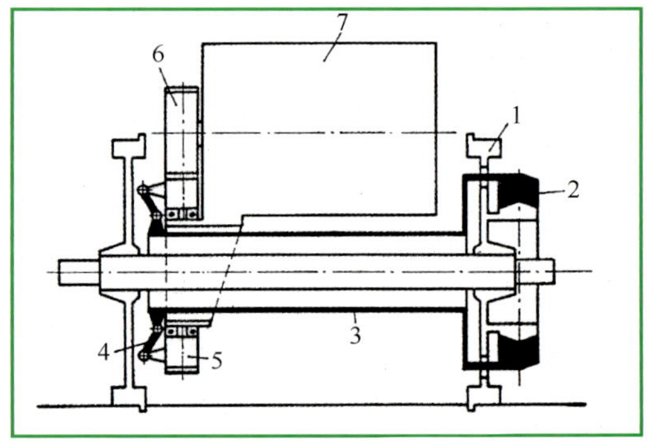

图 1-1-6　轮对相对于电机横动时的示意图

1—轮对；　2—橡胶环弹簧；
3—万向空心轴；
4—关节连杆联轴节；
5—大齿轮；　6—小齿轮；
7—电动机

2. 动力学的要求

(1)应尽可能地将轮对以外的所有部件置于簧上,这样簧下质量只有轮对和少数部件的质量。如果机车簧下质量大,机车在通过不平顺线路、钢轨接头和道岔时会产生大的轮对垂向加速度,随着机车速度的不断提高,冲击力会明显的提高。因此,应设法尽可能地减少机车的簧下质量,对高速机车和动车尤其如此,这可以减少轴重波动,从而改善了牵引力的传递。

采用架悬式、半体悬式或体悬式牵引电机可以有效地减少机车簧下质量。将包括大齿轮在内的变速装置和电机均置于簧上,只有轮对的本身及驱动装置的一部分为簧下质量。动力集中式高速机车转向架采用半体悬式或体悬式牵引电机驱动装置,减少了簧下和簧间质量,从而降低了电机的加速度,提高了转向架运行临界速度。

弹性抱轴式牵引电机驱动装置的一部分质量弹性支承在动轮上,它的弹簧挠度比轮对弹簧要小,因此作用在弹性抱轴式电机的垂向加速度比轮对的垂向加速度要小得多,但比架悬式电机要大。弹性抱轴式电机的垂直加速力与电机加在车轮上的质量成正比,因此,弹性抱轴式牵引电机驱动装置较之抱轴式牵引电机驱动装置有所改进,曾用于欧洲速度为180 km/h 的机车。

(2)在正常运行或在运行中受到冲击而产生轮对位移时,驱动装置的部件不应产生任何外惯性力,即不平衡力。

电力机车制造完成后,要对每个轮对的轮重进行称量,并通过调整轮对的弹簧进行进一步补偿。由于这种调整,由于运用中轮对弹簧的下沉,由于转向架构架、轮对连接部件和电机壳的制造不精确,均需在实际上估计到轮对的永久位移。

在万向轴驱动中,由于轮对位移所产生连接部件的偏心,而产生了不平衡力,它的频率为轮对回转频率的 2 倍,这种不平衡力与驱动装置的设计有关。在双侧布置时,万向轴驱动装置可将两侧的驱动装置作相应的转换补偿,使整个结构达到静态平衡。此外,万向轴驱动装置还可能存在动态不平衡的问题,而这种不平衡有一部分还不能完全平衡,这样就造成电机机壳围绕转向架纵中心线倾斜,并造成轮重的波动。万向轴驱动装置的自由离心力随着行车速度的平方增加。例如德国的 E10001 电力机车的万向轴驱动装置:在轮对位移 20 mm,速度为 130 km/h 时,加在车轮上的自由离心力约为 520 kg;在 35 mm 最大的轮对位移时,自由离心力提高到 910 kg;在轮对位移为35 mm,而速度达到 200 km/h 时,万向轴驱动装置的自由离心力将达到 2 160 kg，相当于车轮静压力的 21.6%；在速度达到 250 km/h，将提高到 3 370 kg，达到车轮静压力的 33.7%。

(3)在持续运行或在运行中受冲击而发生轮对位移时，驱动装置不应增加内部惯性力或浪费弹簧能量。

如上所述万向轴驱动装置在轮对位移时，除了由于不平衡力所致轮重波动，当轮对回转时，万向轴驱动装置关节连杆部件的运动产生附加的内部惯性力。假设轮对的冲击加速度达到或超过 20g① 而产生冲击式轮对位移时，不平衡力和惯性力的瞬时值将更高，由于不平衡力和内惯性力都随速度的平方增大，一旦达到一个极限速度，这个极限速度由于不平衡力和内惯性力将限制驱动装置的使用。不仅由于它的振动，还由于机械应力使结构设计受到限制。不同万向轴驱动装置的不平衡力和内部惯性力的比例是不同的，这要在设计和测试中加以确定。

总之簧下质量和簧间质量均影响车辆的走行品质，动力集中式高速机车和动力分散式动车组将电机全悬挂或半悬挂在车体上、或者全悬挂在转向架上，并采用功率大、重量轻的交流牵引电机以降低簧下质量和簧间质量，来提高机车和动车的走行品质。

① 注 $g=9.8$ N/kg

第二章 驱动装置的分类

机车、动车和电车的驱动装置可分六大类：

连杆驱动装置、无齿轮驱动装置、抱轴式电机的驱动装置、弹性抱轴式电机驱动装置、架悬式电机驱动装置、体悬式和半体悬式电机驱动装置。

一、连杆驱动装置(Rod drive)

一个或两个牵引电机置于机车车架之上，通过变速装置，再由连杆成组驱动动轮，如图2-1-1所示。

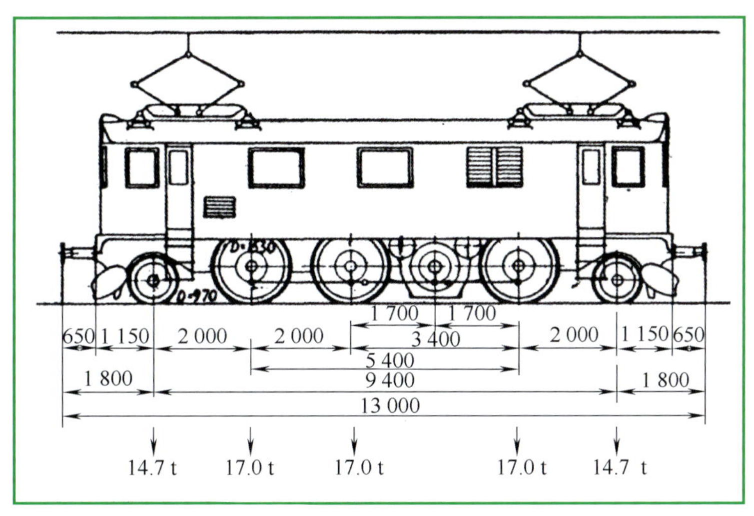

图 2-1-1　连杆驱动装置示意图(单位：mm)

二、无齿轮驱动装置(Gearless drive)

牵引电机的电枢装在车轴上，电枢与车轴的轴是同一根轴，装有定子绕组的电机机壳悬挂在机车车架上，由于在驱动系统中不用齿轮，所以称为无齿轮驱动装置，如图2-2-1所示。在最近研制的无齿轮驱动装置上也有将定子设在车轴上而转子围绕着定子旋转的。

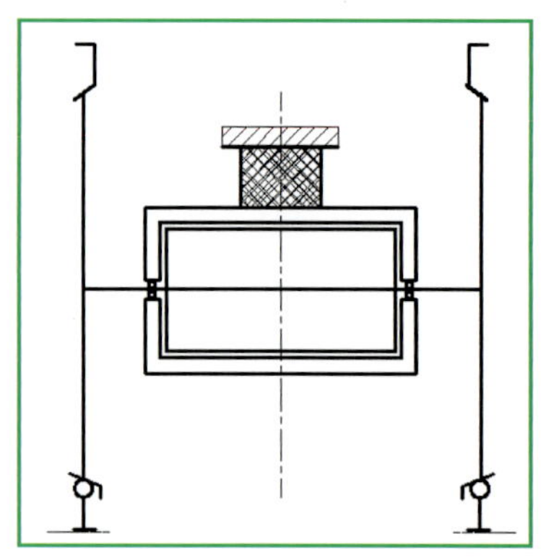

图 2-2-1 无齿轮驱动装置示意图

三、抱轴式电机驱动装置（鼻悬式、电车式）（Drive by motors suspended from nose, Tramway fashion）

抱轴式电机驱动装置的牵引电机的一部分包括减速箱及箱体刚性地支承在动轴上，而其余部分则弹性地支承在转向架构架上，故又称为半悬挂（Motor half suspended），如图 2-3-1 所示。

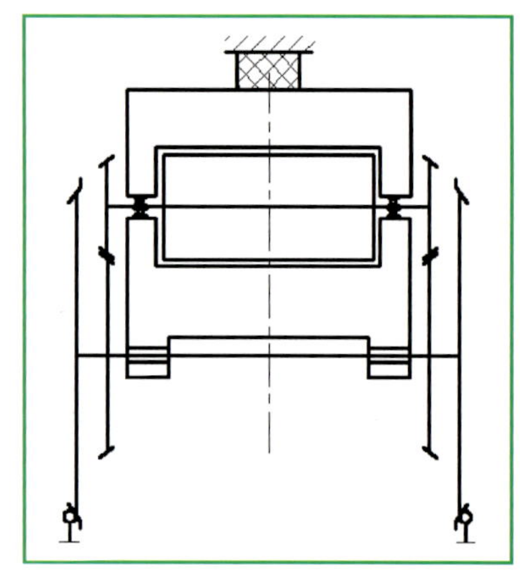

图 2-3-1 电机抱轴式的驱动装置示意图

四、弹性抱轴式电机驱动装置（Drive mechanism with coupling using rubber segments）

弹性抱轴式电机驱动装置与抱轴式很相似，电机的一端与抱轴式相同，弹性地支承在转向架构架上，而另一端则与抱轴式不同，它的抱轴轴承支承在空心轴上，空心轴弹性地悬挂在轮对上，如图 2-4-1 所示。

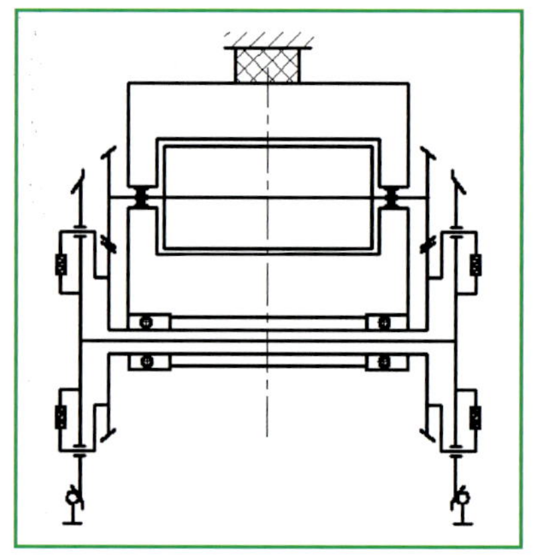

图 2-4-1 弹性抱轴式电机驱动装置示意图

五、电机架悬式驱动装置（Drive mechanism with bogie fully suspended motor）

架悬式驱动装置的电机刚性地支承在转向架构架上，它与转向架构架成为一个整体，电机的质量全部为簧上质量，齿轮箱及驱动机构可以大部成为簧上质量，又称全悬挂电机驱动装置。

主要的架悬式驱动装置可分为七种：

(1)装有连杆和关节的驱动装置(Drive with rods and joints)如图 2-5-1 所示。

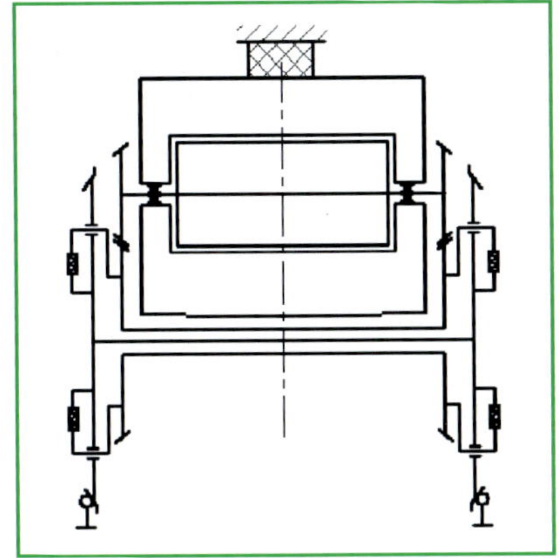

图 2-5-1　装有连杆和关节的驱动装置示意图

(2)装有弹簧(或橡胶)的齿轮驱动装置(Drive with spring or rubber gear)如图 2-5-2 所示。

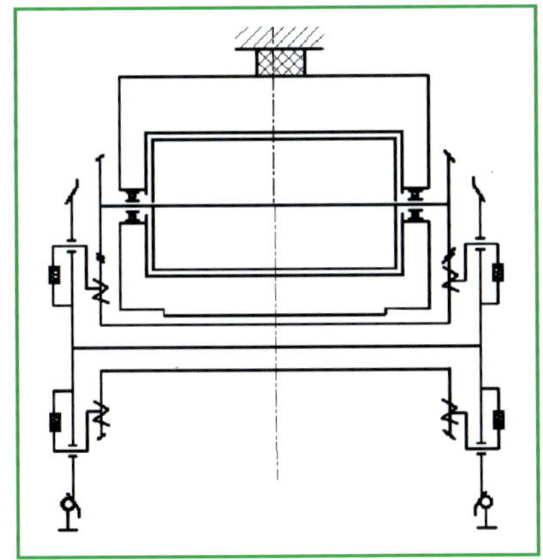

图 2-5-2　装有弹簧(或橡胶)的齿轮驱动装置示意图

(3)十字连结的驱动装置(Driving mechanism based on the oldhlam joint)如图 2-5-3 所示。

(4)大扭矩侧万向空心轴驱动装置(Cardan transmission at the major torsional moment side)如图 2-5-4 所示。

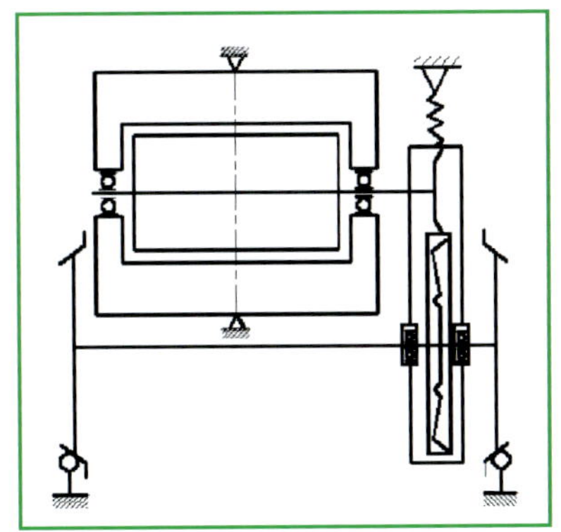

图 2-5-3　十字连接的驱动装置示意图

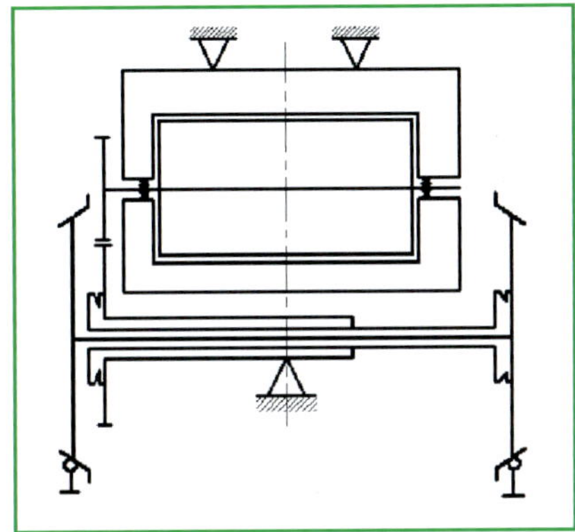

图 2-5-4　大扭矩侧万向空心轴驱动装置示意图

(5)小扭矩侧万向空心轴驱动装置(Cardan transmission at the minor torsional moment side)如图 2-5-5 所示。

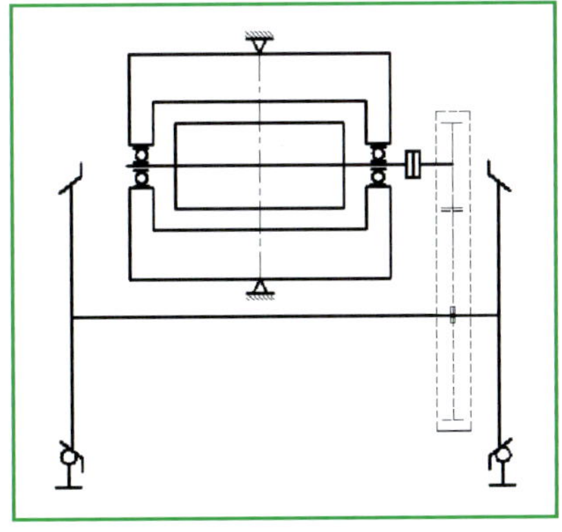

图 2-5-5　小扭矩侧万向空心轴驱动装置示意图

（6）与动轴垂直布置的驱动装置（Motor connected perpendicularly to two axles）如图 2-5-6 所示。

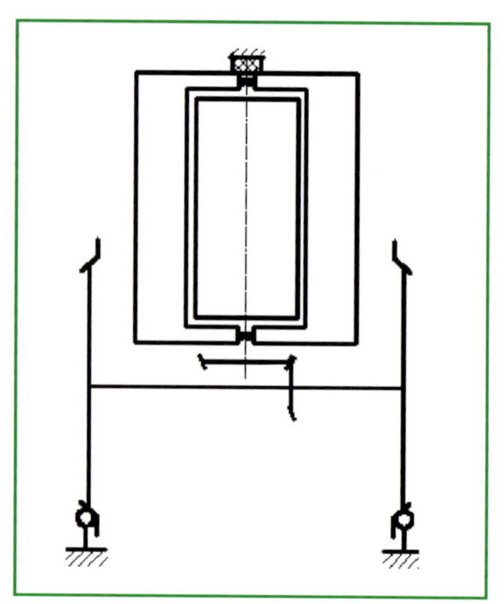

图 2-5-6　与动轴垂直布置的驱动装置示意图

（7）单电机成组驱动装置（Single motor drive）如图 2-5-7 所示。

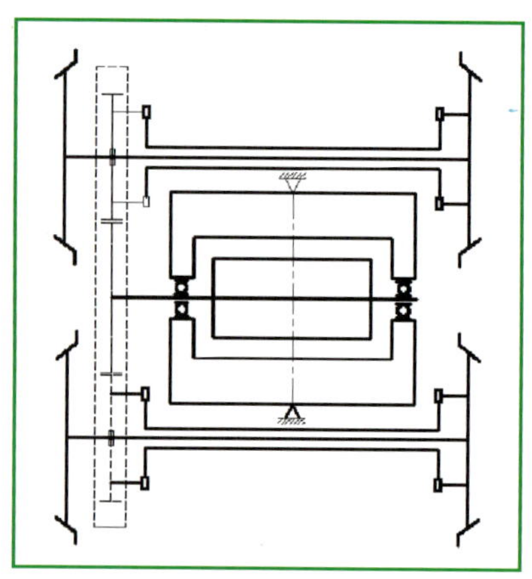

图 2-5-7　单电机成组驱动装置示意图

六、电机体悬式驱动装置（Motor body suspended drive）

电机体悬式驱动装置如图 2-6-1 所示。

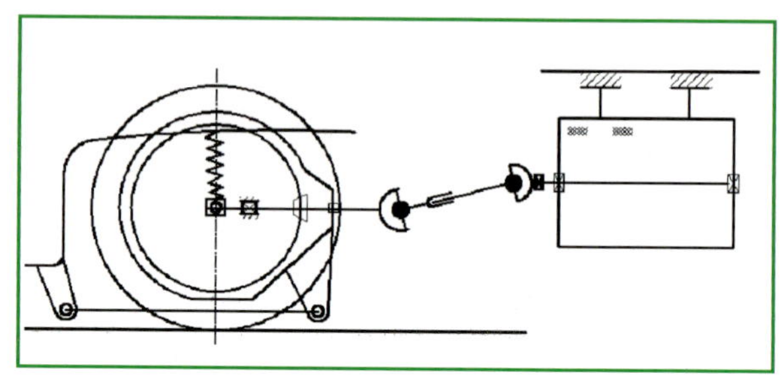

图 2-6-1　电机体悬式驱动装置原理示意图

第三章 各类驱动装置的主要结构和优缺点

一、连杆驱动装置(Connecting rod drive)

连杆驱动装置是在蒸汽机车上大量使用的一种驱动装置,它将往复运动转变为圆周运动以驱动机车前进。在现代机车上单轮对驱动装置占着绝对的优势,连杆驱动装置目前只在少数机车上使用,几乎为人们所遗忘。在电力机车发展的初期,连杆驱动装置在某些特殊用途的机车上曾具有一定的位置,显示过一定的优越性。当时有些人认为在铁路调车机车、山区机车和重型货运机车上使用是有利的,因为调车机车不需要很高的加速度,而需要较大的牵引力。由于调车机车的速度低,一般一个电机的功率已足够,为了黏着利用和具备大的启动牵引力,采用连杆驱动装置是完全适合的;山区机车可在陡坡和不同气候条件下使用;重型货物列车需要大的牵引力,当时认为采用连杆驱动装置也是合适的。

瑞士铁路 61 系列的一台 Te 电力调车机车,轴式 B、单相 15 kV、16⅔ Hz(图 3-1-1),由一台抱轴式电机驱动(图 3-1-2),于 1928 年由塞雪龙(Sécheron)工厂制造。

图 3-1-1 瑞士铁路的 Te 电力调车机车

当时瑞士有大量的调车机车只采用一个电机,并通过连杆来驱动。由勃朗包维利设计的 16331 系列 Ee 3/3 机车(轴式 C)到 1943 年底已有 80 台投入运用。客运电力机车采用连杆驱动是很少的,但是在瑞士铁路上,连杆驱动的电力机车在二次大战中改造为速度达90 km/h 的客运电力机车。瑞士 BLS 铁路 151 系列 SLM-Oerlikon(Be 5/7)机车,轴式 1-E-1、双

图 3-1-2　61 系列 Te 电力调车机车装有连杆驱动装置

电机 2 500 hp、最高速度 75 km/h，如图3-1-3 所示。瑞士 BLS 铁路 171 系列(1912 年由 151 系列 SLM-Oerlikon 机车改造)Ae 5/7 机车，轴式 1-E-1、单相 15 kV、16⅔ Hz、四电机功率3 000 hp、最高速度 90 km/h，如图 3-1-4 所示。

图 3-1-3　瑞士 BLS 铁路 151 系列 SLM-Oerlikon (Be 5/7)机车

图 3-1-4　瑞士 BLS 铁路 171 系列(1912 年由 151 系列 SLM-Oerlikon 机车改造)Ae 5/7 机车

图 3-1-5 所示为瑞士 BLS 铁路 171 系列机车的尺寸图。

瑞典有 333 台连杆驱动的 D 型电力机车，轴式 1-Co-1、机车小时功率为 2 000 hp、最高速度 100 km/h、总重 80 t，首批 50 台(No101～599)

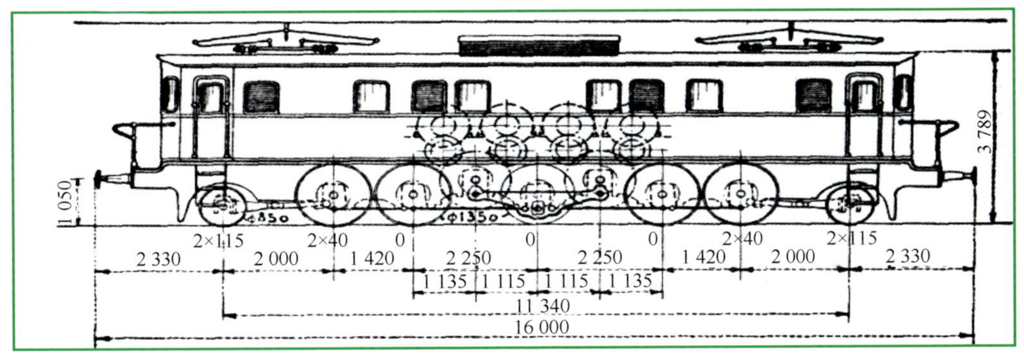

图 3-1-5　瑞士 BLS 铁路 171 系列机车的尺寸图(二级齿轮减速、高速电机,单位:mm)

在 1925 年投入运用,如图 3-1-6 所示。这种机车取消了垂直分力大的斜连杆,只有水平连杆;两个电机驱动同一个齿轮,该齿轮在第二和第三动轴之间,装在空心轴上,它的高度与动轴的连杆、主连杆和第二连杆都在一个水平面上。有两台机车在一段时间内曾改为 120 km/h,而后来又改回(改传动比)。此外,更老的 ZC+ZC(Ph)型机车一台被分成两台,因此两台就改造为四台机车(轴式 1-Co-1),而功率则稍有降低,这种机车在当时的维修费很低,在 1938 年维修价格还不到 F 型机车(轴式 1-D-1)的一半这是因为机车设计简单、批量大、维修有经验的缘故。1952 年瑞典增加了一定数量的 Da 型机车(轴式 1-C-1),小时功率为 2 400 hp、最高速度 100 km/h、轴重 15 t。

当然在速度超过 100 km/h 后,不会再使用连杆驱动,因为它的锤击式垂直冲击很大。目前很多国家已不再发展连杆式驱动装置,而只在少数国家如瑞典仍在山区货运及调车机车上使用。

图 3-1-6　瑞典铁路 D 型机车牵引一列客运列车

二、无齿轮驱动装置(Gearless drive)

1889 年无齿轮驱动装置首次应用于伦敦地铁动车上。

伦敦地铁动车的无齿轮驱动装置电机的电枢装在车轴上,电枢轴与车轴用同一根轴,装有定子绕组的电机机壳悬挂在电力机车的车架上,这种驱动装置没有齿轮,所以称为无齿轮驱动装置。

无齿轮驱动装置的优点是没有齿轮,而最大的缺点是电枢的全部质量为簧下质量,由于簧下质量大,使钢轨和车轴均易于疲劳折损。由于电枢与车轴为一体,而定子则与车架为一体,两者有垂向的相对运动。为了满足电枢的垂直运动,电机的转子与定子之间的空气间隙要大。空气间隙不能保持恒定,使电刷不能正常工作,而影响电机的整流,由于以上原因,电机很容易损坏,这种装置缺点比较多,不久就停止使用了。

J. 白起德(J. Batchelder)提出了一个新的创意,即将装有感应绕组的转子与车轴分开,并和定子一样支承在车架上。此后,这种创意变为现实,从而得到了专利。从此,人们对无齿轮驱动装置就很感兴趣了,并在美国大大地发展起来。1895 年在巴尔的摩和俄亥俄铁路(Baltimore & Ohio)有三台无齿轮式机车投入运用。从 1906 年起 GE 公司曾将无齿轮装置用在 83 台四根动轴的机车上,使这类机车成为当时机车的一个重要组成部分。1919 年,在芝加哥、密尔沃基、圣保罗和太平洋铁路有五台小时功率为 4 000 hp 的机车(轴式 Bo+Do+Do+Bo、直流 3 000 V)投入运用,无齿轮装置的机械部分由美国机车公司制造。

为了了解空心轴传动的发展,以下叙述一种最老的无齿轮驱动装置的典型结构,不少轮对驱动装置是由这种形式发展而来的。这种装置装在 1902 年布达佩斯的干斯(Ganz)工厂制造的 E334 型电力机车,轴式 Bo-Bo、三相 3 000 V、15 Hz,用于意大利铁路。

如图 3-2-1 所示为干斯工厂无齿轮驱动装置的关节联轴节,M 为电机刚性地安装在主车架上,转子键装在围在车轴 A 外的空心轴 W 上,空心轴的末端装有 K_1 和 K_2 两个臂,由销 Q_1 及 Q_2 装在两个小的驱动杆 Z_1 和 Z_2 上,在该杆的另一头通过 U_1 和 U_2 传到双臂曲柄的 H_1 和 H_2 臂上,这两个双臂销装在动轮 R 的轮辐 S_1 和 S_2 上的两个心销 P_1 及 P_2 上。双臂曲柄臂 H_1 及 H_2 的另一头 T_1 和 T_2 由一根连杆 G 连接在一起。转矩的传递如下:当转子按逆时针方向旋转时,双臂曲柄 H_1 和 H_2 被迫绕着心销 P_1、P_2 以相反方向旋转,由于装有通过销 T_1 和 T_2 连接起来的连杆 G,两个双臂曲柄只能围绕着其心销 P_1 和 P_2 同向旋转,由此而产生的在 P_1,P_2 上的反作用力驱使动轮旋转,回转方向与空心轴旋转方向相同,Q_1、Q_2、U_1、U_2 装有球面轴承,以使车轴与装着转子的空心轴之间可以有角位移。

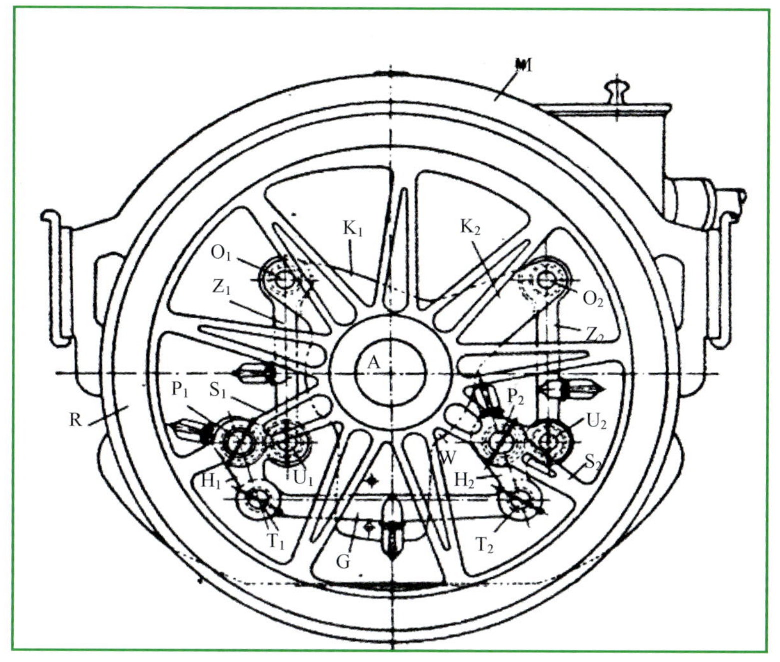

图 3-2-1　布达佩斯干斯(Ganz)工厂的无齿轮驱动装置的关节联轴节(1902)

关于无齿轮驱动装置还有一件值得阐述的事,德国 AEG 和西门子公司在 1901～1903 年期间,曾几次在 Marienfelde 至 Zossen 铁路上做了三相电机的电动车的试运行,最高速度达到 200 km/h,这种电动车装有板簧组成的驱动装置,板簧背对背成对的径向固定在近轮毂处,并由它的活动端作用在车轮的圆周上。

在 20 世纪 80 年代,英国道比铁路研究中心又重新研究了无齿轮驱动装置。将车轴作为定子,转子装在管状的电机机壳内驱动车轮转动,电机重量不超过 2 t,解决了簧下质量大的问题,最高速度达到 200 km/h。这样使无齿轮驱动装置又重新获得了生命力,如图 3-2-2 所示。

1993 年 ABB 和 Adtranz 发送 78 台装有无齿轮驱动装置的 Variotrams 电车至四个城市;利用庞巴迪的专利,Stadler 发送 39 台 Variotrams 电车至三个城市;2006 年西门子在慕尼黑地铁以无齿轮驱动的 Syntegra 转向架重 5～6 t,比常规转向架可降低 2 t 重量(西门子要求降到 5 t)。无齿轮驱动装置消除了噪声和漏油,设计简单,很少磨耗,降低了成本和保养费。

第一步 Syntegra 转向架用于地铁动车可达到 90 km/h。此后,西门子拟稍修设计用于 160 km/h 的干线。图 3-2-3 为两台 Syntegra 转向架在慕尼黑地铁 L1 上试验。

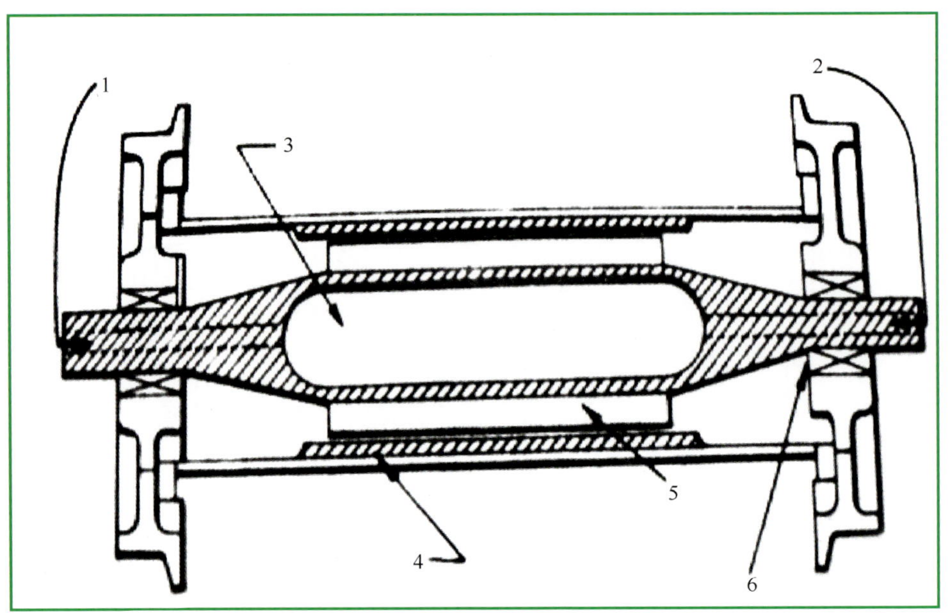

图 3-2-2　英国道比铁路研究中心研究的无齿轮式驱动装置

1—空气进口(Air inlet)；　2—电缆槽(Cable duct)；　3—Ⅰ断面车轴(Ⅰ-Section axle beam)；
4—转子(Rotor)；　5—定子铁芯(Stator laminations)；　6—车轮轴承(Wheel bearings)

图 3-2-3　Syntegra 转向架将在慕尼黑地铁 L1 上试验

Syntegra 无齿轮驱动装置的剖面图,如图3-2-4所示。

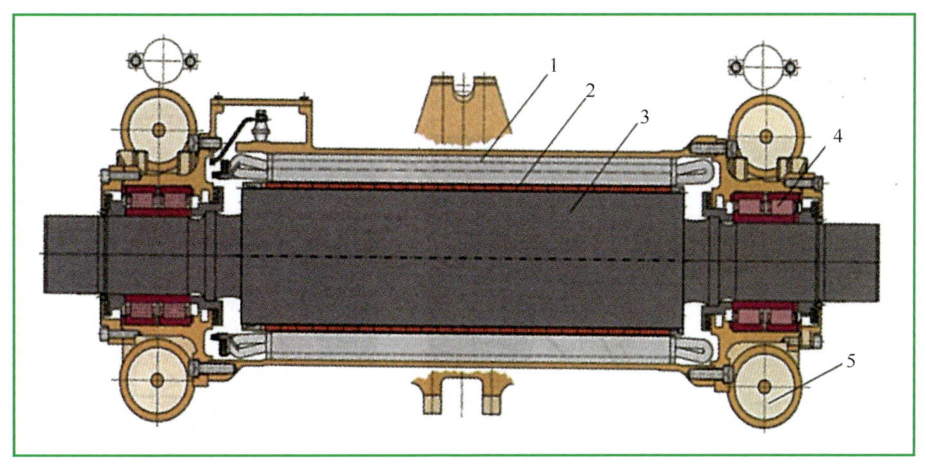

图 3-2-4 Syntegra 无齿轮驱动装置的剖面图

1—定子绕阻;2—永久磁铁;3—转子和车轴组合;4—主轴承;5——次悬挂座

两根摇梁传递车重至车轴并起到铰接转向架的作用,如图3-2-5所示。

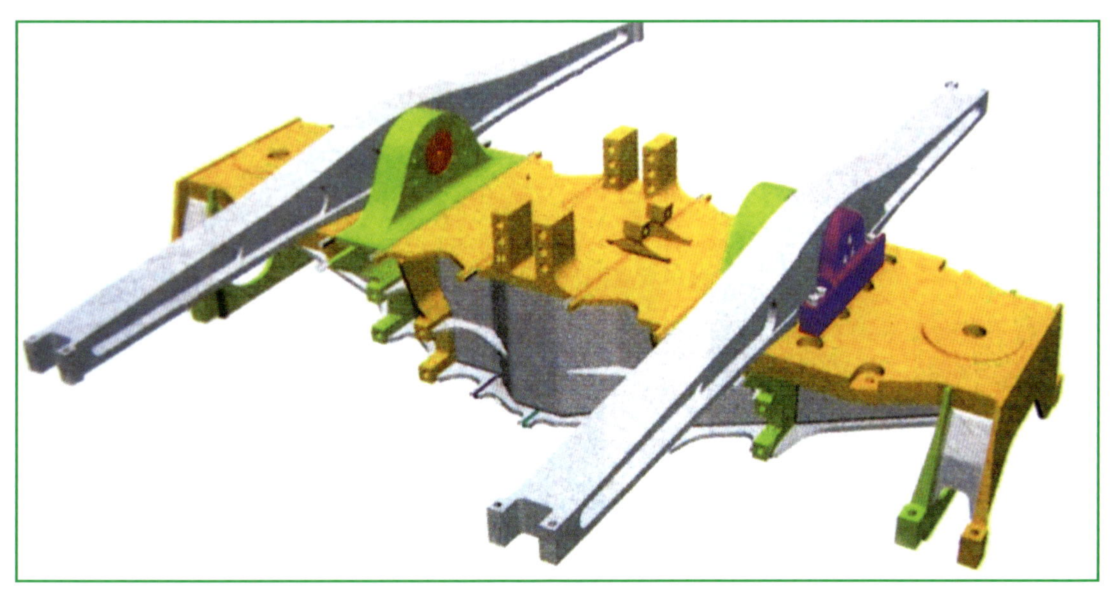

图 3-2-5 两根摇梁

从以上的发展史可以看到:在百年的长河中,人们探索无齿轮驱动从未停止,说明了无齿轮驱动具有相当的吸引力,推动人们去发展和改进。

三、抱轴式电机驱动装置(鼻悬式、电车式)(Drive by motor suspended from the nose,tramway fashion)

1. 抱轴式电机滑动轴承驱动装置的特点

抱轴式电机滑动轴承驱动装置牵引电机的一部分包括减速箱通过滑动轴承刚性地支承在动轴上,而其余部分则弹性地支承在构架上(老式的电机支承在车体上,而目前大多数抱轴式驱动装置是支承在转向架构架上),故又称半悬挂。

抱轴式电机刚性地支承在车轴上,所以驱动装置不能偏转一定的角度,当轮轨处于黏着状态而动轴跳动时所产生的冲击会传送到电机电枢上,使电枢产生旋转,这种作用在电机电枢上的加速力,造成不规则的扭矩波动,并为驱动部件增加附加力,使齿轮等部件易于损坏。

抱轴式电机滑动轴承驱动装置的电机的重量约有一半作为簧下质量,所以簧下质量较大。机车在通过不平顺的线路、钢轨接头及道岔时,轮对的垂直加速度大,引起很大的垂向惯性力,垂向惯性力随着速度的提高而增大。所以,抱轴式电机滑动轴承驱动装置的动力学性能是不太好的,它的垂向动载荷使钢轨和机车的部件易于磨耗和折损。一般认为这种驱动装置的速度不宜超过100 km/h,抱轴式电机滑动轴承驱动装置还有一个缺点是在运行中发生事故时,不能拆下电机或车轴,即不能使用机械的方法,将电机从车轴上卸下来。

这种装置虽然有以上缺点,但具有结构简单、造价低、维修方便等优点,补偿了它的缺点。从1886年美国人斯博拉格(J. Sprague)发明抱轴式滑动轴承驱动装置(图3-3-1)以来,世界上有大量的电车、动车和一部分电力机车、内燃机车,采用了这种悬挂方式。美国在20世纪50年代以来,电力机车、内燃机车的绝大部分采用抱轴式,它以大批量、标准化、价格低等优点与其他国家竞争。

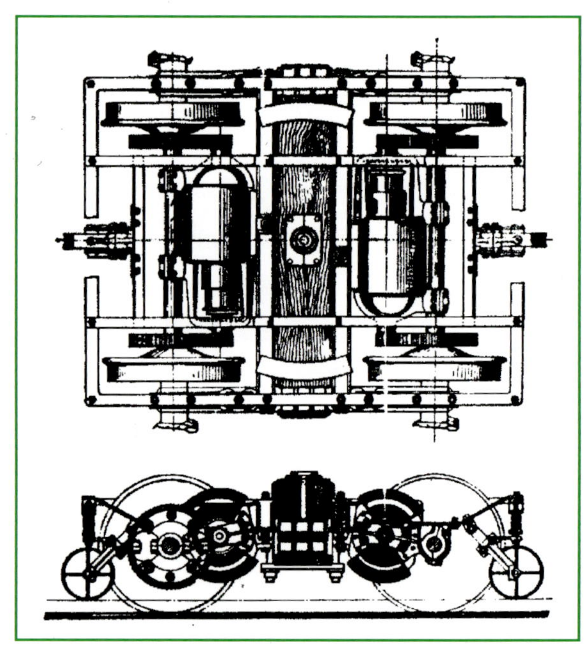

图3-3-1 斯博拉格(J. Sprague)发明抱轴式滑动轴承驱动装置

注:1887～1888年安装在列切蒙德(Richmond)铁路。

2. 抱轴式电机滚动轴承驱动装置的特点

为了适应客运机车的高速度要求，以滚动轴承代替抱轴滑动轴承。滚动轴承改善了抱轴承的工作条件，提高了大小齿轮的啮合精度和寿命，解决了滑动轴承轴瓦的碾片等问题，但没有解决这种装置存在的根本问题，所以运行质量依然不是令人很满意。内燃机车的抱轴式电机滚动轴承驱动装置如图 3-3-2 所示。

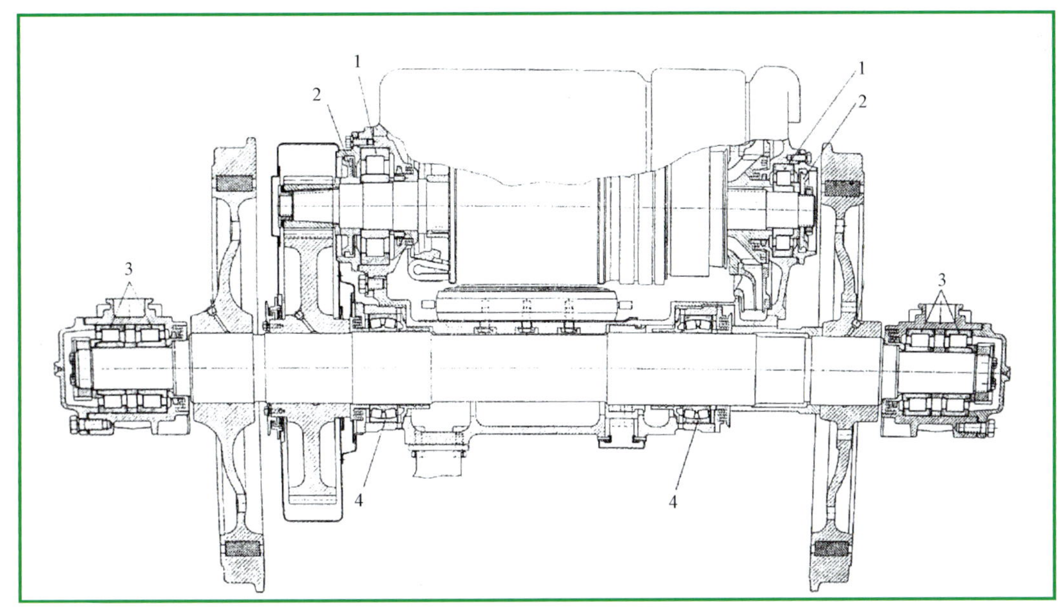

图 3-3-2　内燃机车的抱轴式电机滚动轴承驱动装置

1—电机轴承(MotorLager)；　2—油量调节器(Fettmengenregler)；

3—车轴滚动轴承(Rollenachslalger)；　4—抱轴滚动轴承(Tatzrollenlager)

3. 弹性齿轮

抱轴式驱动装置的单侧与双侧齿轮在运用性能上没有明显的区别，而采用弹性齿轮则修理费大大降低，无论是制造成本或修理费，单侧弹性齿轮都比双侧刚性齿轮更便宜。

一个值得注意的问题是车轴裂损，它的部位在车轴镶入车轮的车轴直径处，在采用了弹性齿轮后，减少了车轴断裂的危险。在欧洲普遍认为，抱轴式驱动装置必须安装弹性齿轮。

瑞士 SOB 铁路 Protex-Mag 型电动车组的弹性齿轮如图 3-3-3 所示。弹性齿轮的橡胶套最好采用人工合成橡胶以防止油和油脂侵蚀。维克斯系列地铁驱动装置的弹性齿轮和装有橡胶套弹簧的弹性齿轮如图 3-3-4 所示。

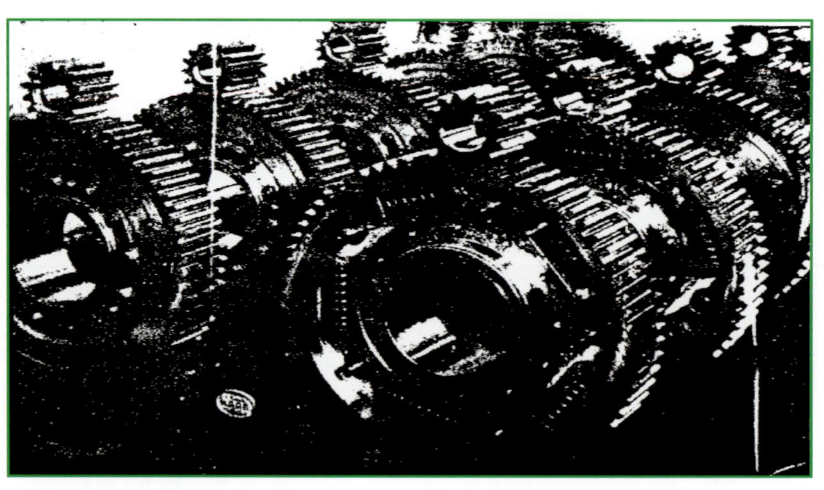

图 3-3-3　瑞士 SOB 铁路 Protex-Mag 型电动车组装有弹性齿圈的弹性齿轮

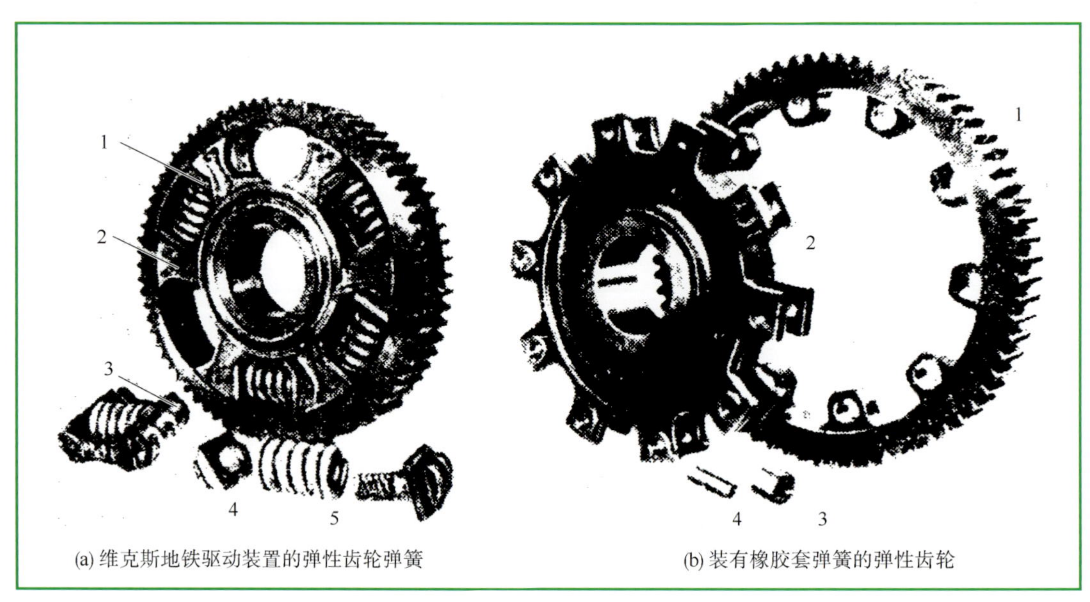

(a) 维克斯地铁驱动装置的弹性齿轮弹簧　(b) 装有橡胶套弹簧的弹性齿轮

图 3-3-4　维克斯地铁车辆驱动装置

1—齿轮；2—齿轮心；3—承托；4—圆簧；5—内圆簧

四、弹性车轮(Resilient wheel)

弹性车轮在机车、电车和动车上得到了广泛的应用，以瑞典 SAB 的弹性车轮 Halmö(Svensko Aktiebolaget Bromsregulator)最为著称。

1. 弹性车轮在电车和动车上的应用

著名的瑞士工程师赫格(Hug)认为在电车、二级线路的动车和小票车上采用弹性车轮是有利的，这有足够经验可以作为定论，并可推广使用。因为上述车辆在运行时，不会有长大坡道，不需要长时间连续用闸瓦进行踏面制动。例如瑞士的电车采用弹性车轮取得良好效果，甚至在装有圆盘式或板簧式等全悬挂电机驱动装置的同时，还装有弹性车轮。图 3-4-1 为 SAB 的一种弹性车轮。图 3-4-2 为日内瓦电车(701 系列动车和 301 附挂车)的弹性车轮。图 3-4-3 所示为奥林肯板簧联轴节驱动装置。图 3-4-4 所示为装有 SAB 弹性车轮的轮对。图 3-4-5 为奥林肯板簧驱动装置的空心轴电机。弹性车轮相比刚性车轮的优点如下：

(1)在轨道垂直不平顺时大大降低动载轮轨力；

(2)大大降低在轮对上的横向力；

(3)降低轮轨的噪声；

(4)延长轮踏面旋修期；

(5)降低抱轴式电机的扭矩波动；

(6)增加牵引力并减少了车轮打滑(由于车轮的扭转弹性)。

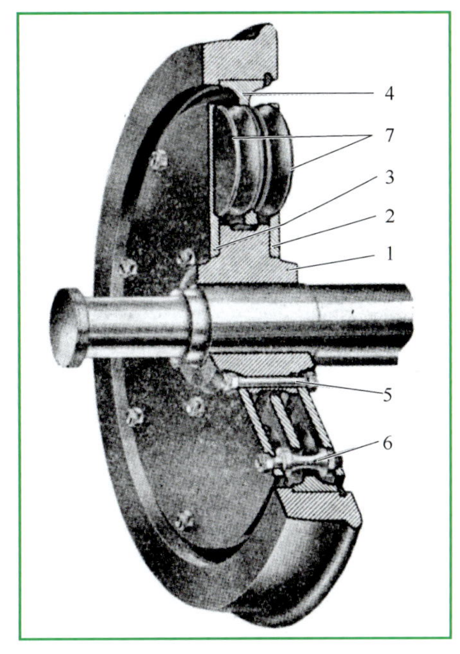

图 3-4-1　SAB 弹性车轮

1—轮心；　2、3—橡胶盘的盖板和定位板；
4—轮箍的保持环；　5—将盖板固定于轮心的螺栓；
6—盖板的定位螺栓，螺栓处于橡胶盘之间；7—橡胶盘

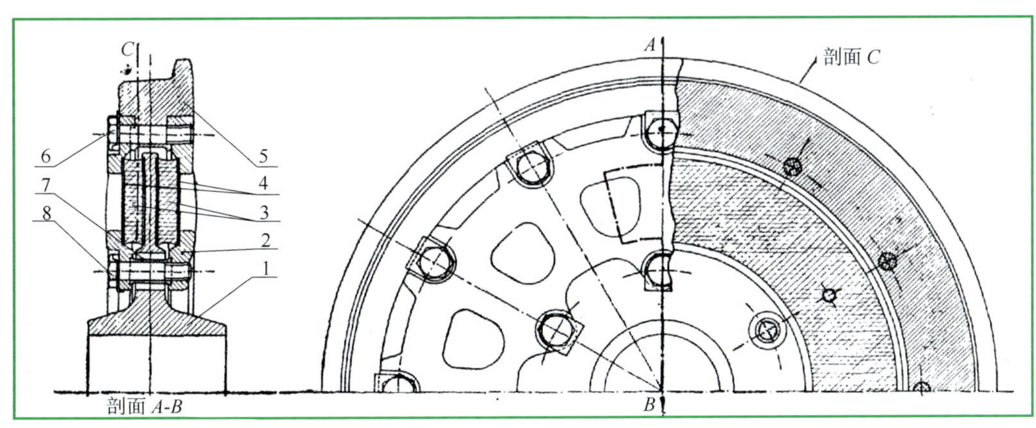

图 3-4-2　日内瓦的电车 CGTE(Compagnie Gènerale des Tramways Electriques)的弹性车轮

1—轮心；2—(用螺栓 6)刚性地固定于轮箍的内外圆盘；3—三个分为 120°部分的橡胶块；
4—橡胶块的金属铠装；5—轮箍；6—固定螺栓；7—间隔套；8—固定螺栓(轮心侧的)

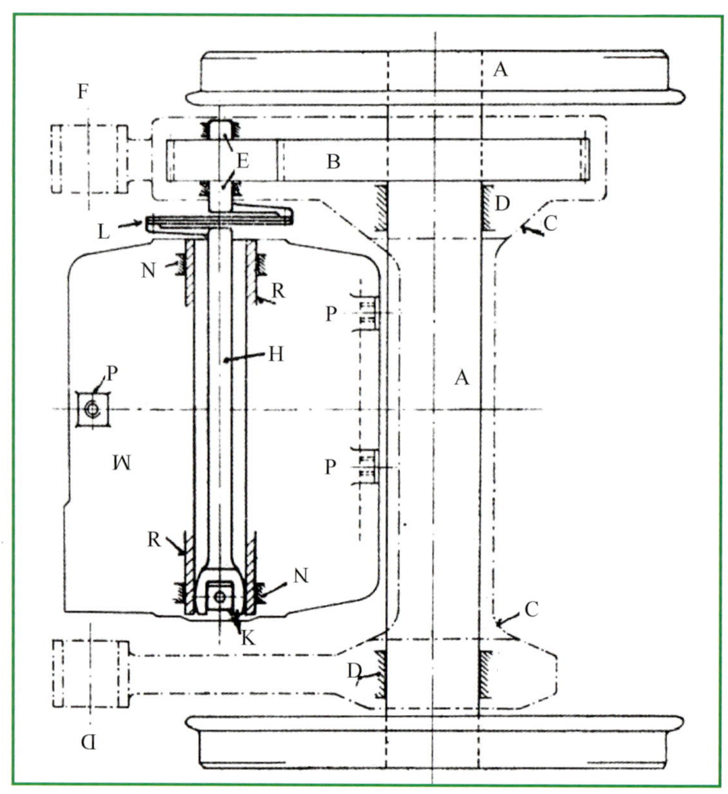

图 3-4-3 奥林肯板簧万向联轴节驱动装置

图 3-4-4 苏黎世区 StSt 电车的轮对组装图

注:装有箱体和支承臂以及 SAB 弹性车轮。

图 3-4-5 奥林肯(Oerlikon)驱动装置的牵引电机

注:装有空心电枢轴上的板簧万向节。

意大利高速动车 ETR No 301 的 SAGA 弹性车轮上装有大量橡胶盘，如图 3-4-6 所示。它的使用效果不好，结构与修理太复杂了，已不再采用，由于橡胶件太多，会引起共振，使橡胶元件很快的损坏，这种部件还缺乏足够的刚度。

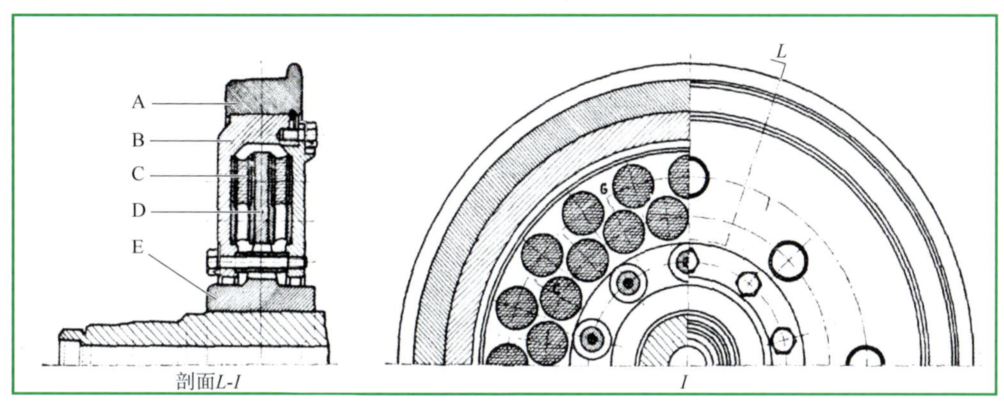

图 3-4-6 意大利高速动车 ETR No 301 的 SAGA 弹性车轮

A—轮箍；B—外盖和车轮盘；C—橡胶盘；D 和 E—内轮盘和轮心

注：A 和 B 可以做成一体。

弹性车轮除了欧洲的瑞典式和意大利式以外，还有美国的 PCC 式（President conference committee）。在 20 世纪 40 年代初，在纽约就使用这种 PCC 式车轮。德国电车则有三种弹性车轮，即（1）Phönix式；（2）Bochumer verein式；（3）Henrichshutte式。

各车种弹性车轮如图 3-4-7 所示。

2. 弹性车轮在大功率机车上的应用

(1)弹性车轮在电车和电动车上取得了良好的效果，但在机车上则有所不同，经过大功率机车运行试验后只在某些国家得到批量使用。

1948 年瑞士铁路在两台客运机车上采用 SAB 弹性车轮，使运行的噪声减少，轮箍踏面磨损减小；由于安装了橡胶圆盘，减少轮箍磨耗，使轮心和轮箍之间允许有少量的横向位移。

1952 年瑞典铁路订购的 280 台内燃动车上采用了 SAB 弹性车轮，有的电力机车也采用了弹性车轮。

在机车上安装弹性车轮的目的主要是防止抱轴式电机驱动装置的簧下质量所带来的破坏作用；此外还防止由于打滑所带来的锤击式的打击力，而弹性车轮则可吸收冲击和振动。弹性车轮应采用人工合成橡胶以防止油和油脂侵蚀。

(2)弹性车轮能否用于大功率电力机车上，英国铁路做了大量实验研究工作，约有 5 000 对轮对安装了 SAB 弹性车轮用于 86/2 型电力机车（功率 3 700 kW）上。

图 3-4-7　六种广泛采用的弹性车轮的比较

英国86/2型电力机车所采用的弹性车轮的结构如图3-4-8所示。其弹性车轮主要有四个大部件组成，整体轮箍(3)悬装在沿着圆周安设的成对的橡胶块上，橡胶块在轴向压装在外盘(2)与轮心(1)上，压盘有螺钉(4)和螺栓(5)紧固在轮心上，并给橡胶块以必要的轴向预压力，以便使所有的橡胶块均匀地传递车轮的载荷。

弹性车轮的特性可以通过改变橡胶块的硬度、厚度、直径和数量，在一定的范围内加以调整；在车轮上可以装电线和从车轴上卸轮用的油道。86/2型高速机车的车轮具有很大的扭转刚度，可提供全盘式制动或全踏面制动，橡胶块承受径向和切向的剪切应力和轴向或横向的压应变。为了散发高速运行和路面制动时橡胶变形所产生的热量，在轮心上装有辐条组成的风扇叶片，以冷却橡胶块。

(3)英国86/2型电力机车使用弹性车轮的效果：

英国铁路与SAB公司进行了轮轨相互作用的数学、力学的理论研究，他们认为使用弹性车轮对降低轮轨的作用力和冲击是有效的，他们不仅进行理论研究还进行了实践试验，试验证明了SAB弹性车轮具有以下优点：

①降低了轮轨的垂直力

减小作用在轨枕和道岔的垂直动载荷取决于加入弹性车轮的弹性以及轨道的刚度。作用在轨枕上的力几乎是轨道刚度的平方根的函数。可以认为车轮中加入了弹性，通过串联亦

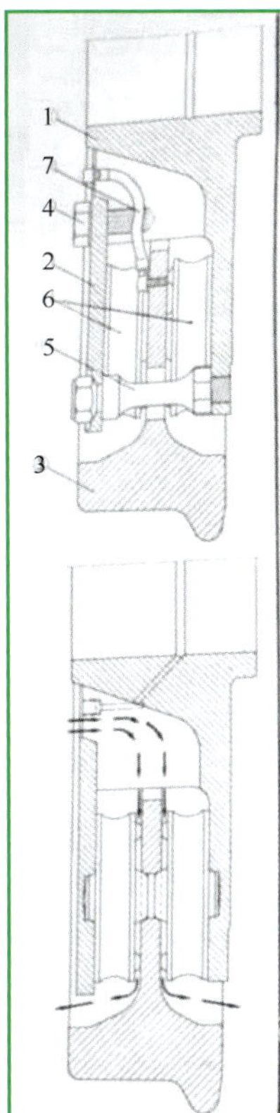

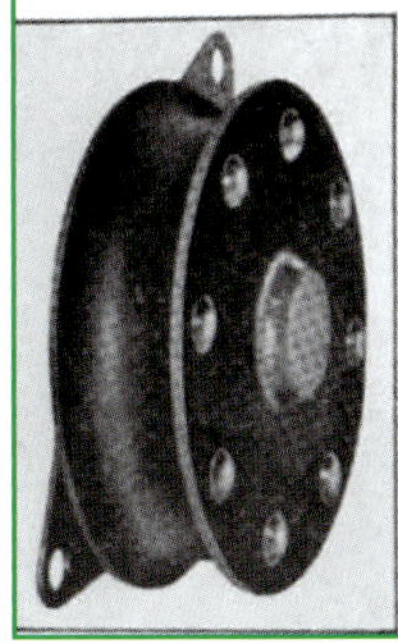

图3-4-8　86/2型电力机车安装的SAB弹性车轮

1—轮心(内盘)；　2—外盘；

3—与中盘一体的轮箍；

4—紧固着螺栓的外盘；

5—将外盘紧固在中盘(轮心)上的定距螺栓；

6—压在车外盘中盘和轮心内盘上与成对的橡胶块；

7—中盘间轮箍与轮毂间的电线

增加了钢轨的弹性。假定弹性车轮的车轮刚度与钢轨的刚度相等而传统的车轮的刚度被认为无限大，则可以预期，轨道的动载荷减少了30%，这是因为车轮和轨道系统的串联刚度仅为轨道系统单独刚度的50%（$\sqrt{0.5}=0.7$）。按照这个论据，轨道刚度越大，则采用弹性车轮越有利，因为弹性车轮的刚度一般均低于钢轨的刚度。弹性车轮通常可使轨道载荷减少达50%。

86/2型机车采用弹性车轮与传统车轮以各种不同速度通过试验的钢轨接头测试时，钢轨接头下垫板的（底板）动载荷测试表明：SAB弹性车轮在160 km/h所产生的载荷相当于传统车轮85 km/h的载荷，在整个速度范围可见弹性车轮的动载荷要比刚性车轮少50%，如图3-4-9所示。这个结果同时被机车通过该试验点时所测得的轮对的垂向加速度峰值所证实。

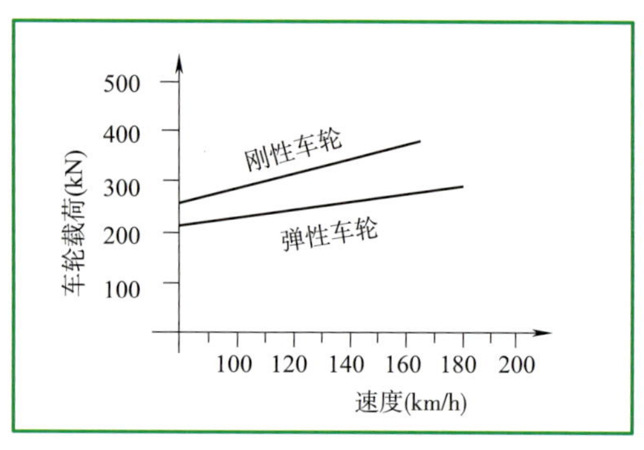

图3-4-9　通过试验钢轨接头时加在底板的载荷

影响冲击的因素主要是轮圈的质量和轮箍断面积的二次矩，弹性车轮的轮圈质量小，并具有弹性，使冲击力大大减少。SAB弹性车轮可降低轨道接头处的冲击力10%，而在鱼尾板上第一个螺栓孔的应力有时减少达40%，这就减少了该处断裂的可能性，如图3-4-10所示。通过道岔辙岔时采用SAB弹性车轮可降低轮对的垂直加速度峰值45%，加速度由一般车轮的20*g*降为弹性车轮的12*g*，如图3-4-11所示。

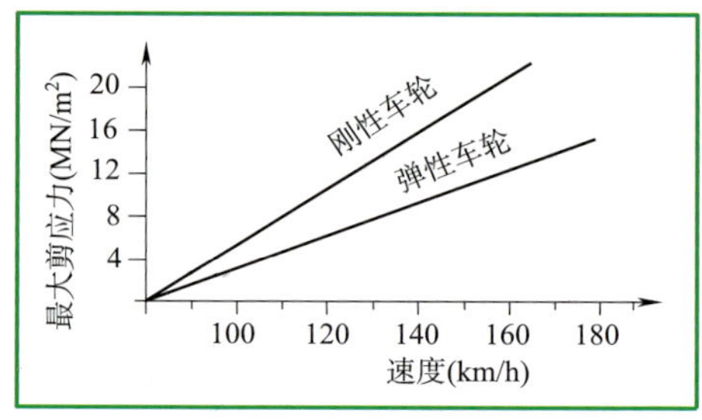

图3-4-10　在鱼尾板第一螺栓孔的最大应力

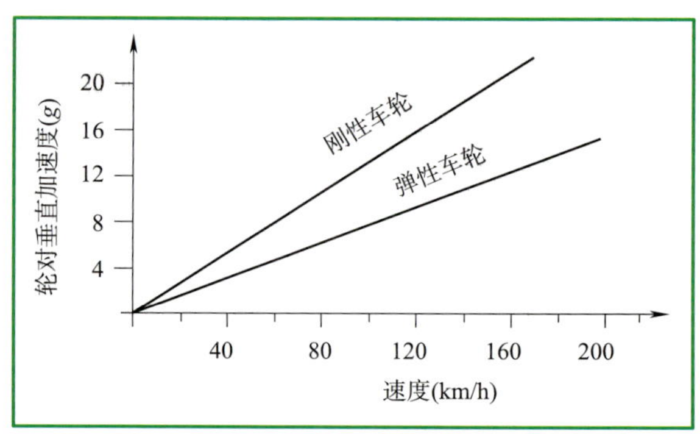

图3-4-11　通过道岔和辙岔时轮对加速度的峰值比较

装有两种不同车轮的机车，以160 km/h的速度通过一段0.5英里的焊接长钢轨铁路，由轮对的垂直加速度作出0～100 Hz范围内概率密度的分析，两种情况的加速度均方根值（rms）说明了弹性车轮的加速度概率密度要减少约45%左右，如图3-4-12所示。

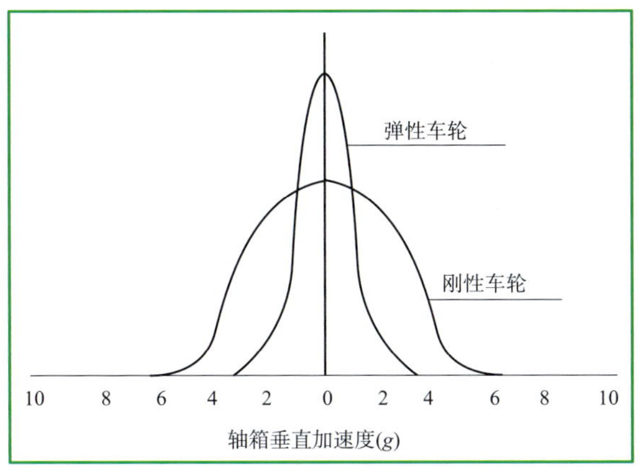

图 3-4-12 概率密度分析

②降低了轮轨的横压力

弹性车轮的弹性增加了自由度，使高速动车(Bo-Bo)自由度设计增加到 31 个方程式。对高速车辆的设计者来说增加自由度有可能使转向架的失稳而导致横压力大到不可以接受的问题，必须认真选择整个悬挂的刚度和阻尼，以取得最佳的设计，不然这种车轮的轴向和扭转位移会使轮对接触区的蠕化阻尼减小至不可允许的程度。英国铁路发展了一种通过理论解决的办法，在 86/2 型电力机车上用弹性车轮做实验(甚至用在自由销柔性圆簧转向架上)，机车并没有重大改造，而只是装了一种简单的抗摇头的高效液压减振器，减振器装在硬橡胶装置上，以充分保证在轮踏面为大锥度的情况下达到 200 km/h 的稳定性。

在横向平面，当频率范围为 0～90 Hz，采用弹性车轮，使在直线上运行的轮对的加速度大大地减小。它的最大加速度比一般的车轮在同一地点的平均加速度还低，轮轨的横压力也有所降低，如图 3-4-13 所示。

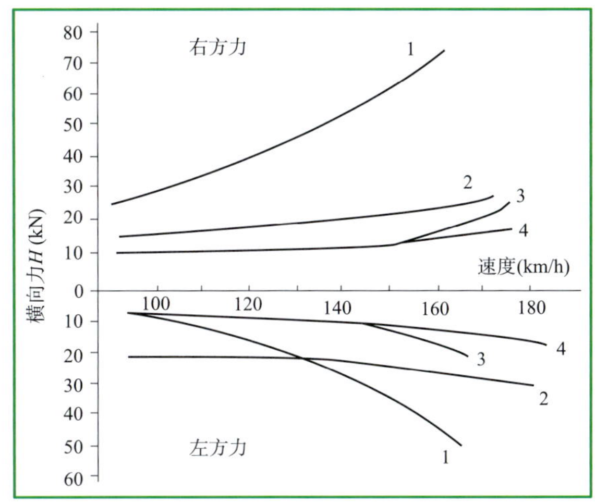

图 3-4-13 在 86/2 机车装有二系弹簧 SAB 弹性车轮和普通车轮在直线上的横向力 H 的比较

1—刚性车轮最大值； 2—弹性车轮最大值；

3—刚性车轮平均值； 4—弹性车轮平均值

③改善了牵引电机的工况

对运行机车上的牵引电机加速度进行了测试，在频率为 0～100 Hz 的范围内，垂直振动加速度降低 45%，最大加速度由 $20g$ 降为 $12g$。

当轮对轨道垂直不平顺时引发电机电枢的扭矩波动，由于安装了弹性车轮，使这种波动减少了 30%，这些扭矩的瞬时波动能十倍于最大牵引或制动扭矩，特别在装有抱轴式电机的驱动装置的机车上，改装弹性车轮比之复杂的架悬式电机而装有刚性车轮有着显著的技术优点。

④延长了轮箍的寿命

SAB 弹性车轮经过 40 多年生产经验已十分可靠，在干线运行的轮箍和橡胶块具有旋修轮箍期 100 万 km 的寿命。瑞典铁路在 19 台用于铁矿石运输的Dm3型电力机车(轴式Do-Do-Do,功率7 300 kW)上装有弹性车轮后,提高了轮箍镟修周期,由4～8万km里提高到20万km;机车大修时间由45万km提高到75万km。装有弹性车轮使司机室的噪声由95 dB降为85 dB。

⑤改善了轮对打滑现象

在低速运行时采用弹性车轮,由于车轮的扭转自由度平滑了扭矩的脉动或防止了接触区的打滑可以增加牵引力;在高速运行时采用弹性车轮,减少了车轮打滑,可充分发挥其牵引力。其原理为当一个车轮达到黏着极限而打滑时,扭矩传送至另一头的车轮使它也达到黏着的极限。在这种瞬时情况下,车轮在轮轴上以轮对的自然频率进行扭转振动,由于轮轨之间的相对滑动,使有效扭矩减少25%～35%。装设弹性车轮可使轮对的扭转频率大大降低,使轮对扭矩影响减慢,在瞬时减少了每个车轮的相对打滑,则在很多情况下避免了车轮开始打滑,一般可限制扭矩损失的10%。

根据上述实践证明,在抱轴式电机驱动装置的转向架上采用弹性车轮是有利的,也是一种比架悬式驱动装置便宜得多的方法。SAB公司的资料称一台大功率Bo-Bo电力机车上装弹性车轮,每个轮对的成本仅1.375英镑,而用架悬式电机弹性驱动装置每轴成本为11英镑。在1974年以前SAB公司已生产弹性车轮40 000个,这些车轮大多数已运行达100万km以上;英国铁路安装了瑞典SAB公司的弹性车轮10 000个以上。

(4)使用弹性车轮时值得注意的问题:

①橡胶块的蠕变

在常温时常规的车轮24 h内蠕变的变形为9.5%(0.25 mm),在12 h后无进一步的蠕变变形,即使机车停运几个星期,其变形也不会增加。在繁忙的城际运输中作同样的试验,橡胶块的温度比周围环境温度高30℃,在机车停运24 h后,暂时变形达21%(0.55 mm),如图3-4-14所示。经详细地观察即使机车长时间停留,在机车达到高速运行时,轮对瞬时变形自行消失,蠕变是一个需认真试验和值得注意的问题。

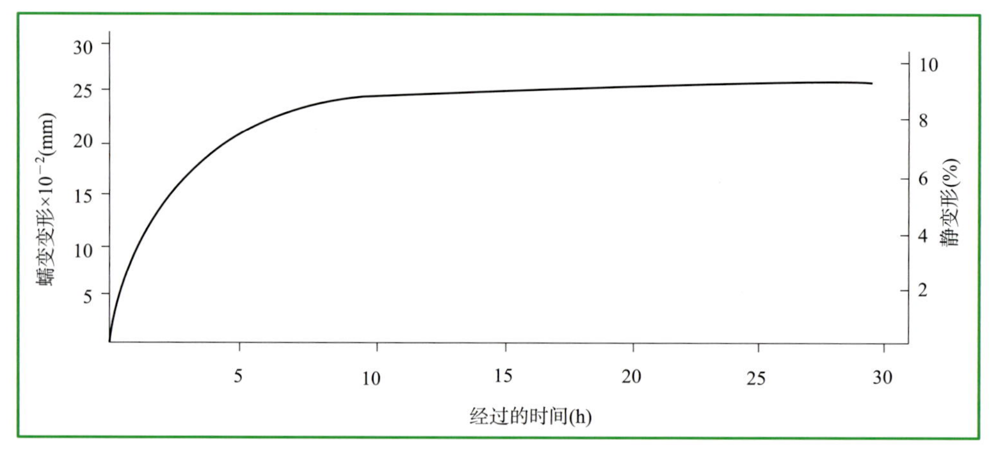

图3-4-14　在18℃的环境温度中SAB弹性车轮的蠕变曲线

英国铁路规定高速动车车轮的不圆度不得大于0.25 mm。

②制动与高速运行时对橡胶温度的影响

在制动及高速运行时轮箍发热，对橡胶的影响很值得注意。在86/2型机车上装有全电阻制动和全踏面制动的两台机车进行了线路制动试验确认了使用弹性车轮是合适的。在正常试验时将电阻制动关掉，全部用踏面制动，轮内橡胶块表面温度未超过67 ℃，属于在橡胶临界温度范围内。在机车高速运行27万km后，橡胶并未因发热而损坏。在试验台和其他运行试验说明了橡胶块在紧急制动时未发生过热。

(5)弹性车轮的事故：

1998年6月德国ICE-1型高速列车发生了重大的列车脱轨事故，经过调查认为事故原因是由于采用了德国VSG交通技术公司生产的Bochum 84弹性车轮和没有对轮对进行超声探伤。VSG公司生产弹性车轮已超过50多年的历史，主要用于城市铁路和电车的Bochum 84弹性车轮也已生产超过6 000个，这次事故对弹性车轮在高速列车上的应用产生一定影响。

3. 弹性车轮的新发展

2012年庞巴迪北美公司向多伦多市提交了204台Flexity型100%低底板有轨电车，如图3-4-15所示。该项目总计需要4 650个直径640/580 mm的弹性车轮(图3-4-16)，这是SAB公司80年来有关圆盘式弹性车轮的最大的合同。

图3-4-15 在多伦多市的新一代Flexity型低底板有轨电车(装有SAB圆盘式弹性车轮)

图 3-4-16　多伦多市采用的SAB圆盘式弹性车轮(直径 640/580 mm)

新发展的有通风功能的用于闸瓦制动的硫化橡胶圆盘弹性车轮如图 3-4-17 所示。GHH 车轮公司生产的弹性车轮系列如图 3-4-18 所示。

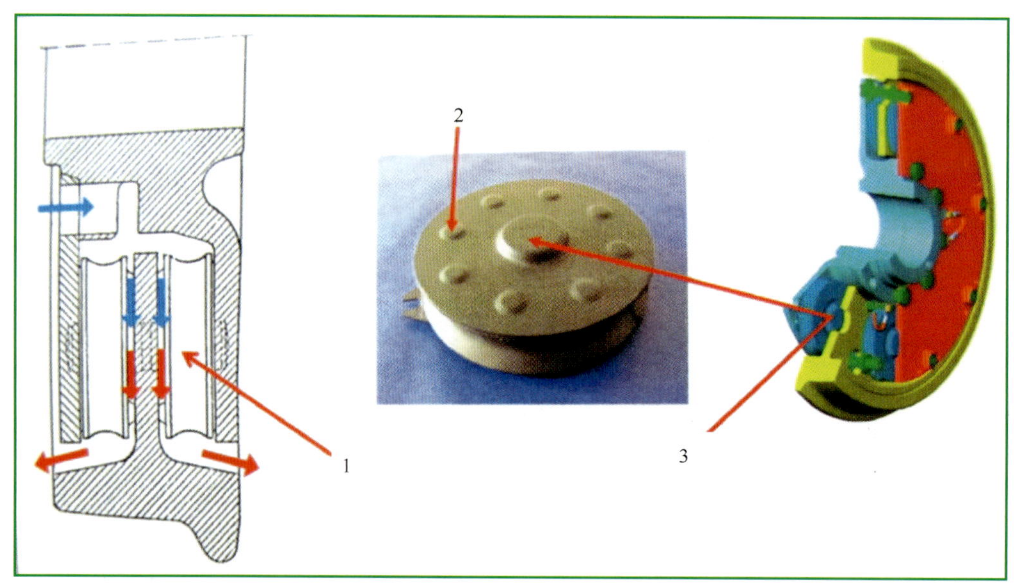

图 3-4-17　有通风功能的硫化橡胶圆盘弹性车轮

1—橡胶元件的通风(Luftführung zur Ventilation der Gummipuffer);

2—与车轮轮毂辐板形成间隔的圆形突台(Warzenförmige Erhebungen als Abstandshalter zur Radreifenscheibe);

3—硫化的弹性元件的锥台(Anvulkanisierte Rückenbleche mit Konusförmigen Zapfen)

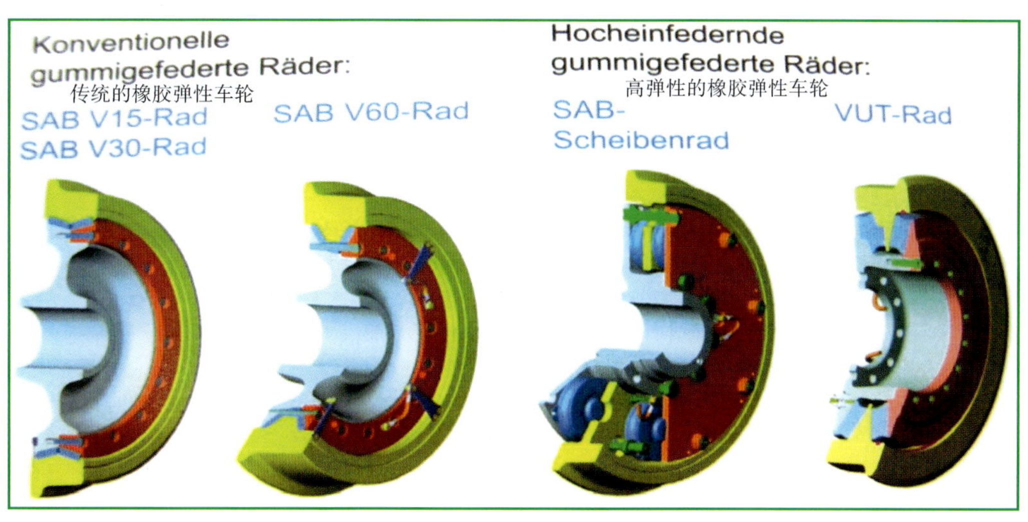

图 3-4-18　GHH 车轮公司生产的弹性车轮系列

便于换装车轮的 SAB-V60 弹性车轮如图 3-4-19 所示。比利时的 Hermelijn 型低底板有轨电车(图 3-4-20)上装有 SAB 弹性车轮。

图 3-4-19　便于装换车轮的 SAB-V60 弹性车轮

图 3-4-20　在比利时的 Hermelijn 型低地板有轨电车(装有 SAB 弹性车轮)

谈到庞巴迪 Flexity 型 100%低地板有轨电车,顺便叙述一下有轨电车无接触网运行。庞巴迪提供 PRIMOVE 系统将铺于地下的电缆连到供电网,安装在车辆底部的感应线圈将埋在地下的电缆所感应的磁场转化为电车驱动系统所需的电流,如图 3-4-21 所示。感应式电力传输的原理基于变压器的感应式电力传输如图 3-4-22 所示。

图 3-4-21　PRIMOVE 供电系统示意图

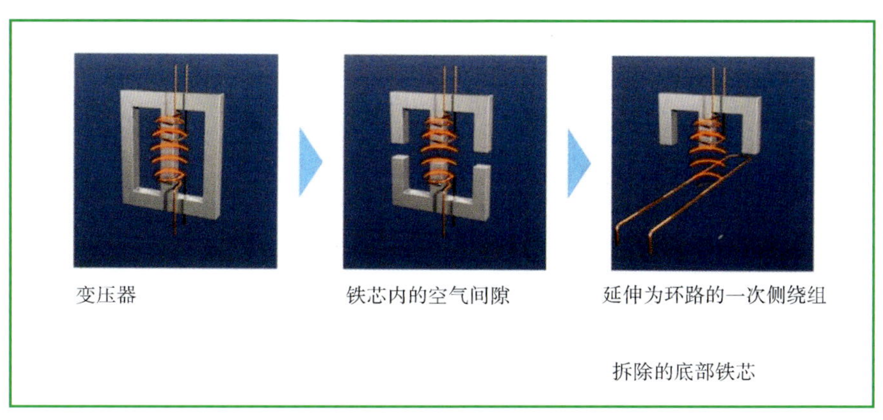

图 3-4-22　感应式电力传输的原理

法国阿尔斯通的无接触网有轨电车的输电采用埋在地下铺设在轨道中间的第三轨，为有轨电车送电的是 APS 供电系统。在法国兰斯的 CITADS 有轨电车如图 3-4-23 所示。

图 3-4-23　法国阿尔斯通在兰斯的 CITADIS 的无接触网有轨电车

五、弹性抱轴式电机驱动装置(Resilient drive by motor suspended from the nose)

弹性抱轴式电机驱动装置一端以“鼻”悬于转向架构架上，这点与抱轴式是相同的，而另一端则支承在空心轴上，空心轴通过各种形式的弹性元件支承在轮对的轮心上。这种装置比抱轴式复杂些，而比架悬式又简单的多，可以用在比抱轴式的速度高而又低于架悬式机车的速度

范围内。

弹性抱轴式电机驱动装置的想法，早在1920年就已由德国提出来，但因战争而未付诸实现，后在美国、法国、瑞典生产过类似的装置。20世纪50年后，德国又重新研制这种装置，成为当时德国大多数电力机车所用的驱动装置。

1. ASEA橡胶盘驱动装置（ASEA rubber disc drive）

4台瑞典Hd型机车（轴式Bo-Bo）原装有塞雪龙Ⅰ驱动装置，由于弹簧断裂的问题，在原有的基础上改造为ASEA橡胶盘驱动装置（图3-5-1）。这种装置与SAB弹性车轮（图3-4-1）的形式相似，每个车轮具有8个橡胶盘硫化在带肋的钢盘上，齿轮和橡胶盘都是双边的，这些盘的一侧安装在车轮的动轮轮辐之间，而在另一侧与装在空心轴上的主齿轮一侧的圆盘相连。

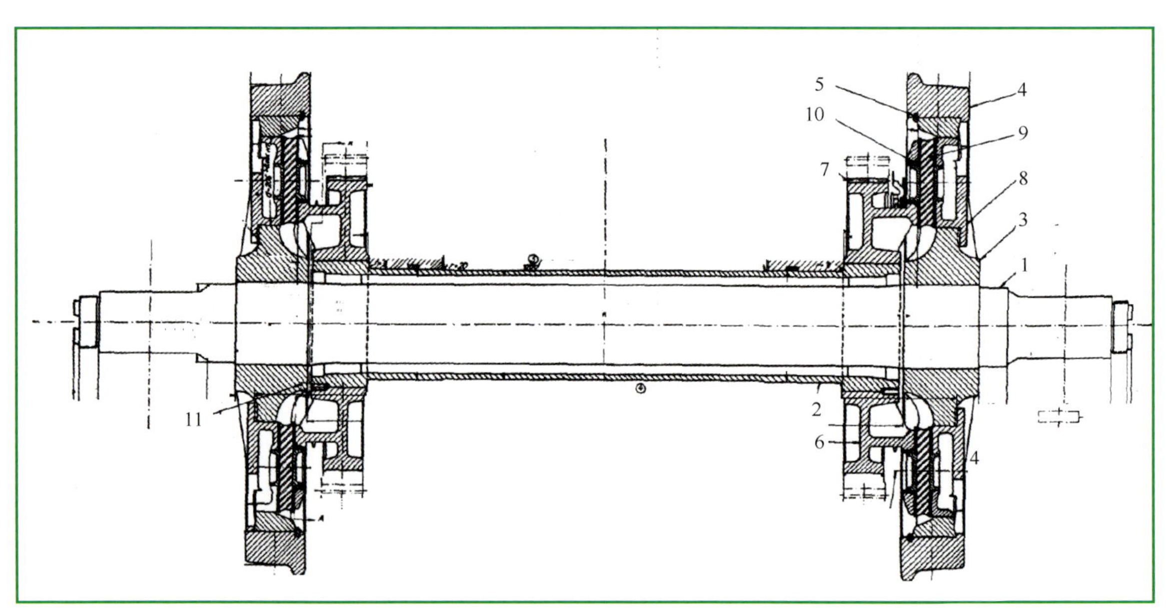

图3-5-1　瑞典Hd型机车安装的ASEA橡胶盘驱动装置

1—车轴；　2—空心轴；　3—轮心；　4—轮箍；　5—扣环；　6—齿轮；
7—齿圈；　8—外盖板；　9—橡胶盘；　10—橡胶盘盒；　11—止销

Xoa5型（No 216～221）动车的驱动装置与ASEA橡胶盘驱动装置稍有不同，转向架装有4台340 hp电机，小时功率1 340 hp，最高速度为130 km/h。Xoa5型动车（No 216～221）的驱动装置如图3-5-2所示，装有空心轴，双侧齿轮和SKF滚柱轴承。

电机的悬挂和质量分配如图3-5-3所示。

图 3-5-2 瑞士铁路 Xoa5 型动车(No 216～221)上的驱动装置(最高速度 130 km/h)

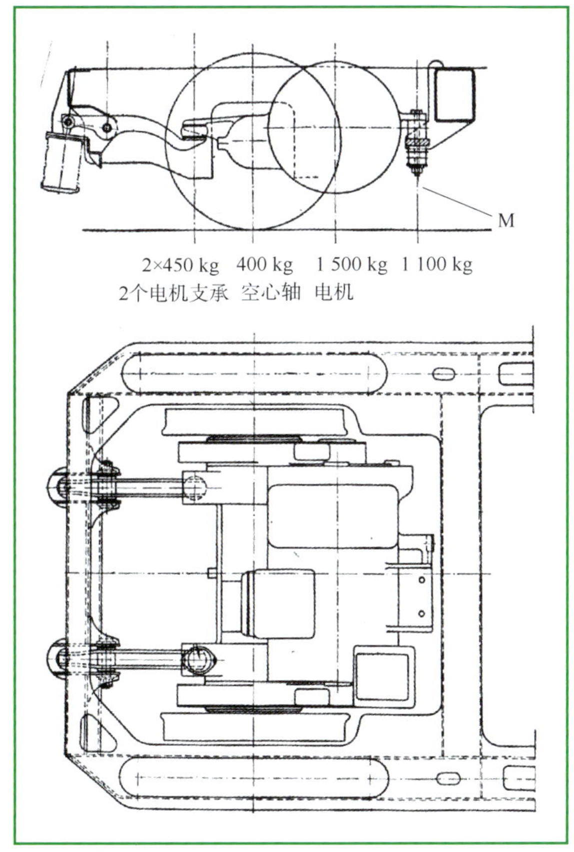

图 3-5-3 悬挂在转向架构架上的驱动电机的俯视图及主视图(注明了的转向架的质量分配)

M—鼻悬式电机的弹性支承

图 3-5-4 和图 3-5-5 分别表示了车轴的剖面图和驱动机构及齿轮的部分剖面图，图 3-5-6 则为半个车轮的主视图。

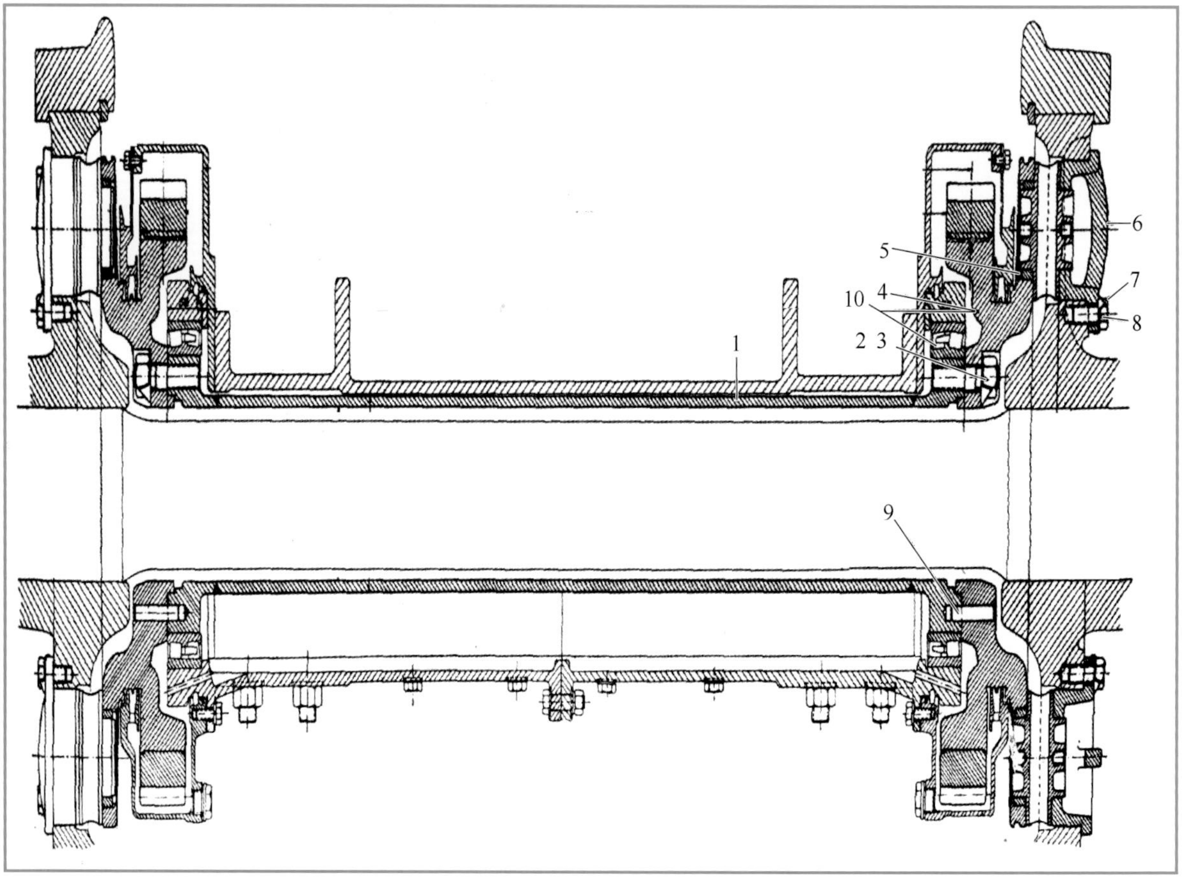

图 3-5-4　Xoa5 型动车驱动轴的剖面图(空心轴在滚柱轴承上旋转)

1—空心轴；

2、3—连接齿轮与空心轴的销；

4—齿轮体；

5—橡胶块的支承；

6—橡胶块的固定盘(用螺栓固定)；

7、8、9—固定螺栓；

10—SKF 滚柱轴承

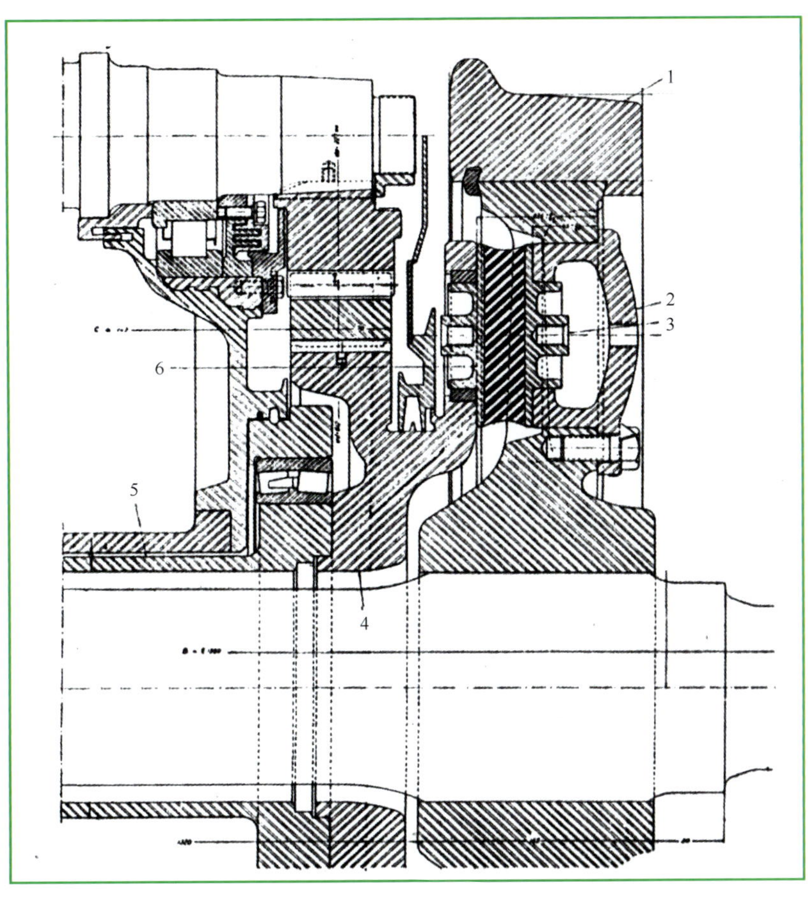

图 3-5-5 Xoa5 型动车驱动装置的部分剖面图

注:左上角为牵引电机轴头和小齿轮,相邻二面硫化的橡胶盘用斜粗线表示。

1—轮箍;2—用螺柱固定圆盘的板;3—齿轮与空心轴的连接销;4—齿轮体;5—空心轴;6—橡胶块的固定盘

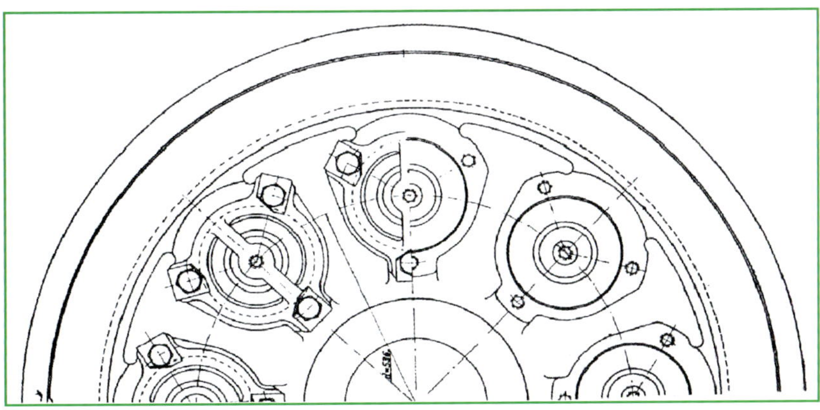

图 3-5-6 Xoa5 型动车半个车轮的主视图

两个金属盘中夹有硫化的橡胶块，在运行时，两个盘间的位移可达5～6 mm（这个范围内的剪应力为1.5 kg/cm²），实际位移仅2～4 mm，车轴与空心轴的空间为13.5 mm是足够的。

2. 阿尔本-SWⅠ驱动装置（Alben-SWⅠ drive）

装有橡胶元件的阿尔本-SWⅠ驱动装置始于法国和美国。如图3-5-7所示为法国SNCF动车阿尔本-SWⅠ驱动装置。空心轴为长空心轴，在车轴的全长上转动；牵引电机的臂通过轴承支承在空心轴上；在空心轴上安装齿轮和齿轮箱，在空心轴的两端装着圆盘，在圆盘上装有7个等长的销，并通过橡胶块来驱动轮对；橡胶块装在套管上，并挤压在车轮的孔中，外侧有金属盘保护，并用销紧固。

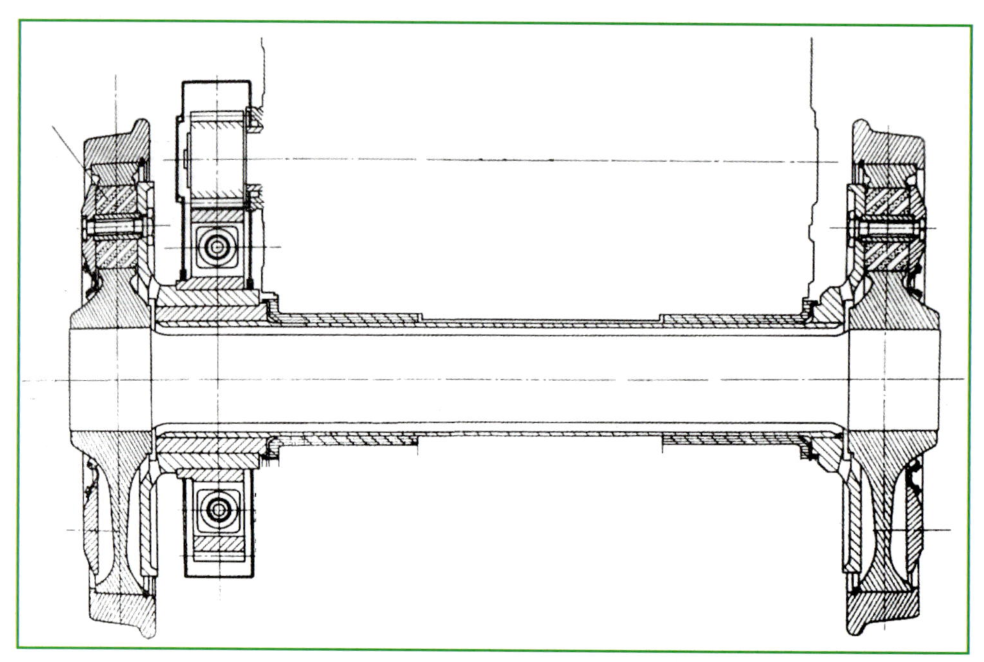

图3-5-7　法国SNCF Z 5101～5154两列动车的动轴装有阿尔本-SWⅠ驱动装置。

注：1. 电机SW 8304 B，齿轮比为69/17=4.06，正齿轮模数为10.3，弹性单侧齿轮，空心轴双侧驱动轮对。

2. 细线部分为牵引电机机壳。

法国SNCF Z 5101～5154两列动车的动轴上安装的弹性齿轮，如图3-5-8～图3-5-10所示。图3-5-10中两个同心的螺旋弹簧组，一个小弹簧放在大弹簧中，在弹簧的两端装有预压支承块，齿轮体的支承孔中放弹簧组。

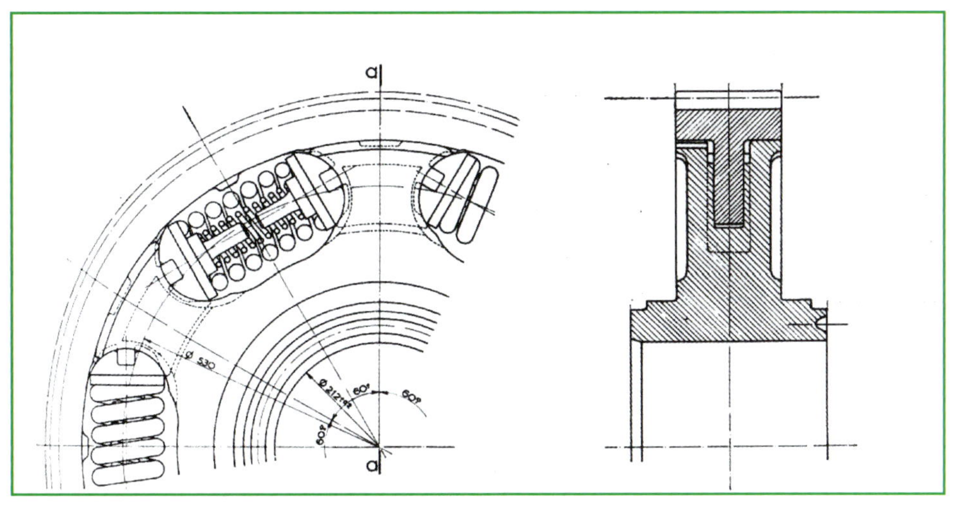

图 3-5-8　法国 SNCF Z 5101～5154 动车的弹性齿轮装在阿尔本-SWⅠ驱动装置上

图 3-5-9　阿尔本-SWⅠ驱动装置齿轮

图 3-5-10　阿尔本-SWⅠ驱动装置齿轮的部件图

阿尔本-SWⅠ始于美国但未用于机车上，它曾经过长时间的橡胶块的寿命和质量的定置试验台试验，后经法国改进后命名为阿尔本-SWⅠ驱动装置。1948 年法国 SNCF No 6002 电力机车(轴式 Bo-Bo-Bo)鼻悬式电机驱动装置换为阿尔本-SWⅠ驱动装置但与法国 SNCF Z 5101～5154 动车安装的不同。

图 3-5-11　法国铁路 SNCF No 6002 电力机车样机(轴式 Bo-Bo-Bo)

3. 阿尔本-SWⅡ驱动装置(Alben-SWⅡ drive)

1953 年法国 SNCF 改装 No 6002 电力机车(轴式 Bo-Bo-Bo)抱轴式电机驱动装置,将阿尔本-SWⅡ驱动装置(图 3-5-12)安装在 6 根动轴上。阿尔本-SWⅡ驱动装置与安装在动车上的阿尔本-SWⅠ装置有些不同,它的空心轴不在电机机壳所带的轴承上旋转,而是装在电机机壳上自己不转动,成为电机机壳的一部分。在空心轴每一端装有两个滚柱轴承,其弹性齿圈的齿轮体在上面旋转,在齿轮体上有驱动臂与驱动销相连接,销上装有放在车轮内的橡胶块,齿轮和橡胶驱动机构为双侧驱动。

4. 西门子橡胶环弹性抱轴式驱动装置(Siemens-Schuckert rubberring drive)

1949 年西门子工厂开始研制半悬挂式电机驱动装置,即橡胶环弹性抱轴式驱动装置。这种装置于 1952 年安装在 E44038 机车的转向架上,最高速度达 120 km/h。1952 年四个同类型的驱动装置安装在西门子 E1003 试验机车上如图 3-5-13 所示。经过多次的测试证明,西门子橡胶环弹性抱轴式驱动装置便于电机装卸,效果良好,从而在 E10、E40、E41 和 E50 型机车上大批量使用。如图 3-5-13 所示牵引电机 1 装于转向架的三个支点 2 上并围绕着空心轴 5,空心轴借助于球轴承 17 在电机体内旋转,空心轴的一端固装着大齿轮 4 上,在齿圈外侧有六个驱动臂 6 穿过动轮的孔,这些驱动臂 6 按运动方向挤压橡胶块 8(每个动轮 6 块),橡胶块 8 装在内环 9 和外环 7 内,环 7 和环 9 理论上与车轴同心,运行时在车轴 14 和转向架 11 中运动以挤压橡胶块驱动动轴。

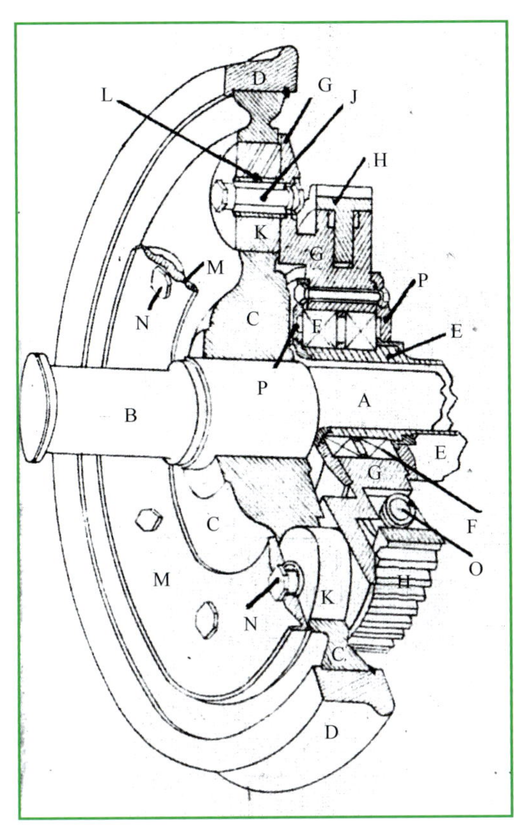

图 3-5-12　No 6002 电力机车(Bo-Bo-Bo)阿尔本-SWⅡ驱动装置

A—车轴;B—轴颈;C—轮心;D—轮箍;

E—牵引电机壳的部分空心轴;

F—滚柱轴承(使齿轮 G 在 E 上回转);

G—有圆盘的齿轮体;H—弹性齿圈;

J—装在轮心中橡胶块 K 上的销;

K—橡胶块;L—橡胶块 K 的套管;

M—橡胶块;

K′—轮心口上的定位环;

N—连接 M 和齿轮轮心上的圆盘 G 的销子 J 的固定螺栓;

O—弹性齿轮的弹簧;

P—轴承 F 的定位和密封盖

奥地利铁路在 R 1141 型和 R 1041 型机车上也装配了西门子橡胶环弹性抱轴驱动装置;此后,又用于 ϕ940 mm 车轮的 4120 型特种动车上;1960 年 300 套西门子橡胶环弹性抱轴驱动装置运用在原锡兰(现斯里兰卡)国家铁路的直流电力机车(轴式 Bo-Bo 和 Co-Co)上。

装配这种传动装置的 $E10^{12}$ 型机车的最高速度达 180 km/h。

西门子橡胶环弹性抱轴式驱动装置除 E41 型机车(图3-5-14)外大部分设计为双侧传动,如图 3-5-15 所示。由小齿轮传动大齿轮,大齿轮系由齿轮心 6 和齿圈 8 所组成。齿圈以 12 个 M 24 螺钉 7 固定在齿轮心 6 上,两个齿轮心与圆环和端部有凸缘的空心轴 1 结合在一起,齿轮心以 12 个螺钉 2 固定在凸缘上。在凸缘的外圆上侧面装着滚柱轴承 3,轴承在轴的一侧不能横动,另一侧则可以横动,轴承 3 的外环装在中空的圆环 5 中,空心轴的外罩用 8 个螺栓与电机壳的开口处相连接(图 3-5-15),在空心轴凸缘与园环 5 间装有迷宫式盖板 4。

更换轴承 3 中的润滑油脂时,由孔 17 压入新的滑脂,机车工作发热后,旧滑脂由齿轮心上的 12 个孔 16 自动排出,该孔中压有小管,其内径按润滑脂在额定温度下形成油栓来选定,当轴承温度高时,油黏度降低,将余量排出,当轴承温度降到标准时,小管中的滑脂自动形成油栓。

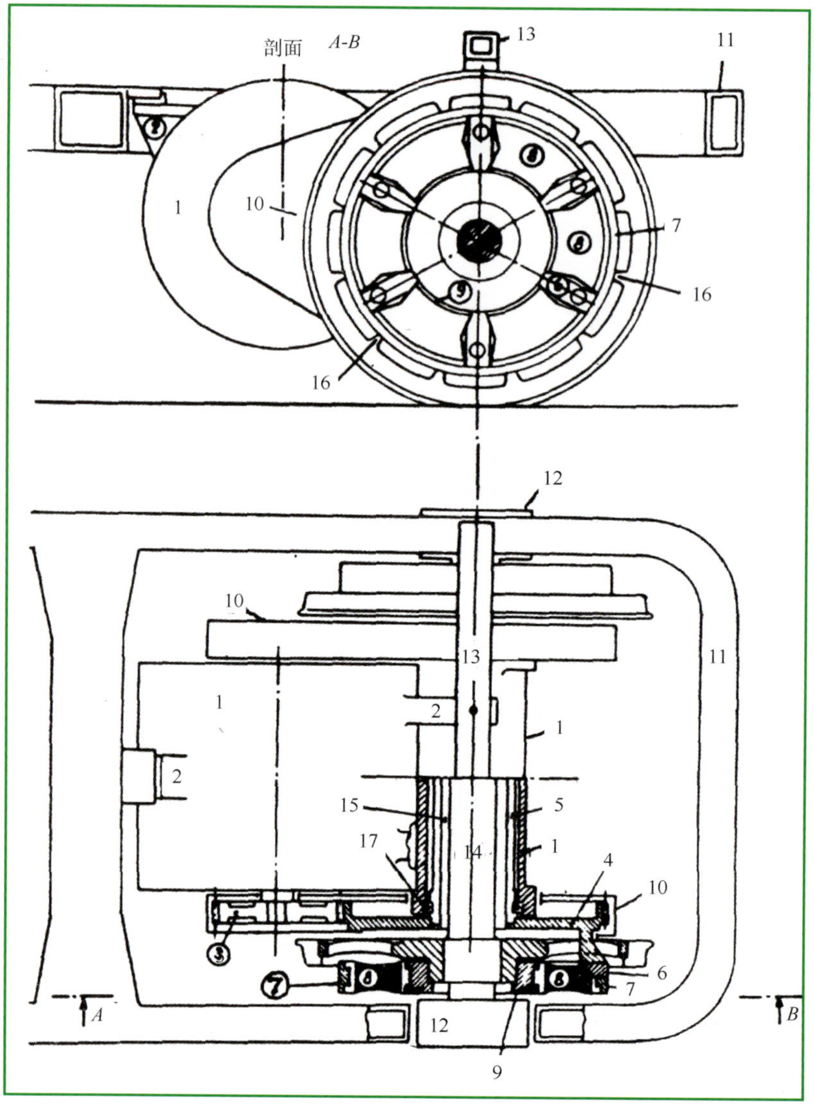

图 3-5-13　安装在德国 E1003 电力机车样机上的西门子橡胶环弹性抱轴式驱动装置(Gummiringfederantrieb)

1—牵引电机体；
2—将电机 1 装在转向架构架 11 上的臂；
3—小齿轮；
4—大齿轮；
5—空心轴上装有大齿轮；
6—装在大齿轮上的驱动臂，每个车轮 6 个；
7—装在齿轮 4 上的驱动臂的外环；
8—橡胶块，每个车轮 6 个；
9—内环(装在轮心上)；
10—齿轮箱(直齿齿轮)；
11—转向架构架的前横梁；
12—轴箱(外侧)；
13—固装电机臂的转向架上的横梁；
14—车轴；
15—车轴和空心轴之间的管状空隙；
16—动轮轮辐；
17—空心轴 5 在电机体 1 上的滚珠滚道

图 3-5-14　E41 电力机车弹性抱轴式驱动装置

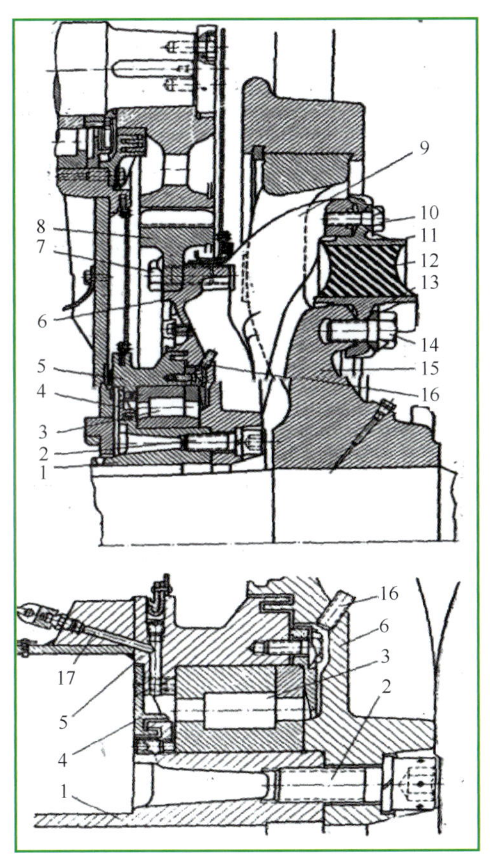

图 3-5-15　西门子橡胶环弹性抱轴式驱动装置

齿轮心上有 6 个伸臂 9，在伸臂与动轮心 15 之间设有驱动的弹性元件，每个车轮上有 6 个橡胶金属件 12，橡胶块两端装有钢法兰，以便连接伸臂和动轮心。橡胶块经过硫化与钢法兰 11 及 13 相连。法兰 11 上有 3 个装螺钉 10 的孔，与伸臂连接，而法兰 13 上有两个安装螺钉 14 的孔，与动轮心连接。

各种法兰的宽度并不一样，取决于橡胶与金属结合处承受剪应力的条件。在承受启动扭矩时的最大剪应力值达到 2.5～3 kg/cm^2，在这些剪应力中包括由于电机与轮对相对位移产生的动载应力，动载应力约为±2.5 kg/cm^2。橡胶块在径向预压 2.5 kg/cm^2 的压缩应力，因此橡胶块除承受突加载荷外不受拉伸载荷。

橡胶的质量对橡胶块的性能影响很大。圆周切向不同的刚度系数对驱动机构的工作影响不大,而垂向(径向)刚度系数的差异,可能导致空心轴与轮对间形成偏心,所以必须重视橡胶块的特性。

每组橡胶块都应做记号,要检验每组元件与金属的结合强度,并抽出部分元件做破坏性试验。

西门子的试验证明:牵引力的大小对于橡胶金属件的发热无明显的影响(大多数的试验列车在70～100 km/h的速度下运行,一个轮对的牵引力为1.5～2 t)。发热的主要原因是由于提高速度后载荷的波动所引起的,运行速度越大,橡胶发热越高。当运行速度为85～90 km/h时过热温度为30～32℃,橡胶与金属的接触处为10～15℃;在运行速度在50 km/h以上时,每增加10 km/h橡胶块内的过热温度增加4.5℃。如果橡胶块不承受电机的重量(如架悬式牵引电机悬挂),那么橡胶块的过热温度可以降低。

西门子橡胶环弹性抱轴驱动装置的垂直位移与线路有关,不好的线路会增加过热温度。

闸瓦制动时轮箍摩擦所产生的热量会影响橡胶件的温度。轮箍的热量由轮辐或辐板传递到安装橡胶块的法兰上。制动时排出的热量与制动的坡度大小和长度、闸瓦的压力和运行阻力有关;此外,还和橡胶块所处的位置有关。西门子式弹性抱轴驱动装置的橡胶件在动轮心处,而不与轮箍处连接,所以,制动的发热对它的影响不大。列车的试验说明,在橡胶与法兰结合处的过热温度共增加10～12℃,而温度增加梯度为每6 min增加1℃,在试验时轮箍的最高温度为130～145℃。

西门子橡胶环弹性抱轴驱动装置比传统抱轴式驱动装置重185 kg,结构也较复杂。但是由于橡胶原件的弹性,簧下重量自5 320 kg减为2 890 kg,显著的减少了电机上的动载荷和机车对线路的载荷。对装有西门子弹性抱轴式驱动装置的电力机车进行了线路运行试验表明,当速度为40～100 km/h时与传统抱轴式驱动装置相比较,轮对轴线平面上的垂直加速度可降低至18%～20%,而同一平面的水平加速度可降低至1/6。

5. 前东德E11电力机车的弹性抱轴式驱动装置(Rubber ring drive of E11 locomotive, Former Germany)

前东德E11电力机车的弹性抱轴式驱动装置由大齿轮轮心与动轮轮心之间嵌装锥形的橡胶环来组成的,橡胶环安装在内侧,与西门子式安装在外侧不同。当轮对的轮心压到一定的位置时,就产生轴向预应力,从而使他们紧固在一起,可不再外加紧固零件,就得到所要求的预施压应力,动轮的原压装力为100 t,现增加20 t,为120 t。

与西门子式相比较，前东德 E11 电力机车的弹性抱轴式驱动装置的结构简单，只有一个整体环且不会受边缘应力的影响，零件大大减少，动轮心及齿轮心均为铸钢件便于制造，从而使部件的组装及维护都相应地简化，如图 3-5-16 所示。对于 ϕ600～700 mm 的整体环，在压装及硫化的均匀方面都应特别注意。对环的刚度的选择，在事先要做好模拟试验，它的缺点是在环损坏时要压开轮对才能更换。

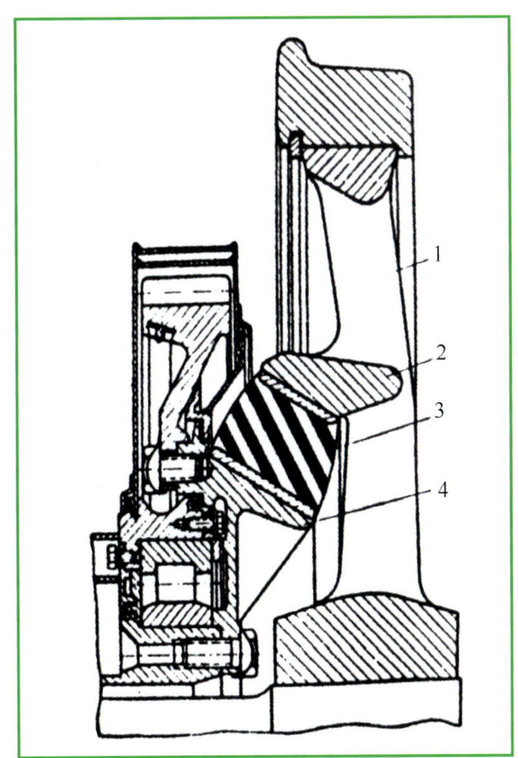

图 3-5-16 前东德 E11 电力机车驱动装置

前东德 E11 电力机车驱动装置的橡胶件的过热温度取决于在牵引工况下的列车的速度见表 3-5-1。

表 3-5-1 运行速度—过热温度表

速度(km/h)	温度(℃)
40	3
60	6.5
80	12
100	20.5

注：在制动工况时，温度还要升高些。

装有橡胶环弹性抱轴式驱动装置的 E11 电力机车的试验表明，它也显著地降低了轴箱与空心轴的加速度，加速度值见表 3-5-2。

环形橡胶元件的垂直挠度在静载时为 2.6 mm(由于电机的部分重量和转矩所产生的反作用力)，而当 100 km/h 时，垂直动挠度为 10 mm，轴向挠度最大为 8 mm。

驱动装置采用弹性元件减少了变速换挡时所造成的牵引力波动，改善了电力机车启动时的黏着利用。

在启动时，牵引电机电枢利用弹性元件的变形可以旋转一定的角度，这减少了由于启动电流损坏整流子的危险，这点对单相整流子电机特别重要。电枢扭转的角度取决于橡胶件的刚度，转角与电机的转矩和驱动装置的传动比成正比，而与橡胶块的刚度成反比。扭转的角度也取决于橡胶块的垂向刚度系数，因为在电机的反作用力下橡胶块产生变形。E50 货运机车轮周牵引力为 6 t 时整流子转过 12 片；而在 E41 机车单边传动时整流子转过 17 片。E11 电力机车驱动装置橡胶块的切向刚度系数：

表 3-5-2　空心轴和轴箱的垂直和水平加速度值

运行速度(km/h)	加速度以 g 计				轴箱与空心轴加速度之比	
	空心轴		轴箱		垂直	水平
	垂直	水平	垂直	水平		
在直线段 50～100						
	2.0～2.5	0.3	10.0～14.0	2.7	5.0～5.6	9.0
	3.0～3.4	3.0	11.0～16.0	4.1	3.7～4.7	1.36
在道岔 70～100						
	—	0.5	—	3.0	—	6.0
	—	3.0	—	4.5	—	1.5

静载 700～850 kg·m/度，动载 960 kg·m/度；当牵引力为 5 t 时，整流子旋转 14.5 片(4.2°)。

众所周知，单相整流子电机具有两倍电流频率的交变分量的转矩，交变分量的脉动转矩引起电机的振动，缩短了绝缘的使用期限。德国的普通抱轴式电机的振幅，在 $33\frac{1}{3}$ Hz 为 0.25 mm。试验表明，使用了弹性抱轴式驱动装置可以充分的减振。

六、装有连杆和关节的驱动装置(Driving arrangement with rods and joints)

1. 勃朗包维利布赫利驱动装置(Brown Boveri Buchli drive)

勃朗包维利布赫利驱动装置以瑞士勃朗包维利布赫利公司的工程师布赫利命名，于 1919 年开始设计制造，在 20 世纪 20 年代到 40 年代曾风行一时，在瑞士使用最多。勃朗包维利布赫利驱动装置最通用的一种结构如图 3-6-1 所示。

主齿轮设在车轴的外侧，齿轮为单侧传动，齿轮悬置在轴端上，并在其上回转，该轴与车架成为一体。在齿轮上装有两个销，两个双臂的杠杆绕着销回转，由扇形齿轮连在一起。杠杆的外端借助装在连杆球轴承上的小连杆与装在动轮上的两个销连接在一起，这两个销穿过了齿轮内部的两个相当大的孔。勃朗包维利布赫利驱动装置将齿轮安装在相对于车轴中心线的偏心位置上。当车轴在运行中回转时，扇形齿轮不仅补偿了车轴相对于车架的垂直位移，也补偿了齿轮的偏心。齿轮安装在较高的位置以防止侵入限界。

勃朗包维利布赫利驱动装置共有四种形式：①无空心轴的单边外侧驱动装置是最常用形式；②无空心轴的双边外侧驱动装置；③有空心轴的单边内侧驱动装置；④有空心轴的双边内侧驱动装置。

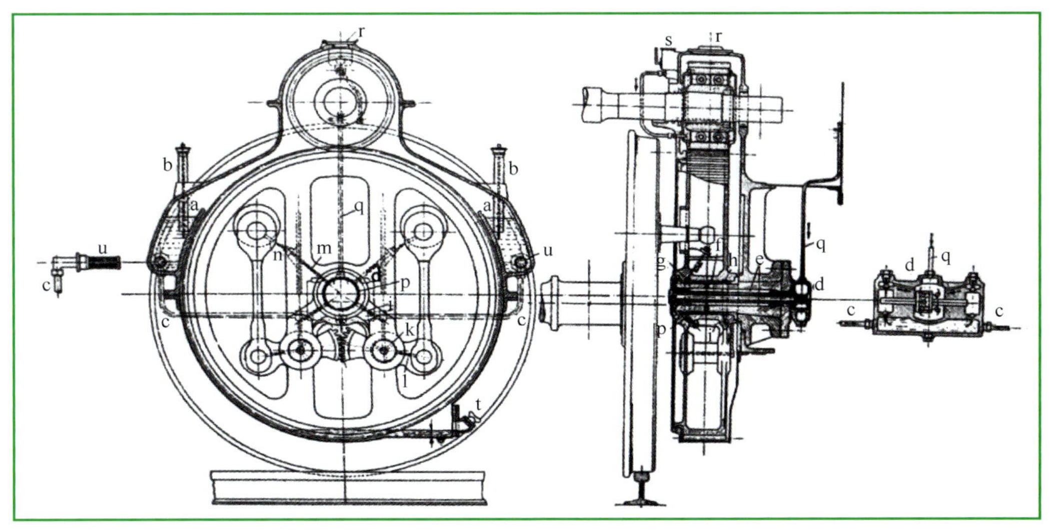

图 3-6-1　勃朗包维利单轮对驱动装置

(1)无空心轴的单边外侧驱动装置

在瑞士铁路大都采用这种装置，可以说是勃郎包维利布赫利驱动装置的标准型，最晚于 1934 年投入使用，其中：

Ae 3/6 机车 No 10601 系列，轴式 2-Co-1、速度 100 km/h、114 台；Ae 4/7 机车 No 10901 系列，轴式 2-Do-1、速度 110 km/h、127 台；共计 241 台。

德国 No 16 机车(轴式 1-Do-1)21 台；原荷属东印度铁路机车 No 3001 系列(轴式 1A-Bo-A1)2 台。

(2)无空心轴的双边外侧驱动装置

1925～1935 年法国铁路在 73 台 2-Do-2 机车上运用，如图 3-6-2 所示。

在 1942 年 5 台改进的 2-Do-2 机车投入使用。这些机车吸取了 25 年使用的经验并作了如下改进：

①将功率由 3 320 hp 提高到 4 400 hp；

②速度由 150 km/h 提高到 160 km/h；

③轴重增加到 23 t。

法国铁路 No 502 机车(轴式 2-Do-2)的布赫利驱动装置的剖面如图 3-6-2 所示。

法国铁路共有 108 台布赫利驱动装置的机车，单轴的功率由 250～1 100 hp，在多数情况下为一轴一台电机，而只在少数情况下为一轴两台电机。

(3)有空心轴的单边内侧驱动装置

美国宾夕法尼亚铁路局的两台 01B 型(No7854、7855)机车(轴式 2-Bo-2、双电机)安装这种驱动装置。两台电机驱动一根动轴，由于两个车轮间空间的限制，内侧空间由驱动装置所占如图 3-6-3、图 3-6-4 所示。于 1931 年投入使用(纽约—华盛顿)，最高速度 145 km/h。该机车轴重 33 t，功率为 2 400 hp。另一种 C 型机车的新应用，双电机置于车轴的一侧，部分装于空心轴上，部分置于转向架构架上，这种形式仅用于动车上，为 eIT 1900 系列，1936～1937 年投入使用，最高速度 160 km/h，如图 3-6-5 所示。

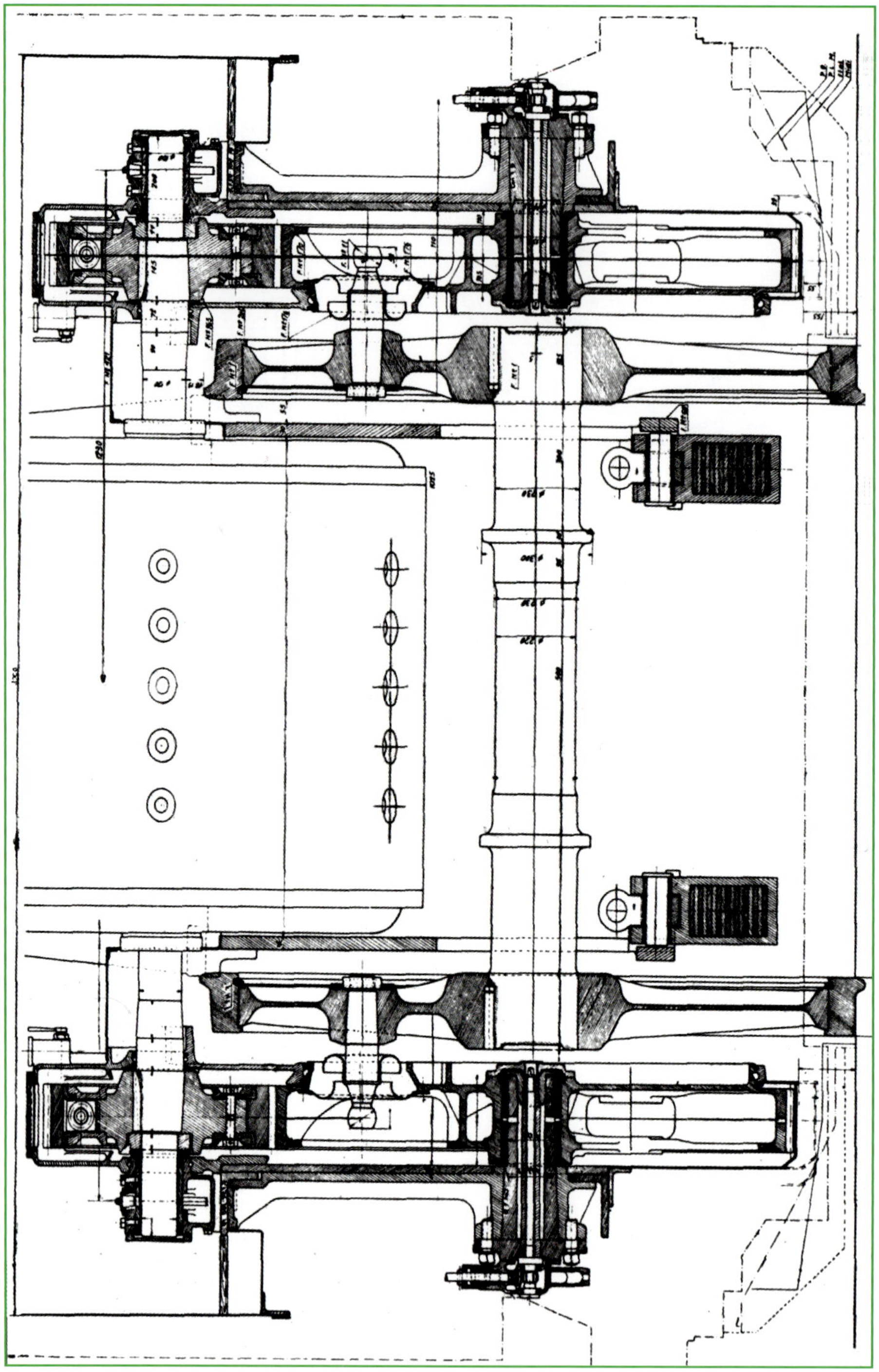

图 3-6-2　法国铁路 SNCF No 502 机车的布赫利驱动轴剖面图(1937 年)

注：轴式 2-D_0-2、DC 1 500 V、4 200 hp、最高速度 130 km/h、125 t。

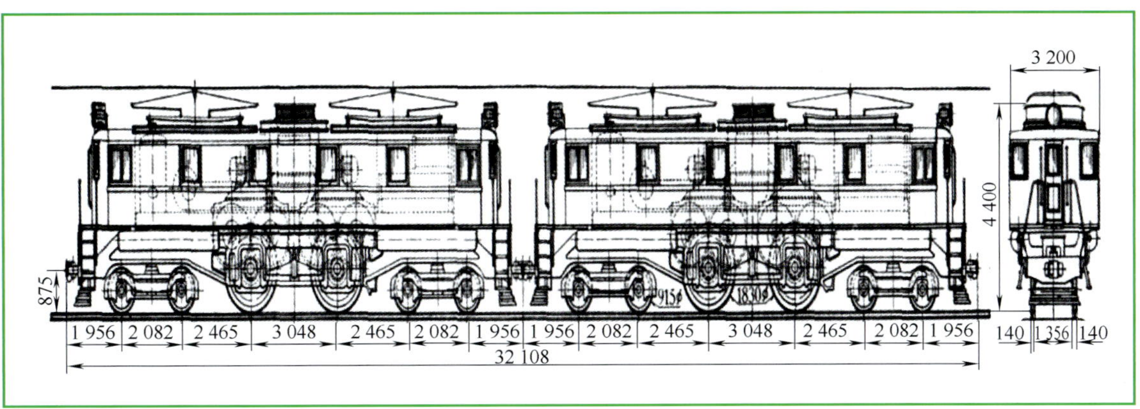

图 3-6-3　宾夕法尼亚铁路局的两台连挂的 No 7854、7855 机车(单位:mm)

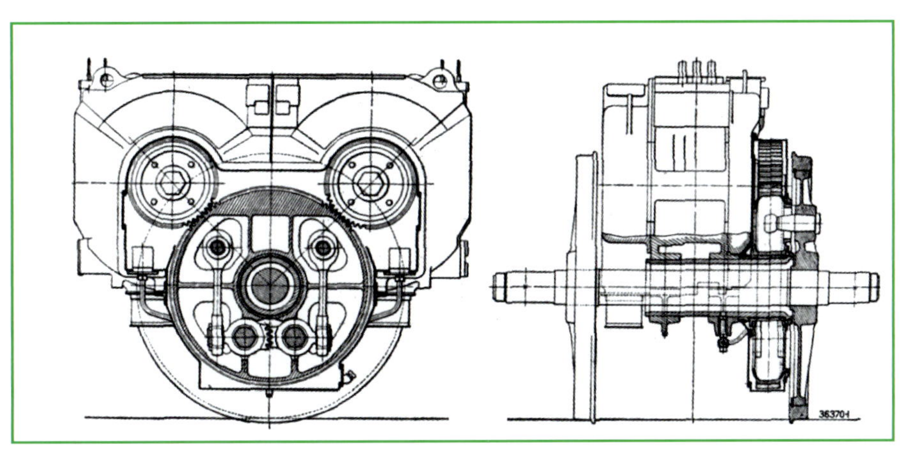

图 3-6-4　装有双电机和驱动装置的动轴

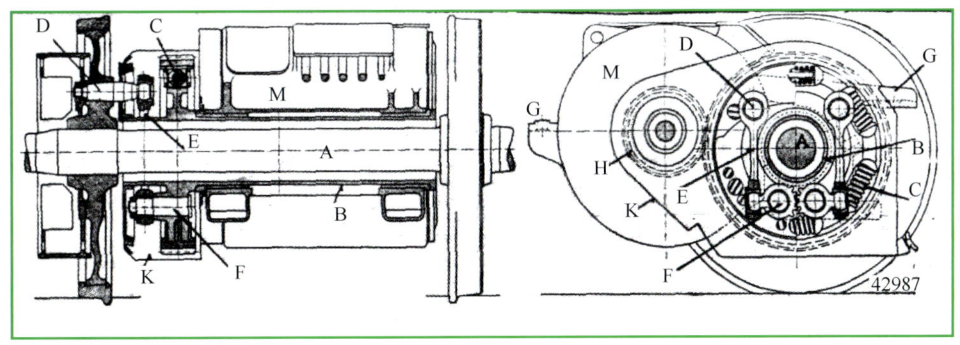

图 3-6-5　eIT 1900 系列动车的动轴

A—车轴;B—空心轴;C—弹性齿圈的弹簧;D—动轮的驱动销;E—驱动连杆;

F—齿轮的驱动销;G—电机悬挂托;H—小齿轮;K—齿轮箱;M—牵引电机

(4)有空心轴的双边内侧驱动装置

西班牙铁路的巴黎—马德里线的 18 台 7201 系列 2-Co-Co-2 机车(图 3-6-6)分别于 1930 和 1944 年投入使用,西班牙的铁路为宽轨(1 674 mm)。车架伸到车轴外侧,它的动轮上有朝里的销由连杆驱动,齿轮放在动轮之间。齿轮支承在空心轴上。空心轴与一般不同,安装在车架的电机壳上。空心轴不转动,齿轮在空心轴的两端回转,两个齿轮由电机两端的小齿轮传动,驱动装置结构不变,这种情况较之标准式。齿轮装在外侧悬置状态好得多。既防止了齿轮相对于车轴偏心的缺点,也由于齿轮与动轴同心,由齿轮通向车轮的销的开口处比较易于密封。西班牙铁路机车的功率为 3 200 hp,最高速度 110 km/h,在多坡道线路上工作。

图 3-6-6　西班牙铁路机车(No 3501)

注:轴式 2-Co-Co-2、3200 hp、110 km/h、直流 1 500 V。

勃朗包维利布赫利驱动装置有以下几点缺点:第一,当外侧悬置大齿轮时,电枢轴由三个轴承支承,轮箍与电枢轴之间的距离很小(图 3-6-1),这个缺点在运用中没有出问题。第二,齿轮箱难以密封。因需将销插入车轮并与驱动杆相连,轮轴与车架有相对运动还有偏心,这就要求齿轮的开口相应地增大(图 3-6-1),这是它最大的缺点。第三,不适用于货运机车。因齿轮传动比太大,它的球轴承(这也是此装置的一个优点,因它可在各个方向都能偏转)需要一个复杂的压力润滑系统,由于电枢轴输出的转矩刚性地传递到齿轮上,然而两者之间应具有必要的弹性,需要在小齿轮上安装弹簧。此外在单侧驱动时,电枢轴三点支承在三个轴承上(电

机两个、齿轮一个),这是静不定但没有因此而发生问题。由于结构复杂,这种装置的修理费大,组装困难。

有空心轴的双边内侧驱动装置的一个优点是机械结构很接近,而且在车厢内管理方便,一目了然。这是该系统的一个间接优点,一个直接的优点是齿轮相对于车轴没有偏心,这个装置还使驱动系统的各个方向都有弹性。

布赫利驱动装置曾在欧洲及其他国家的350台机车上使用,虽然已经过时了,但它的优点及运用情况却为我们提供了丰富的经验,以后很多的连杆关节驱动装置就是由此装置衍生的。

2. 奥林肯Ⅰ驱动装置(Oerlikon Ⅰ drive)

奥林肯Ⅰ驱动装置于1924年应用在一台BEI型No 242试验机车上,轴式2-Bo+Bo-2、功率2 400 hp、速度110 km/h,运用于巴黎—里昂—地中海铁路。在1929年又用于262AEI系列机车上,轴式2-Co+Co-2、功率5 400 hp,这是当时世界上最大功率的机车。

奥林肯Ⅰ驱动装置(图3-6-7)装有空心轴和外侧的O形框架,在车轮的外侧装有销。两个销装在车轮中心的两侧的同一直径上,与车轮中心距离相等。两个销与内部有弹簧的连杆相连,连杆的另一端与横杆的一端相连,横杆通过轮心上的开孔与装着主齿轮的空心轴相连,两个横杆的另一端与一个刚性的O形框架相连,O形框架允许轴颈通过,并围在它的外面。双电机的两个小齿轮与安装在空心轴上的齿轮相啮合,并驱动安装齿轮的空心轴,驱动力矩通过空心轴的两端驱动车轮。

图3-6-7 奥林肯Ⅰ(Oerlikon Ⅰ)型驱动装置

奥林肯Ⅰ驱动装置结构简单而且修理费不大,由于有弹簧(具有3 000 kg的预应力)传动连杆有相当大的伸缩弹性,因此,不需要在小齿轮上装弹簧齿圈。

3. 阿尔斯通驱动装置(Alsthom drive)

1930年以阿尔萨先(Alsaticienne)命名的驱动装置(图3-6-8),首先安装在法国的AEI机车(2-Bo+Bo-2)的两根动轴上,后在1935年改为以阿尔斯通(Alsthom)命名用于其他机车上。这两种装置的基本结构与Oerlikon相似:两个销固定在动轮上而另外两个销与齿轮相连。1935

年该装置用于E703试验机车(图3-6-9)上,在1941年有5台投入运用,重新编号为5302～5306,结构完全相同。阿尔斯通驱动装置的结构如下:空心轴和车轴间的驱动力矩由一个车轮、一个浮动环和四个连杆所组成,每个车轮轮心有两个曲拐销处于直径的相对的位置以连接空心轴和车轴。在浮动环两端的销连着两个连杆,一个与空心轴的曲拐销和浮动环相连,而另一个与轮心上的曲拐销和同一端的浮动环相连接,空心轴上的销由轮心中穿出,空心轴销与轮心销在轮心位置相互垂直,允许有双向必要的活动量,浮动环承受着四个连杆的力。

图3-6-8　法国巴黎—里昂—地中海铁路No242机车的"阿尔萨先"(Société Alsacienne)型驱动装置

图3-6-9　法国E703机车

注:轴式2-Do-2,150 km/h,直流1 350 V,三个电机驱动,两[illegible]曲。

当空心轴和车轴不完全同心时,车轴相对于车架有垂直运动,车轴的瞬时角速度与空心轴角速度不恒等,而在车轮一周中有一个小的周期性变化。如果一个车轴的两个车轮的连杆和浮动环是对[illegible]的布置在机车的纵向平面上,那么这些周期性变化能够在驱动系统和悬挂上增加振动,因此在轨道上会产生不规则的牵引力。为此这两套连杆的布置相对于车轴中心线

应相互垂直，这样周期性速度变化就自然的消失在相反的相位。

阿尔斯通驱动装置为三个一组的电机驱动装置，三个小齿轮驱动两个大齿轮和一个中间齿轮啮合在一起，中间齿轮比两边的齿轮稍小，两侧的齿轮安装在动轴的空心轴上，如图3-6-10～图3-6-12所示。No 5302～5306机车如图3-6-13所示。

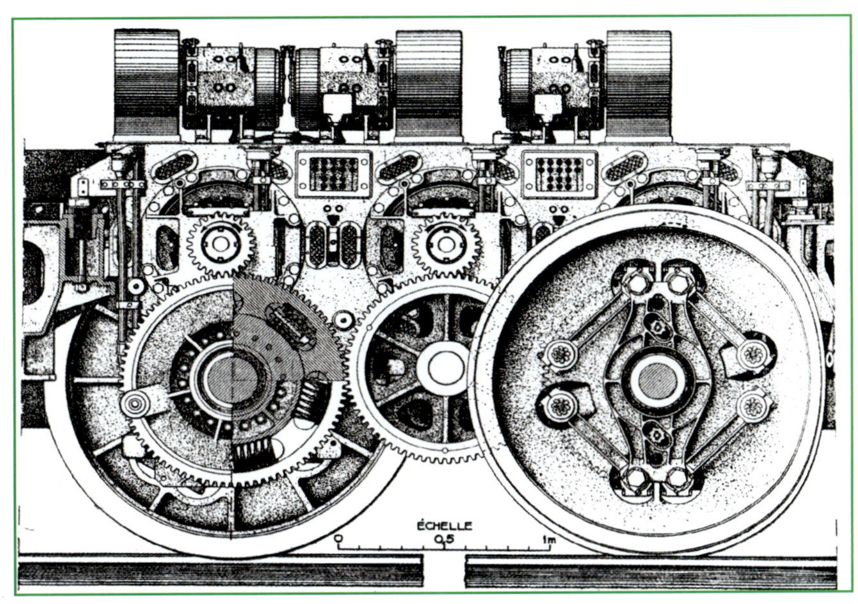

图 3-6-10　三个电机驱动两根动轴的部件图

图 3-6-11　三个电机装在一个有三个进口的电机壳内

图 3-6-12　装有双侧驱动装置的动轴(单侧齿轮)

图 3-6-13　安装阿尔斯通关节连杆驱动装置的 No 5302～5306 机车

注:4 500 hp,150 km/h,138 t。

图 3-6-14　装着弹性齿轮的空心轴

从图 3-6-14 可以看出齿轮在车轮内侧为单侧的，驱动装置则在车轮外侧为双侧的。每个连杆接头处有“勒般善”型(Repusseau)金属橡胶块，这种橡胶块有两个优点：一方面使接头具有较大的弹性，降低了局部应力；另一方面由于线路不平顺或车体支承有位移时，轮轴与空心轴不平行，金属橡胶块可以均衡应力，保证动轴上的两个车轮牵引力合理分配，防止车轴受拉而空心轴会有过多的扭转。

E703 机车的动轴轴重 20 t，最高速度 150 km/h。图 3-6-15 为 E703 机车前导动轴处的剖面图。

三个一组的电机驱动装置由于有中间齿轮的耦合减少了打滑的可能性，据法国铁路报道，提高了黏着牵引力 30%。

1948 年阿尔斯通生产了两台 No 7001、7002 电力机车，轴式 Co-Co、轮径为 1 250 mm，驱动装置使用双侧齿轮，拉杆和浮动环是锻压和钢板焊接。采用阿尔斯通式驱动装置如图 3-6-16 所示。

这种装置具有下列优点：

(1)增加了黏着质量(与 E703 机车相比较)，由 80 t 增至到 96 t，而轴重却由 20 t 减少为 17.8 t，从而减轻了轨道的疲劳。

(2)可以客货两用，高速性能良好。

从 20 世纪 50 年代初开始阿尔斯通驱动装置已经成熟，并开始大批量的生产，其应用如表 5-3 所示。

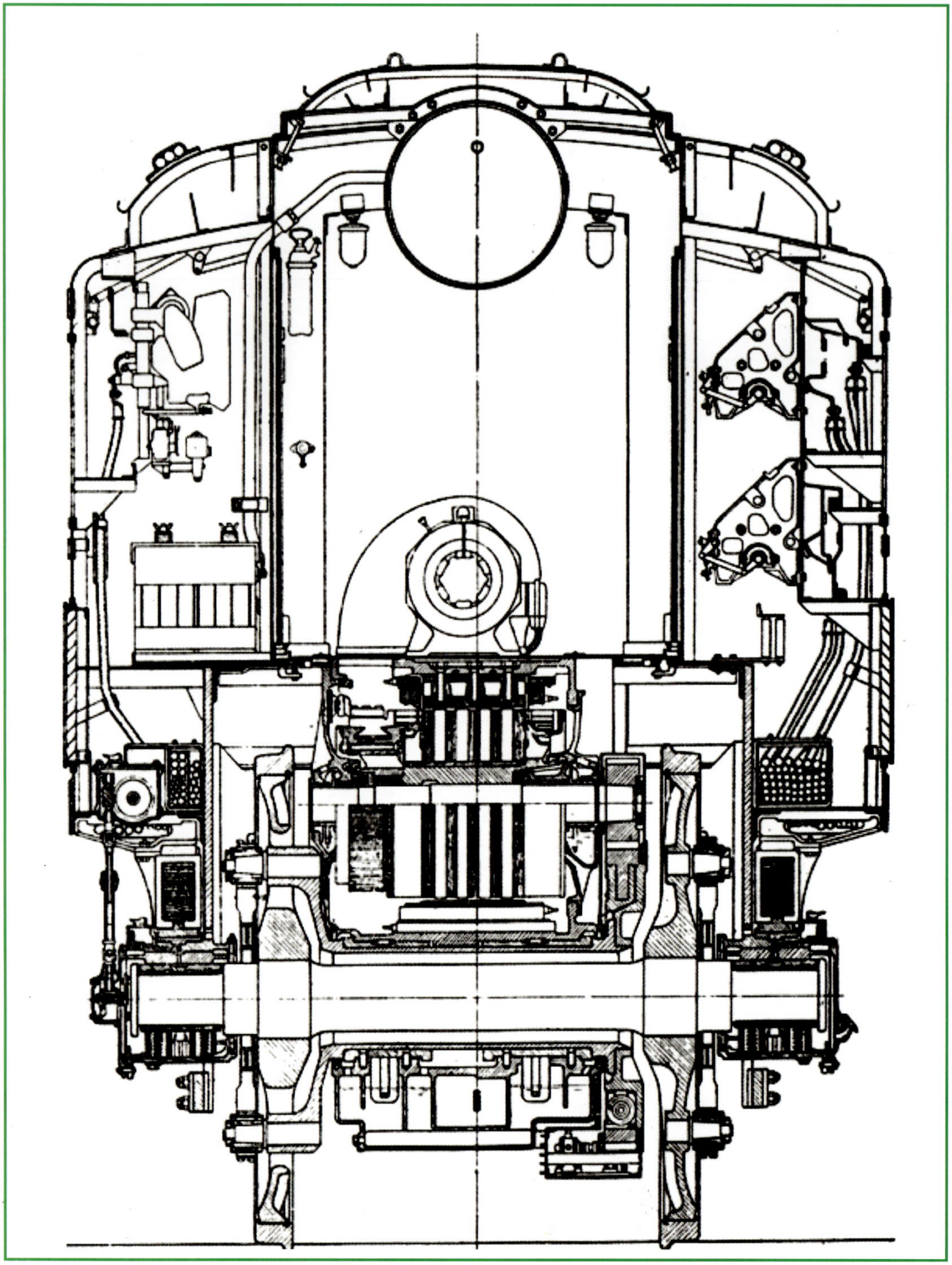

图 3-6-15　E703 机车前导动轴处的剖面图

图 3-6-16　法国 No7001、7002 电力机车的阿尔斯通驱动装置

A—与齿轮连接的驱动销；　B—固装在动轮上的销；　C—浮动环；　D—浮动环 C 的凸耳；
E—在两端装在金属橡胶块的连杆；　F—销 A 的通孔；　G—凸耳 D 可以在动轮上游动的空间；
H—空心轴；　J—齿轮体；　K—装有轴箱密封环的轴颈

表 5-3　阿尔斯通驱动装置的应用

用　　户	轴　　式	系　　列	使用年代	备　　注
荷兰	Bo-Bo	1101～1150	1950	共 50 台机车
法国	Co-Co	6052	1951	单相 50 Hz 样机
荷兰	Co-Co	1301～1310	1952	10 台机车
法国	Co-Co	7101～7153	1952	53 台机车
西班牙	Co-Co	7601～7690	1952	80 台机车

这些机车安装的驱动装置的原理是相同的，从图 3-6-16～图 3-6-18 可以看出它们的变化是轮径变小了，由 No 5302～5306 的 ϕ1 750 mm 减少为 ϕ1 250 mm，功率由 1 020 hp 减为 725 hp，轴重均普遍降低。在只有一个单侧刚性齿轮的装置中，其角度弹性位移由浮动环接头的橡胶块来保证，使机车在任何一个方向运行时，一部分连杆受压，一部分连杆受拉，限制连杆弹性装置受压力。80 台西班牙机车装有单侧刚性齿轮；60 台荷兰机车和 10 台法国机车的装有双侧弹性齿轮。关于法国 No 6052 机车(轴式 Co-Co、双电机)的两个转向架，六根车轴均为单侧齿轮，在

一个转向架的三根车轴是弹性，而另一转向架的三根车轴是刚性的，以试验比较弹性接头的使用。

图 3-6-17　荷兰铁路 1101 系列电力机车(Bo-Bo)装有阿尔斯通式关节连杆驱动装置(单侧齿轮侧)

注：西班牙 RENFE 铁路 7600 系列采用相同的驱动装置。

图 3-6-18　法国铁路 7101 系列首批 43 台机车的轮轴装配图

注：机构原则上与法国 No 7001、7002，荷兰 1101 系列电力机车相同，连杆是模压的，以减少成本；No 7144 以后的机车齿轮为单侧的。

从图 3-6-19 中进一步说明阿尔斯通关节连杆联轴节。大齿轮固装在空心轴上，主动销穿过轮心 1，通过主动连杆 2 与包在轮轴外的浮动环了连接在一起，两个被动连杆 6 与被动销 8 相连接，被动销 8 压装在轮心上，并用螺栓紧固。为了减少被动销法兰对螺栓所加的剪应力，将销的圆柱形头部紧紧地压入动轮轮心的销孔之中。连杆与销或枢轴之间装有橡胶金属套 5 和 7，关节连杆驱动装置由浮动环、4 个连杆、4 个销、4 个短轴和 8 个橡胶金属套组成，采用橡胶金属套，减少了关节零件的磨耗，金属橡胶套将驱动机构的振动和牵引电机隔离开来。弹性关节的弹性不大，但它满足了传递扭矩和轮对倾斜时(轮对中心线与空心轴轴线不平行时)所需要的活动量。

回转着的浮动环和连杆与轮对一起垂直位移，连杆的回转角取决于空心轴和轮对的相对位移；连杆相对于销的回转，取决于橡胶套的变形。当传递扭矩和轮对倾斜时(一个套受压，而另一个受拉)，橡胶套变形。所以阿尔斯通传动装置承受着复杂的变形和很大的载荷，这对橡胶的质量和组装精确性提出了特殊的要求，这是该传动装置的问题。

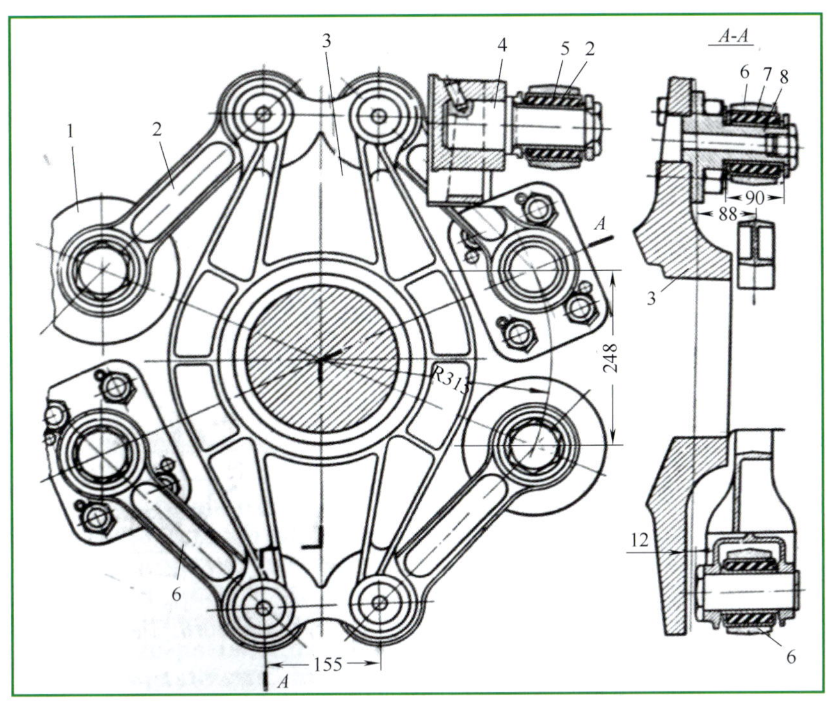

图 3-6-19　阿尔斯通关节连杆联轴节(单位:mm)

4. 意大利的关节连杆驱动装置(Italian drive with rods and joints)

意大利国家铁路在 E646 系列客运电力机车上,发展了关节连杆驱动装置,由于这种装置在高速时性能良好,因此在最高速度达 200 km/h 的E444(轴式 Bo-Bo)、E666(轴式 Co-Co)机车和最高速度为 160 km/h 的 E656(轴式 Bo-Bo-Bo)机车上应用(图 3-6-20～图 3-6-23)。

从 1967 年 6 月意大利国家铁路进行 4 台 E444 样机试验至 1974 年已有 110 台 E444 机车投入运用于意大利各个线路上,速度达到 180～200 km/h。很多 E444 已运行了 150 万 km,在50 万 km 中间大修时没有超限的磨损不需要重大的修理,机车的运行效果良好。为了增大运输能力在 E444 的基础上发展了 E666(轴式 Co-Co)机车,同样取得了很好的效果。

意大利关节连杆驱动装置(图 3-6-24)由两个连杆 2 和两个杆 4 所组成。连杆 2 的一端由主动销与空心轴法兰连接,另一端以关节 3 与杆 4 相连,杆 4 的中部与盘 6 相连,另一端装在车轮轮心上。和阿尔斯通式轴节一样,关节 1、3、5 和 7 是弹性的,弹性是由橡胶套来实现的,杆 4 通过关节 7 与动轮轮心相连,在轮心 8 上焊接有销座 9,将被动销 10 压入销座孔内,杆 4 与销 10 通过橡胶销套 11 和压在销上的钢套 12 连接起来,并以锁紧螺帽紧固,杆 4 与盘 6 由

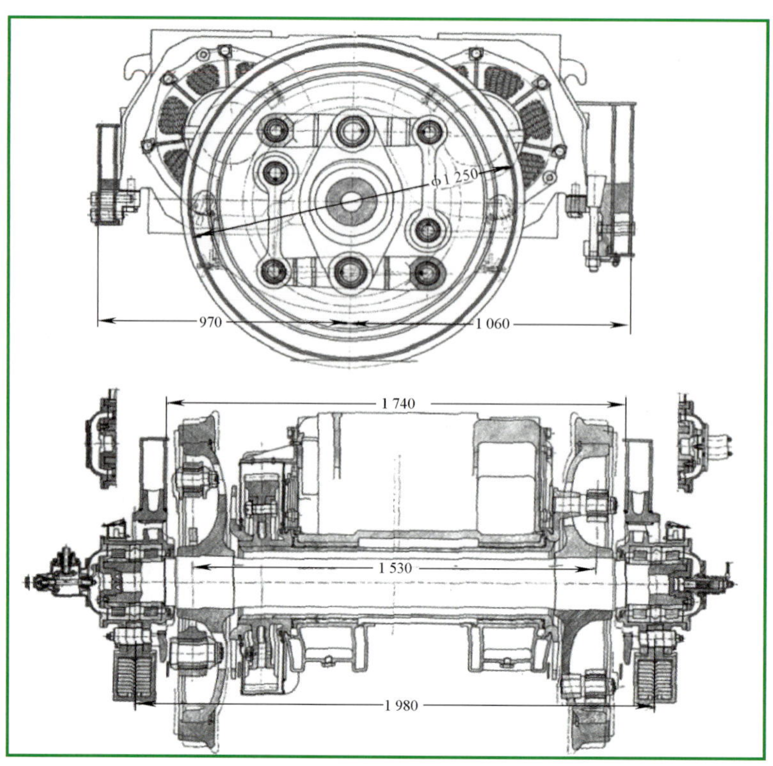

图 3-6-20　意大利国家铁路关节连杆驱动装置主视和剖面图(单位:mm)

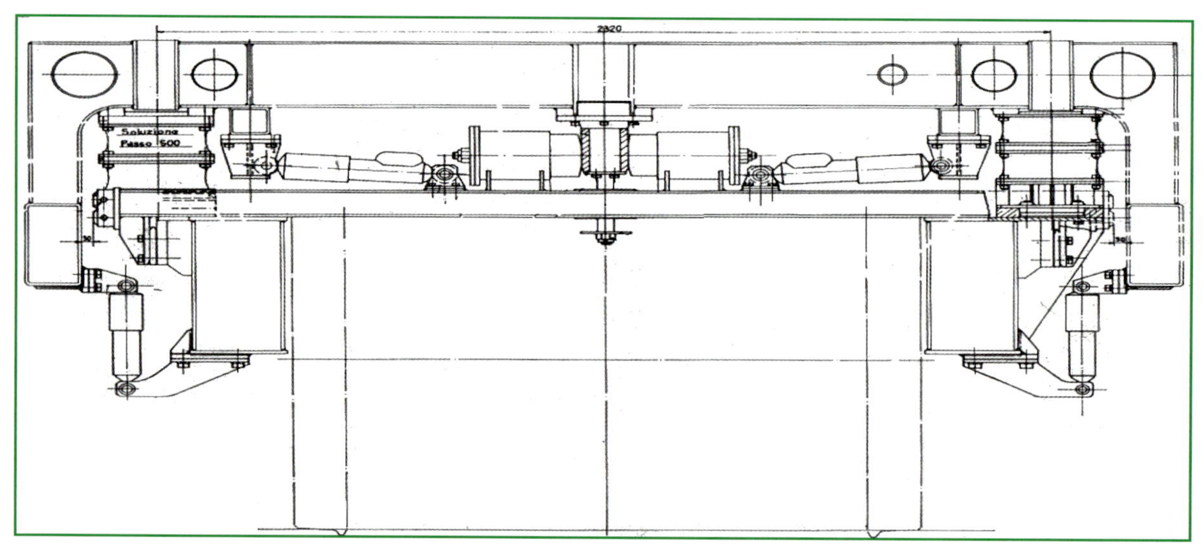

图 3-6-21　意大利 E444 机车的转向架(橡胶堆二系悬挂,单位:mm)

图 3-6-22　意大利 E444 电力机车(轴式 Bo-Bo、4 200 kW、200 km/h)

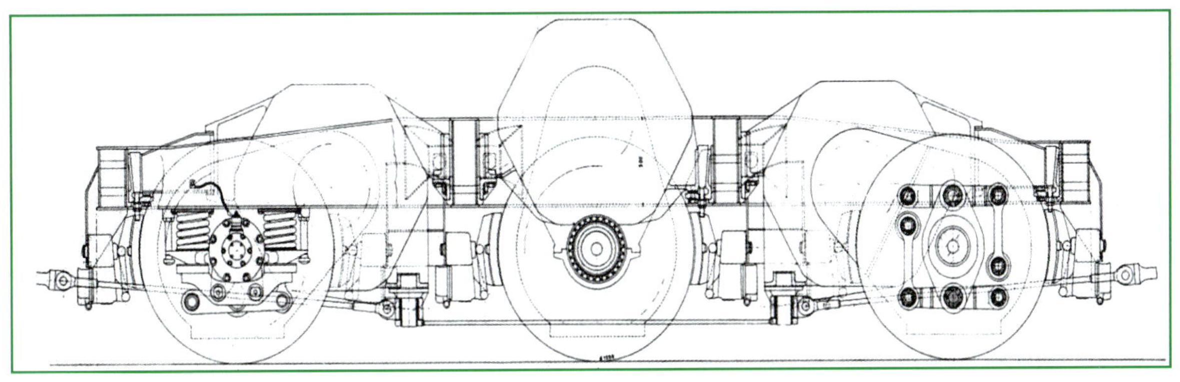

图 3-6-23　意大利 E666 机车的转向架

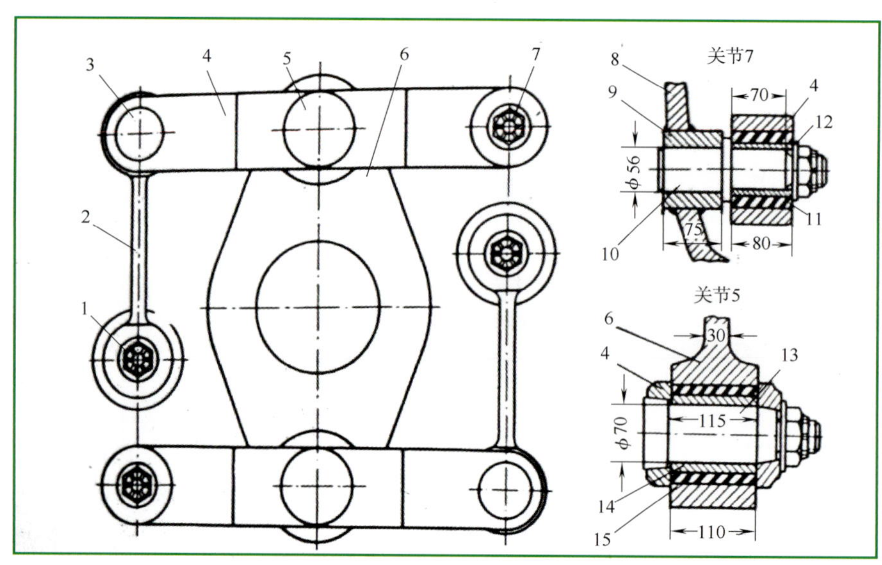

图 3-6-24 意大利 E646 电力机车关节连杆驱动装置(单位:mm)

销 13 相连,杆 4 的销孔是有锥度的,销 13 的锥部压入杆 4 并通过钢套与橡胶套和盘 6 相连,关节 3 与关节 5 相似,只是尺寸不同。

意大利式与阿尔斯通式不同之处在于杆 4 传递到轮对上的扭矩要通过盘 6;盘 6 保证杆 4 和连杆 2 的稳定位置。

上述驱动装置的空心轴,在牵引电机体内的轴承内回转。

由于牵引电机是架悬式,驱动装置还承受牵引电机与轮对之间的垂直位移,被动的大齿轮装在回转的空心轴上并安装在齿轮箱中。

七、装有弹簧(或橡胶块)的齿轮驱动装置 (Drive with spring or rubber gear)

1. 威斯汀豪斯空心轴驱动装置(Westing House quill drive)

在 20 世纪初除布赫利驱动外,最大量使用的轮对驱动装置为威斯汀豪斯空心轴驱动装置,图 3-7-1 左图展示了这种装置的最原始的结构。由美国威斯汀豪斯电气制造公司所制造,并首先投入运用,后应用在英国的东北铁路的 2-Co-2 机车和瑞士的 Be 4/Ⅰ、Ae3/Ⅲ和 Ae 3/5Ⅰ(轴式 1Bo+Bo1、2-Co-1 和 1-Co-1)机车上。

威斯汀豪斯空心轴驱动装置的电机机壳装在构架上,机壳内装有空心轴,车轴装在空心轴内,由空心轴的两端将驱动力矩传到车轮上,主齿轮装在空心轴上(在双侧驱动时则有两个主齿轮)。该装置由空心轴、传动臂和齿轮所组成,空心轴在电机机壳下部的轴承内转动,当时的电机一般为双电机,空心轴的端部有 6 个传动臂,穿过轮辐;传动臂一端有 3 个螺钉与空心轴相连,另一端通过弹簧压在托盘上,托盘以两个螺钉紧固在动轮的轮辐上,无论在哪个方向运行弹簧总是受压因而弹簧很易断裂。

图 3-7-2、图 3-7-3 展示了 1907 年美国装有原始的威斯汀豪斯装置的部件。

图 3-7-1　威斯汀豪斯空心轴驱动装置(左图)和塞雪龙Ⅰ驱动装置(右图)

图 3-7-2　美国 No 010～041 机车(1Bo+Bo1)驱动装置部件图

图 3-7-3　威斯汀豪斯空心轴驱动装置的主圆簧

图 3-7-4～图 3-7-6 为 1919～1927 年美国装有原始型稍有改进的威斯汀豪斯驱动装置的轮对和机车，这种装置后为瑞士塞雪龙Ⅰ驱动装置所替代。威斯汀豪斯驱动装置的优点是没有铰接连接，它的部件很简单，并很容易更换、润滑简单、消耗量低，由于在电机与车轴之间转矩的传递有很大的弹性，小齿轮只需要用刚性的，这就避免了在小齿轮轮毂与齿圈之间装设复杂的弹簧结构，齿轮减速比范围大，可使这种机车适用于各种用途。这种装置的另一个优点

是可以在下部借助发电机落下整个驱动装置(包括电机和双电机),不需要打开车顶或拆下部分车体,并在各种困难条件下启动,只有很小的滑动。

图 3-7-4　美国 NYNH & HRR 铁路的 No 0300～0326 机车轮对(1-Co1＋1Co-1,弹簧数为偶数 6 个)

注:NYNH & HRR:New York、New Haven and Hartford Railroad。

图 3-7-5　美国 NYNH & HRR 铁路 No 0303 机车(1-Co1＋1Co-1)

图 3-7-6 威斯汀豪斯原始型稍有改进的空心轴驱动装置的部件图

2. 塞雪龙Ⅰ驱动装置(Sécheron Ⅰ drive)

威斯汀豪斯驱动装置的改进型为塞雪龙Ⅰ驱动装置(图 3-7-1 右图),由塞雪龙工厂取得专利,最早于 1931 年投入运用。从图 3-7-1 可以看到空心轴的端部通过三点借助弹簧与动轮相连(而不是旧型的 6 点),每点有两个弹簧在它的两边(这样可以在两个方向运行时对称)与动轮上的三个固定点相连,这样两个弹簧在同一方向运行时,一个总是受拉,一个总是受压。在另一方向运行时也是这样,一个驱动点的力总是分布在两个弹簧上;此外,新装置的弹簧可以做得长些。塞雪龙Ⅰ驱动装置与威斯汀豪斯驱动装置的根本区别在于每个接触点不再只有一个弹簧单独支承,而是在同一方向运动时,由两个弹簧同时作用。这种改进的装置,首次在瑞士的大功率的山区 No 201 系列机车(轴式 1-Co+Co-1、功率 4 500 hp、75 km/h)上取得成功,机车由塞雪龙工厂制造,双电机装在转向架构架上,并通过装在空心轴两头的两个斜齿轮来驱动。

奥地利铁路(单相 15 000 V,16⅔ Hz,准轨)的 29 台 1170 系列(轴式 Bo+Bo、1 360 hp、60 km/h)客运机车,安装了塞雪龙Ⅰ驱动装置效果很好。电机为每轴一个电机,空心轴装在与电机机壳一体的轴承上,轴线不在轮轴垂直面内,而是相对于车轴向转向架内侧移进去一个距离,并刚性地紧固在转向架构架上,这种特殊的布置与装有两个抱轴式电机的转向架类似,但驱动机构并无丝毫改动。

塞雪龙Ⅰ比原始的空心轴机构运行效果要好得多,当时的奥地利铁路与瑞士铁路都很满意。它的另一个优点是车轮的直径比原始型要小,两种装置的最小允许直径,分别为 1 350 mm

和 1 600 mm。

装有弹簧的空心轴驱动装置(当然包括塞雪龙 Ⅰ),在山区和冬季均具有良好的黏着性能。

塞雪龙 Ⅰ 驱动装置在很多国家的机车上得到了应用。

(1)1932 年在瑞士有 8 台装有这种驱动装置的 Bo-Bo 机车投入运用。

在 1931～1932 年有 15 台 BCFe 2/4 动车投入使用,其中只有 1 个转向架为驱动转向架(图 3-7-7、图 3-7-8)。动车组的电机和机车的相同,最高速度 75～90 km/h。自 1937～1940 年瑞士铁路仍相继将装有这种装置的机车投入运用如图 3-7-9、图 3-7-10 所示。

图 3-7-7　瑞士 BT 铁路 BCFe 4/4 动车(系列 41)(1931～1932)的驱动转向架

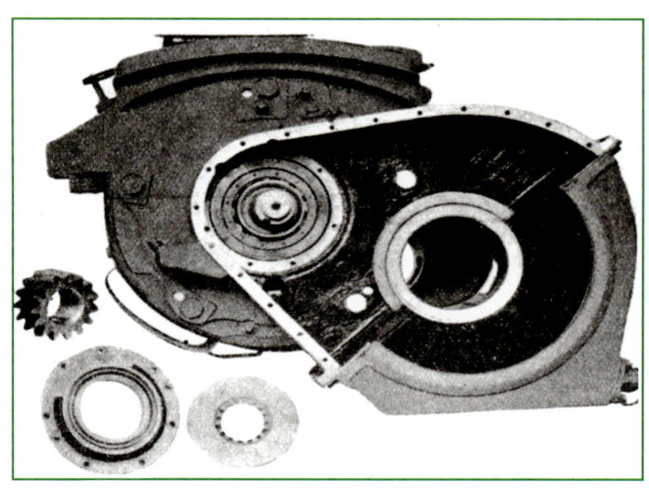

图 3-7-8　BCFe 4/4 动车转向架的齿轮箱图

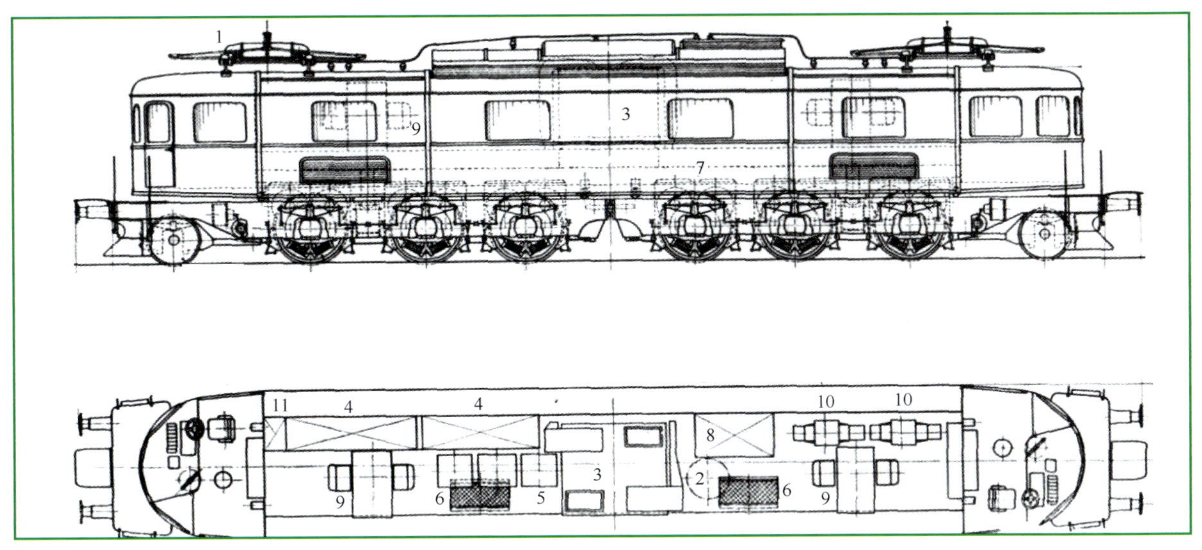

图 3-7-9　瑞士 BLS 铁路 Ae 6/8 机车 No 205、206(1-Co+Co-1)

注:BLS 铁路站名 Berne-Lotschberg-Simplon。

1—受电弓；　2—油断路器；　3—变压器；　4—接触器；　5—主感应器；　6—齿轮；
7—双牵引电机；　8—制动电阻；　9—电机风扇；　10—电机空压机；　11—加热线路接触器

图 3-7-10　Ae 5/8 机车 No205、206 的转向架

(2)1932 年在前苏联有一台 ML-6 型电传动内燃机车于中亚投入运用。机车功率 1 650 hp、轴式 2-Eo-1、轨距 1 524 mm、货运速度 60 km/h,柴油机由苏尔寿提供,电器设备由塞雪龙提供,机械部分由克虏伯供应。机车重 149 t,黏重 105 t,动轴重 21 t 如图 3-7-11 所示。

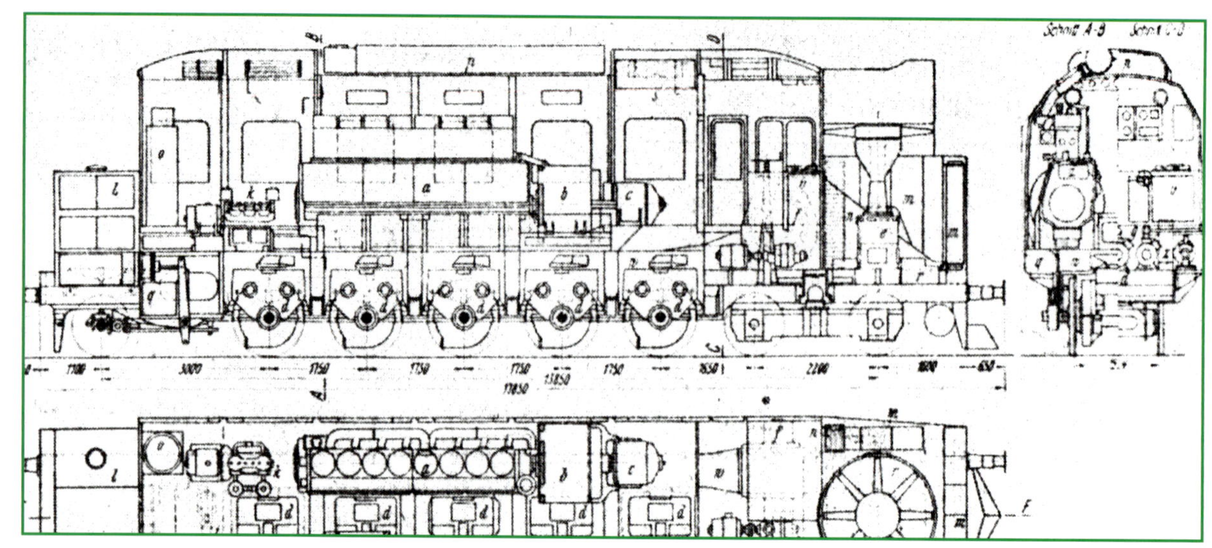

图 3-7-11 前苏联 ML-6 型电传动内燃机车

(3)在法国有 5 台与瑞士铁路赛雪龙Ⅰ驱动装置相类似的 T6～T10 系列机车(轴式 Bo＋Bo)投入运用。

(4)在 1935 年比利时有 24 台 7300 系列动车,在电气化铁路上投入运用,由比利时 ACEC(Ateliers de Constructions Electriques de Chorleroi)、SEM(Societe d´Electricité et de Mécaniqué)等工厂制造,这些动车上装配了塞雪龙Ⅰ驱动装置。

比利时 7300 系列动车的转向架(图 3-7-12)并不是很成功,出现了很多问题。一方面,它的电机很大,且载荷又重,空载和载重的差别很大。在这种情况下,空心轴与车轴之间允许的间隙过小。另一方面,电机为四点支承在铸钢的转向架上,即使采用高级铸钢和进行了精加工,还是在转向架的构架和电机壳上出现了相当数量的裂纹。以后采用电机三点支承效果很好。

(5)在 1936～1938 年间,瑞典有 10 台装有塞雪龙Ⅰ驱动装置的 Bo-Bo 机车投入使用,速度为 70～100 km/h、动轮直径为 1 060 mm。在 1942 年又有 4 台速度为 80 km/h 的同型机车投入使用,动轮直径为 1 100 mm。

(6)从 1927～1941 年奥地利共有 70 台 Bo-Bo 机车都装置了标准化的塞雪龙Ⅰ驱动装置,所以奥地利铁路(BBOE)在 1947 年决定订购塞雪龙Ⅰ驱动装置。但是由于这种装置弹簧的惯性断裂无法避免,所以速度被限制在 90 km/h。在 120 km/h 的客运机车上,则采用了 AEG 驱动装置。

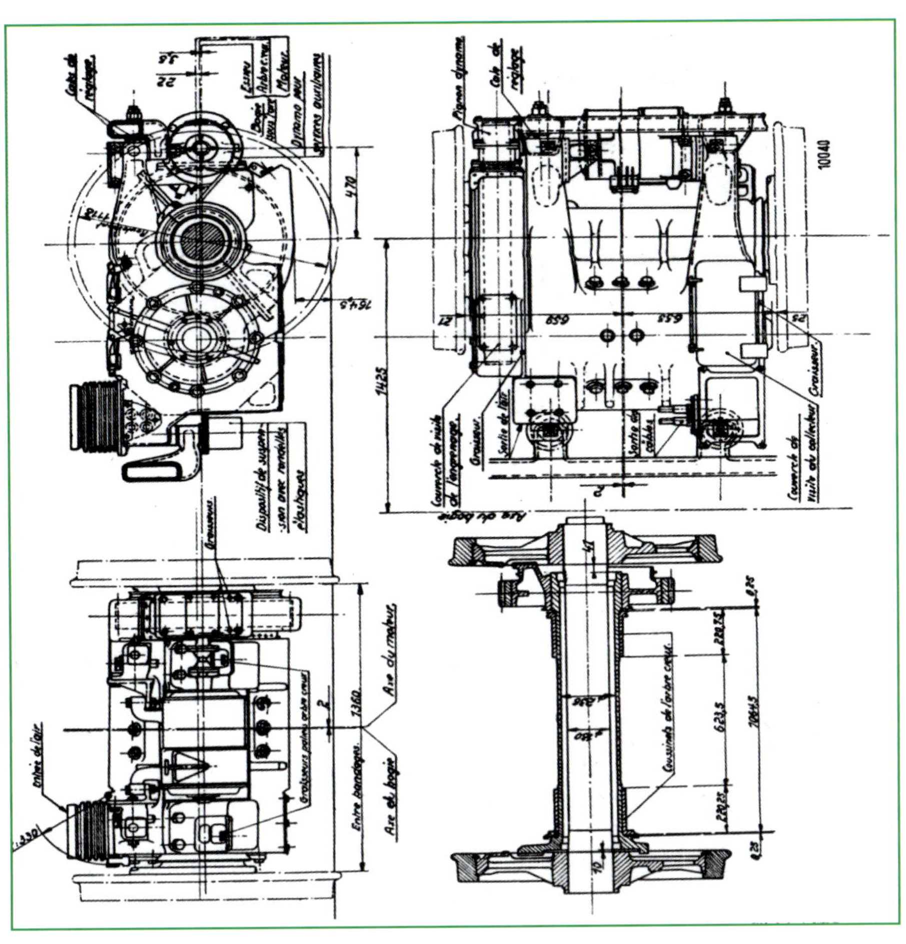

图 3-7-12　比利时 7300 系列动车转向架(可见四角上的四点悬挂)

法语说明:

Graisseurs paliers arbre creux	为空心轴轴承润滑
Entre bandages	轮箍之间
Axe du bogie	转向架轴线
Axe du Motor	电机轴线
Dispositif de suspension avrec rondelles élastiques	弹性悬挂
Cale de réglage	调正键
Bogie sous tare essieu	转向架车轴载荷
Bogie sous tare arbre creux	转向架空心轴载荷
Bogie sous tare motear	转向架电机载荷
Dynamo pour service auxiliaries	电机附件
Cossinets de l'arbre creux	空心轴轴承
couvercle de visite　de l'engrenage	齿轮检查盖
couvercle de visite　du collecteur	整流器检查盖
Pignon dynamo	小齿轮
Graisseur	润滑器

3. AEG-克莱诺空心杯驱动装置(AEG-Kleinow quill cup drive)

空心轴驱动装置的第三种改进的形式是AEG-克莱诺空心杯驱动装置(图 3-7-13)。这种装置与原始的空心杯驱动和改进的塞雪龙Ⅰ驱动装置不同,它的弹簧只承受压力,这是一个很大的优点。前述两种驱动装置的弹簧除被压缩外,还要承受拉伸、扭转和弯曲应力。从图 3-7-13 上可以看到这种装置也有六点与空心轴相连,与图 3-7-1 左图相同。空心轴套在动轴上,它们之间的间隙满足车轴弹性位移的要求,在最大位移时也不会与车轴相碰撞,其间隙最小为 30 mm。这些连接点借助于一个伸臂和一个两部分组成的小支承环,在环头有两个套筒,其中放一个弹簧。每个车轮有六个弹簧,每个驱动点有一个弹簧。环上有限位凸缘以限制套筒向外的运动。当齿轮传递切向力而压缩弹簧时,套筒向内的运动没有限制。

图 3-7-13 装有双电机的 AEG 驱动装置

此外,弹簧是封闭的,防尘而且防潮,所以磨损较少。AEG-克莱诺空心杯驱动装置比其他形式有很多改进。虽然它比较复杂、零件比较多,须拆卸装弹簧的两个套筒的支承环,但在解体时,还是比较易于拆卸的。由于将弹簧连接器装在动轮上,所以动轮的直径较大,为 1 600 mm。

1920～1922 年由威斯汀豪斯公司供应给芝加哥圣保罗和太洋铁路 10 台 2-Co-1＋1-Co-2 机车改造为 AEG 驱动装置,如图 3-7-14 所示。其中的一台 No 10002 无齿型机车首先安装了空心杯驱动装置,其部件如图 3-7-15 所示。

AEG-克来诺(AEG-Kleinow)驱动装置称为弹性驱动,是由美国的空心杯驱动装置发展而来。而德国铁路(Reichsbahn)DR 装设空心杯驱动装置是在 1925 年～1926 年。如图 3-7-16 所示为 E17 机车前导驱动轴的车轮和空心轴和齿轮,在 1933 年 E18 和 E19 投入运行仍用AEG-克莱诺空心杯驱动装置。

第一次在美国应用的空心杯驱动装置的连接器是沿着车轮旋转的切线分开的,紧固螺栓也是沿着牵引线布置的。这种连接器在美国使用不久,很快被威斯汀豪斯的专利单体连接器所代替。单体连接器不用剖分使刚性更好。到 1937 年装有单体连接器的机车共有 173 台,其中美国有 155 台,而法国 18 台。

图 3-7-14　美国芝加哥、圣保罗和太平洋铁路的 No 10300～10309 共 10 台机车的驱动车轮

注:装有原始的空心杯驱动 7 个连接器。

图 3-7-15　空心杯驱动装置连接器的零部件图

图 3-7-16 德国 E17、E21 和 E04 系列机车的 AEG-Westinghous 弹性驱动轮对

注：驱动轮对带有空心轴和单侧齿轮。

美国铁路 GG1 型和 R1 型(2-Co-2)机车动轮如图3-7-17 所示。由威斯汀豪斯公司于 1942 年提供的 2-Co＋Co-2 机车(图 3-7-18、图 3-7-19)为双侧、六连接器、空心轴驱动、齿轮为单侧的驱动装置。前苏联第一台 PB 21 型客运电力机车于 1935 年投入运行，轴式 2-Co-2、直流 3 000 V、2 800 hp、重 124 t、轴重 23 t。以往前苏联均用 BP 22 的货运机车牵引客车，机车数量很大，但具体数字不清。

1925～1926 年德国在 E21 系列电力机车上使用 AEG 驱动装置，1928～1929 年在 E17 系列电力机车上使用 AEG 驱动装置。E19 系列机车用于长距离的特快列车，速度 180 km/h，它所牵引的列车在 1940 年公认至少是欧洲最快的。

德国国铁有 128 台的机车装有 AEG 驱动装置。其电气部分、机械部分均由 AEG 公司制造，电气部分是与西门子公司协作。

德国国铁 E17 的一台电力机车在动轴上采用了 Isothermos 系统的驱动轴轴箱，而在驱动轴之外装了一个叉形的半径杆件以连接驱动轴和拖轴方便其间的位移，改善通过曲线时的运行品质。该装置由克劳斯-海姆赫兹(Krauss-Helmhotz)装置派生出来。

图 3-7-20 所示为 E18 型机车。图 3-7-21 所示为克劳斯-海姆赫兹导向轴的转向架。它的通过曲线的性能为以后的机车设计带来了重要的影响。E19 型机车的电机见图 3-7-23。采用 AEG 驱动装置的德国机车的技术参数见表 3-7-1、表 3-7-2。

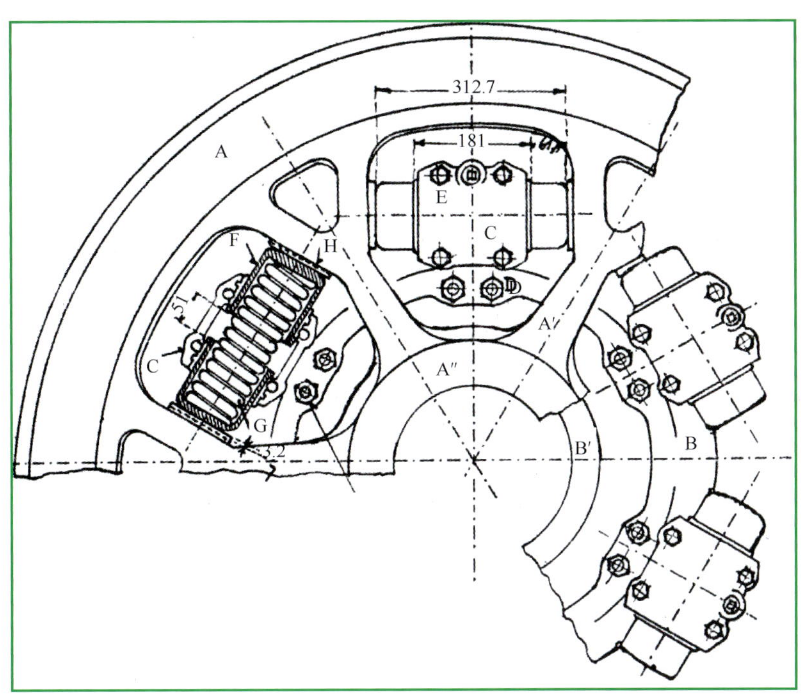

图 3-7-17 美国 PRR 铁路 GG1 型和 R1 型机车(No 4399,轴式 2-Do-2)的驱动轴部分图

A—轮箍;A′—轮辐;A″—轮毂;B—空心轴冠—齿轮轮心;B′—空心轴端;C—连接器;D—冠 B 的固定螺栓,以装剖分的连接器;E—连接器壳 C 的螺栓;F—弹簧杯;G—圆弹簧;H—杯端的支承钣;

注:PRR 铁路名 Pennsylvania Railroad。

图 3-7-18 1942 年威斯汀豪斯供给美国 NYHH & HRR 铁路 10 台机车的空心轴

注:连接器为偶数 6,弹性驱动装置为双侧的,齿轮为单侧的。

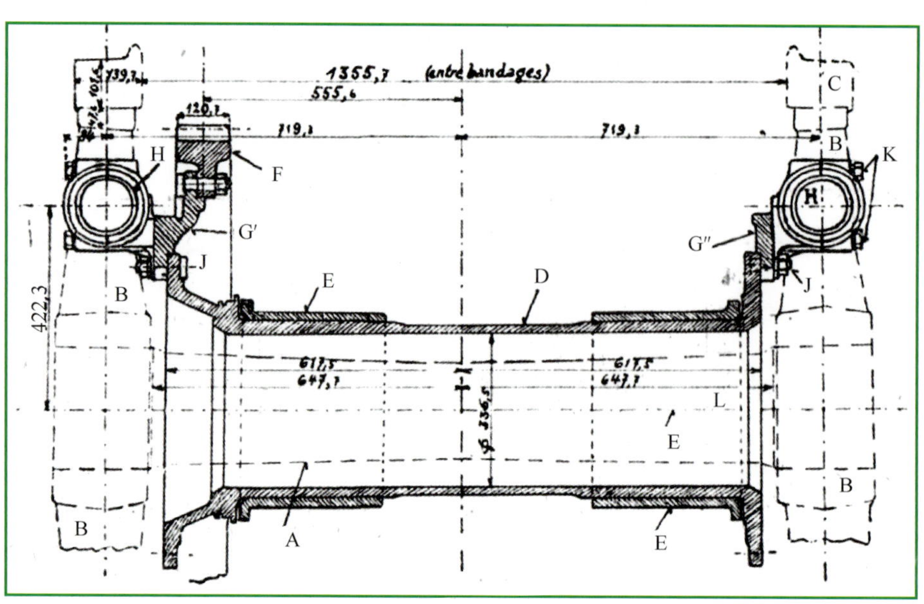

图 3-7-19 威斯汀豪斯空心杯驱动装置的空心轴剖面图

A—车轴； B—动轮轮心； C—轮箍； D—空心轴；

E—空心轴上的电机支承； F—齿圈； G′—连接器的支承(齿轮侧)；

G″—连接器的支承(非齿轮侧)； H—连接器；

J—连接器支承的固定螺栓； K—半连接器的螺栓； L—车轴中心线

图 3-7-20 德国 E18 高速机车(1-Do-1)

图 3-7-21　E18 和 E19 机车的克劳斯-海姆赫兹(Krauss-Helmholtz)
导向转向架的驱动轴和拖轴(上置单电机带通风机)

图 3-7-23　德国铁路 E19 机车牵引电机(1400 hp)

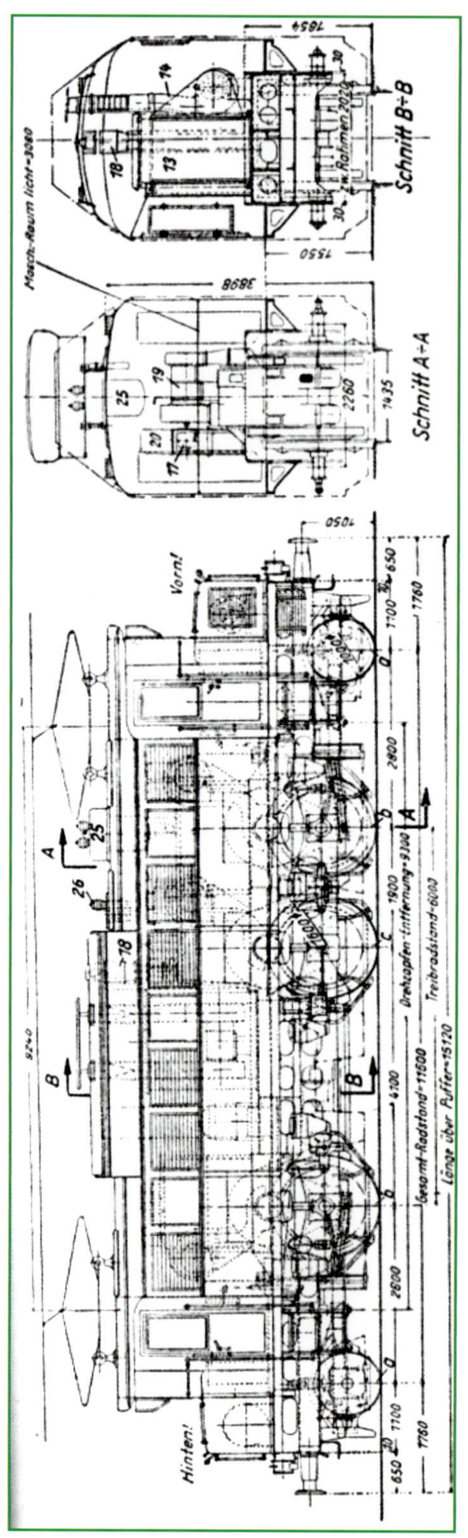

图 3-7-22　德国铁路DR（Reichsbahn）E04机车（轴式1-Co-1）剖面和主视图

注：E17机车相似，动轴轴距=6 m 轴距=11.6 m。

表 3-7-1 采用 AEG-克来诺驱动装置的德国机车参数表 1

型号	号码	首批投入运用的年份	机车数	轴式	功率(hp)	最高速度(km/h)	备注
E21	01～02	1925～1926	2	2-Do-1	3 800	110	在 02 号机车实验机车装有克劳斯-海姆赫兹装置
E17	01～14 101～124	1928～1929	38	1-Do-1	3 800	110	克劳斯-海姆赫兹装在两个拖轴上
E04	01～23	1933～1934	23	1-Co-1	3 800	110/130	相同的导轴装置

表 3-7-2 采用 AEG-克来诺驱动装置的德国机车参数表 2

型号	号码	年份	运用最高速度 km/h	小时功率(hp)	最大牵引力(kg)	总重(t)	机车数
E18	001～053 201～208	1935～1945 1940～1941	140 km/h	4220	21 000	109	61
E19	01～02 11～12	1940 1940	180 km/h	5420	23 000	114	4

奥地利铁路 8 台装有 AEG-克莱诺驱动装置的机车 No 1870001～1810008 于 1937 年和 1942 年投入运行。

罗马尼亚铁路曾有一台电传动内燃机车采用 AEG-克莱诺驱动装置，该机车为 DE2・241 系列 No 001、002，轴式 2-Do-1＋1-Do-2、机车功率 4 400 hp，如图 3-7-24～图 3-7-25 所示。

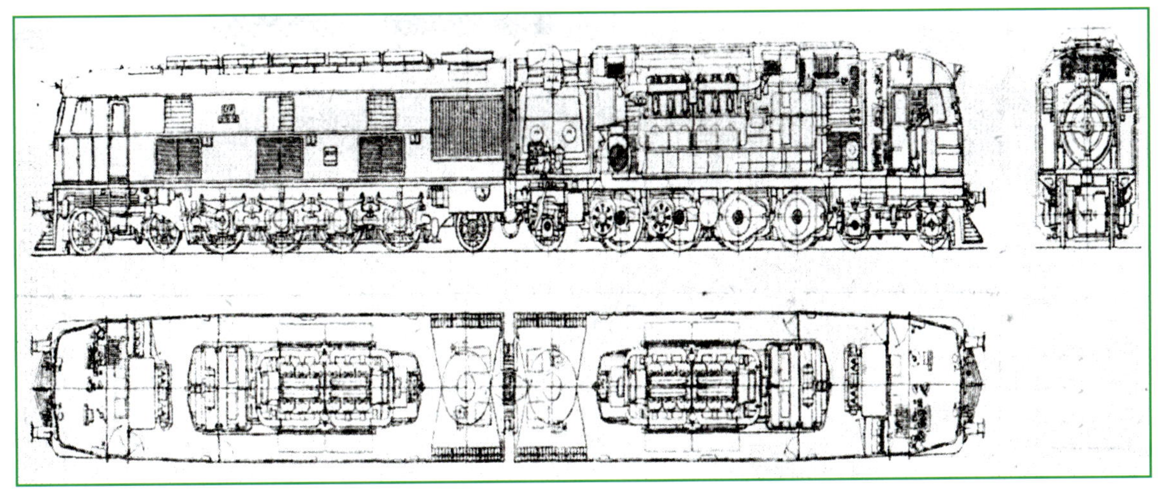

图 3-7-24 罗马尼亚铁路的电传动内燃机车

注：动轮轴距：1 800 mm，全轴距：26 m，半台机车轴距：11.85 m，缓冲器间长度：29.3 m。

图 3-7-25　罗马尼亚铁路电传动内燃机车驱动轴

注：电机位于车轴平面由空心轴和下构架支承车轮右侧为 isothermos 轴箱。

1938 年瑞典铁路决定在 M 型和 F 型机车上采用塞雪龙Ⅱ和 AEG-克莱诺驱动装置。

M 型货运机车轴式 Co＋Co，机车功率 3 600 hp，最高速度 80 km/h，最大牵引力 30 t，轮径1 100 mm。装了塞雪龙Ⅱ驱动装置。

F 型客运特快机车轴式 1-Do-1，机车功率 3 500 hp，最高速度 135 km/h，轮径 1 530 mm。

F 型机车于 1942 年投入运用，在投入运用前曾在 3 台机车上进行了试验，2 台装了塞雪龙Ⅱ驱动装置（Meyfarth-Sécheron)；1 台装了 AEG-克莱诺驱动装置。运用后证明 AEG-克莱诺装置性能更优越。从 1942～1948 年，瑞典铁路共订购了 21 台 F 型机车。

在法国铁路也有部分机车曾采用了 AEG 驱动装置。

关于 AEG-克莱诺驱动装置还有一个值得特别予以注意的应用，就是在蒸汽轮机机车上采用了这种弹性驱动装置。

1944 年，在美国宾夕法尼亚铁路（PRR）运用了一台装有空心杯驱动装置的 S-2 型 No 6200 蒸汽轮机车（3-D-3），它并不是单轮对驱动，两个蒸汽轮机通过齿轮传动两个中间的轮对，并通过连杆驱动四个轮对。如图 3-7-26～图 3-7-27 所示为这种机车，机车功率 6 500 hp、速度 105 km/h（最高速度 184 km/h）。

图 3-7-26　PRR 铁路的 S-2 型 No 6200 蒸汽轮机高速机车(轴式 3-Do-3,1945 年)

注:机车功率 6500 hp,最高速度 184 km/h,整车重量 450 t(包括煤水车)。

图 3-7-27　蒸汽轮机机车装有杯形弹性驱动的主齿轮

1939 年法国铁路在蒸汽轮机机车(2-Co-2)上安装了车轴单轮对驱动装置(图 3-7-28、图 3-7-29),安装有前进与后退装置的蒸汽轮机的传动装置如图 3-7-30～图 3-7-31 所示,机车功率约为3 000 hp,蒸汽轮机转速 10 000 r/min,轮轴转速为 500 r/min,减速比为 20,法国蒸汽轮机机车如图 3-7-32 所示。

图 3-7-28　蒸汽轮机机车的动轴

注:5 个连接器的单体空心杯驱动,齿轮在空心轴上。

图 3-7-29　轮对上装着由蒸汽轮机驱动的齿轮

图 3-7-30　蒸汽轮机机车(轴式 2-Co-2)驱动装置的空心轴齿轮和驱动轴

图 3-7-31　法国铁路蒸汽轮机机车的空心轴驱动装置

注：人字形小齿轮与图 3-7-29 的齿轮相啮合。

图 3-7-32　法国铁路空心杯单轮对驱动装置的蒸汽轮机机车(轴式 2-Co-2)

4. 橡胶空心杯驱动装置(Quill cup drive with rubber)

1938～1939 年宾夕法尼亚铁路首先将空心杯驱动装置中的弹簧改为橡胶块，驱动装置的其余部分不变。1942～1946 年期间大多数的机车采用了橡胶杯，其中有 GG Ⅰ 型机车(No 4800～4938)139 台，PA5 型机车(No 4700～4791)92 台。PRR 的橡胶杯驱动装置，在 GG Ⅰ 机车上是标准化了的；关于 PA5 型机车(2-Co-2)所采用的与 GG Ⅰ 相似。图 3-7-33～图 3-7-34 为GG Ⅰ 机车的试验装置。

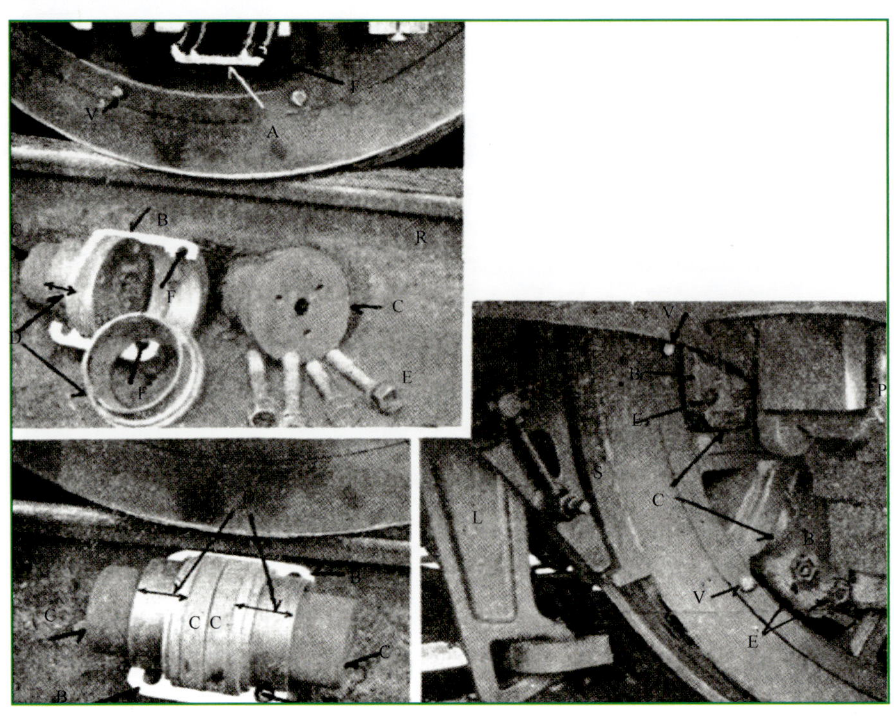

图 3-7-33　在美国 PRR 铁路上首先应用的橡胶杯驱动装置 A 和 B(支承的两个部分)

A—下部件装在空心轴臂上；　B—B 的外部件由螺栓 E 通过孔 F 装在 A 上；
C—在支承 A 和 B 内的橡胶块的金属保持环；　L—制动闸瓦 S 的均衡臂；　V—轮箍的固定螺栓

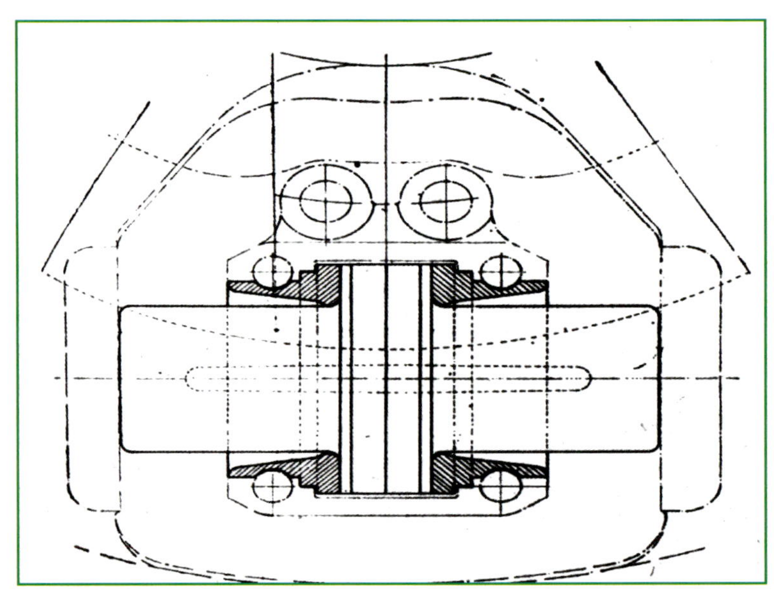

图 3-7-34　橡胶块的断面图(美国 PRR 铁路的 GGⅠ机车的最初装置)

很多装在威斯汀豪斯和塞雪龙Ⅰ驱动装置的圆簧均改用橡胶块（特别在美国和斯堪的纳维亚国家）。

5. 塞雪龙Ⅱ驱动装置（梅依法斯-塞雪龙）［Sécheron Ⅱ drive（Meyfarth-Sécheron）］

塞雪龙Ⅱ是一种具有推杆的弹性驱动装置，与空心杯的设计原则相同，是由空心杯驱动装置所派生出来的。塞雪龙Ⅱ驱动装置不再由杯头而是由推杆头作用在轮辐上。在车轴与空心轴有相对运动时，推杆的轴线可有小量的倾斜。

瑞士铁路的 No 10204 机车（轴式 1-Co-1）的一个动轮于 1935 年首先运用这种装置。法国铁路装有塞雪龙Ⅱ驱动装置的 1 600 mm 车轮的动轴图，如图 3-7-35 所示。图 3-7-36、图 3-7-37 为塞雪龙Ⅱ驱动装置的零件和部分组装图。

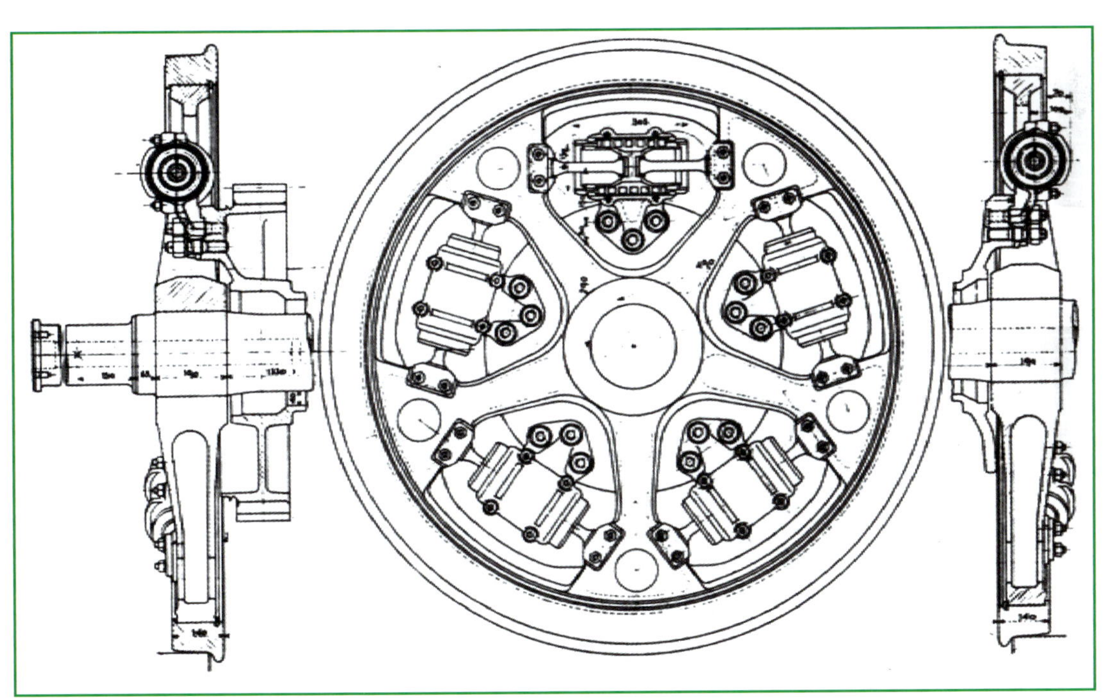

图 3-7-35　法国铁路装有塞雪龙Ⅱ驱动装置的 1 600 mm 车轮的动轴

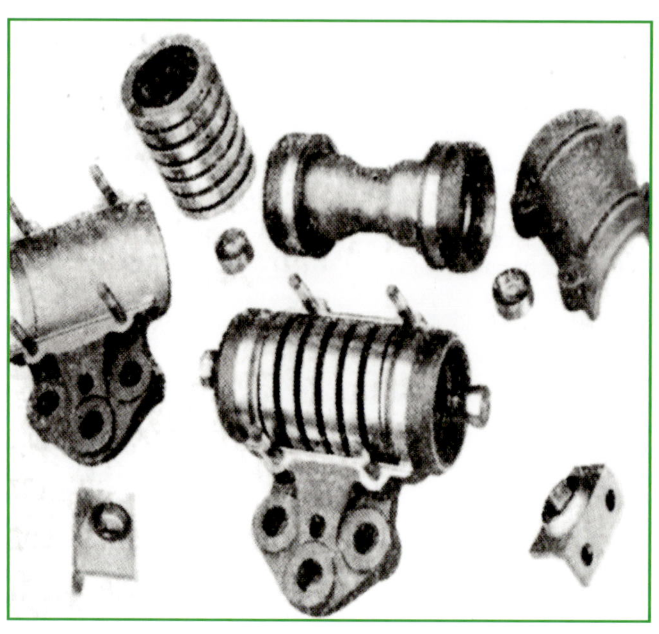

图 3-7-36　塞雪龙Ⅱ驱动装置的部件图

图 3-7-37　塞雪龙Ⅱ驱动装置改进部件图

注：中间部份为一体，头部为螺纹连接。

塞雪龙Ⅱ驱动装置的动作如下：齿轮回转以驱动装在空心轴上的连接器的外套筒，套筒再压缩弹簧，在压缩到 30 mm，允许内筒与外套筒之间可以相对滑动，在内筒上受压的弹簧，通过推杆将驱动力传递到轮辐形成弹性驱动。

塞雪龙Ⅱ驱动装置很牢固，往复的摩擦很小，润滑良好，密封性好。当空心轴与车轴间有相对运动时，推杆有一小量的倾斜，其间没有摩擦，而只有很小的滚动，因为杆头是球形的；弹簧只受压缩而不像空心杯驱动还受挠曲。

塞雪龙Ⅱ驱动装置曾在 19 台瑞典机车上使用过：2 台特快的 F 型（轴式 1-Do-1）机车于 1942 年投入使用；17 台 M 型（轴式 Co＋Co）机车于 1944 年投入使用。

1938 年在法国的 No 262-AD-1（轴式 2-Co-2＋2-Co-2）电传动内燃机车上使用了这种塞雪龙Ⅱ驱动装置是满意的，每 6 000 km 保养加油。

瑞士 2 台 Ae6/8 机车（轴式 1-Co＋Co-1）No207、208 于 1941 年和 1943 年相继投入运用。

以上这些机车通过长时间运用证明，这种装置的修理费比以前高，因此以后改为塞雪龙Ⅰ或 PRR 的橡胶空心杯驱动装置。

6. **塞雪龙Ⅱ改进型驱动装置**（Sécheron Ⅱ improved type）

塞雪龙Ⅱ具有推杆的驱动装置用于机车是装在车轮轮辐间的重型驱动机构，现介绍其应用于动车。

1938 年瑞士名为蓝箭（Blue arrow）的动车组（图 3-7-39、图 3-7-40）由于安装了推杆机构，使维护费增高。在 1945～1946 年改进设计为塞雪龙Ⅱ改进型（图 3-7-38）：空心轴与电机机壳设计为一体的，空心轴一端装有齿轮与电机轴的小齿轮相啮合，另一端有一个环形的支撑弹簧盒，装在弹簧盒上的伸臂固装于车轮的轮毂上，如同勃朗包维利油浴弹簧驱动装置（图 3-7-50）。这种塞雪龙箱体为两部分，一部分为齿轮箱，另一部分为驱动机构箱，但仅用于准轨动车，速度 110 km/h。

蓝箭动车组驱动转向架如图 3-7-41 所示，中心非驱动转向架，是径向的，可分为三个单独框架。蓝箭动车组非驱动转向架如图 3-7-42 所示。

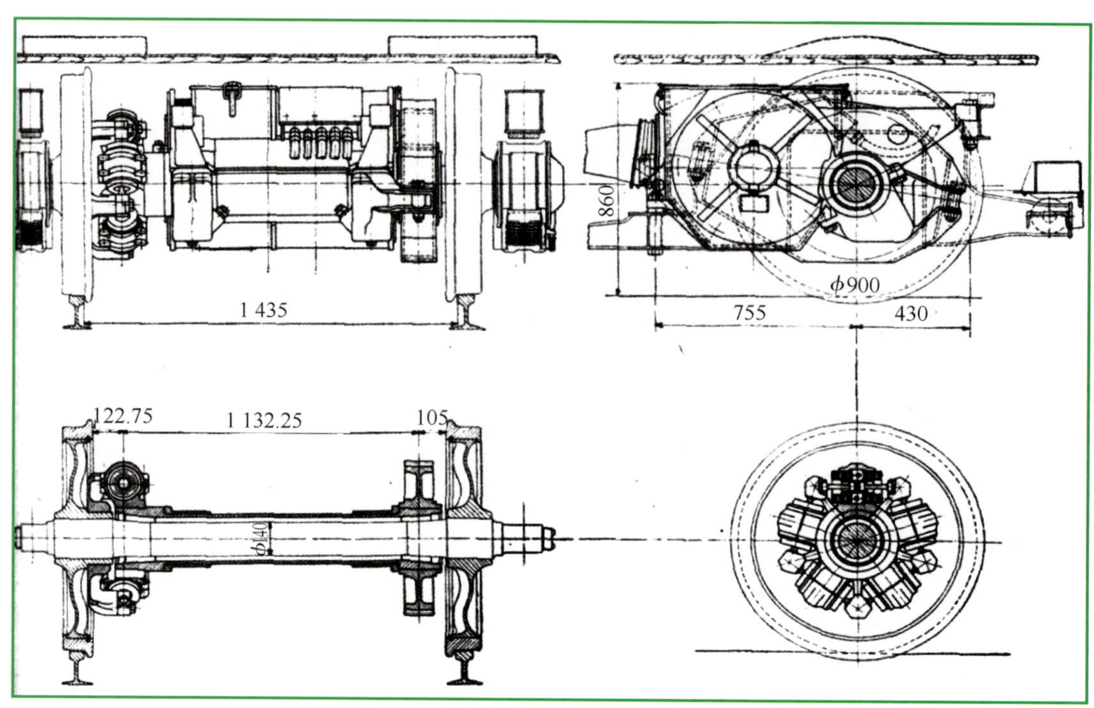

图 3-7-38　瑞士 BLS 铁路蓝箭动车组的驱动轴的主视图和剖面图(单位:mm)

注:塞雪龙Ⅱ改进型驱动装置在动车上的应用。

图 3-7-39　蓝箭动车组 No731(736～737)于洛歇堡(Lotschberg)铁路

注:1937 年在弗廷根(Frutigen)试车。

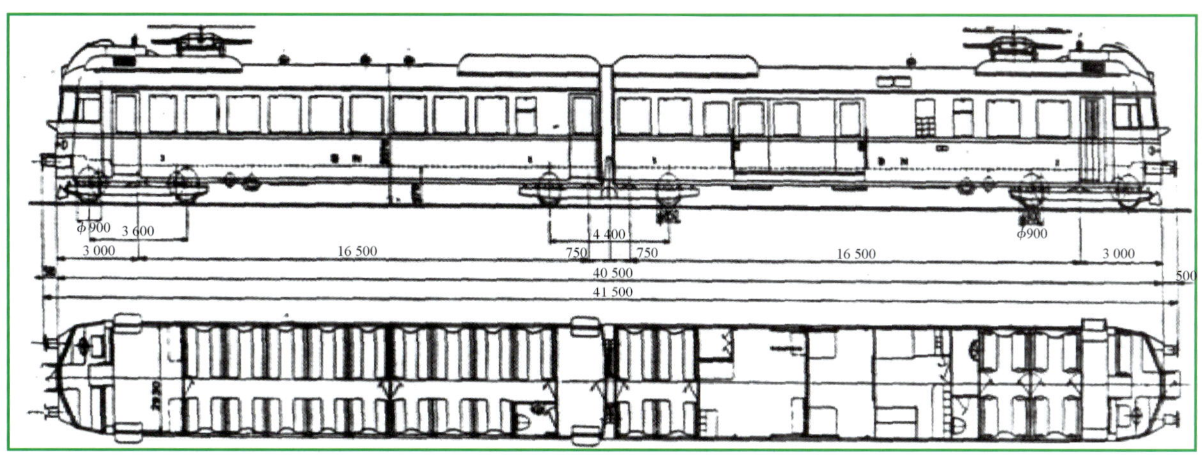

图 3-7-40　蓝箭动车组(2 个车厢,3 个转向架单位:mm)

注:动车组装有径向车轴中间转向架可分开为两部以供维修或换装。

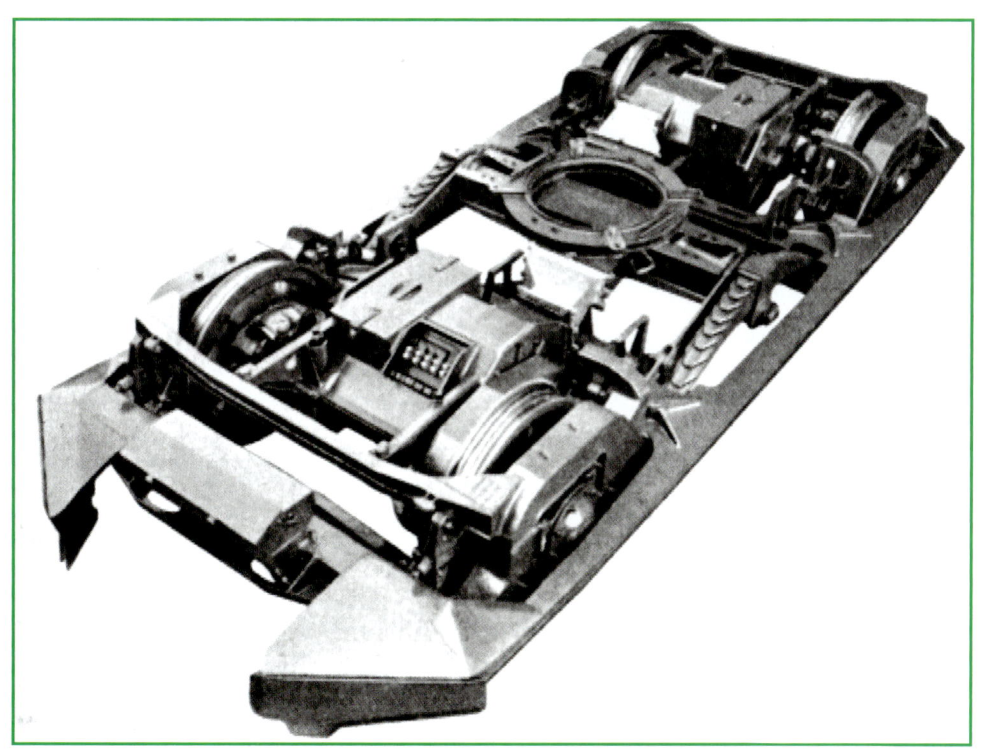

图 3-7-41　蓝箭动车组驱动转向架

图 3-7-42 蓝箭动车组非驱动中心转向架

注：蓝箭动车组的铰接连接，中部连接可拆开。

1937 年瑞士铁路 CFF 的 Re 8/12 机车 No 691(原 No 502)的六个转向架中的四个驱动转向架（图 3-7-43）上装有 Meyfarth-Sécheron 塞雪龙Ⅱ改进型动车用的推杆弹性驱动装置，如图 3-7-44～图 3-7-46 所示。No 502 动车推杆机构经过十年的运用维修后的效果与其他 BLS 铁路上使用的推杆驱动装置相似，部件有严重的磨损，CFF 工厂采取了减短推杆，加厚支承环等措施予以修复，以后塞雪龙进一步发展了塞雪龙Ⅳ板簧驱动装置。

7. 奥林肯Ⅴ弹性驱动装置(Oerlikon Ⅴ flexible drive)

瑞士铁路的 Re 4/8 No 671 动车在 1937 年安装了奥林肯Ⅴ弹性驱动装置。如图 3-7-47 所示为奥林肯Ⅴ弹性驱动装置装在 No 501 和 No 671 驱动转向架的动轴上。这种驱动装置除了没有推杆外与空心杯驱动很相似，它的中部和支承套筒与空心杯驱动也很相似，它是为高速特别设计的，并称为弹性驱动(Federtopfantrieb)。

图 3-7-43 瑞士铁路BCFZe8/12动车No501、502

注：1. 3厢6转向架，重命名Re4/8 No 311又改名Re 8/12 No 691。

2. 分别装有奥林肯和梅依法斯-塞雪龙推杆驱动装置。

图 3-7-44　装在空心轴上的塞雪龙Ⅱ改进型驱动装置

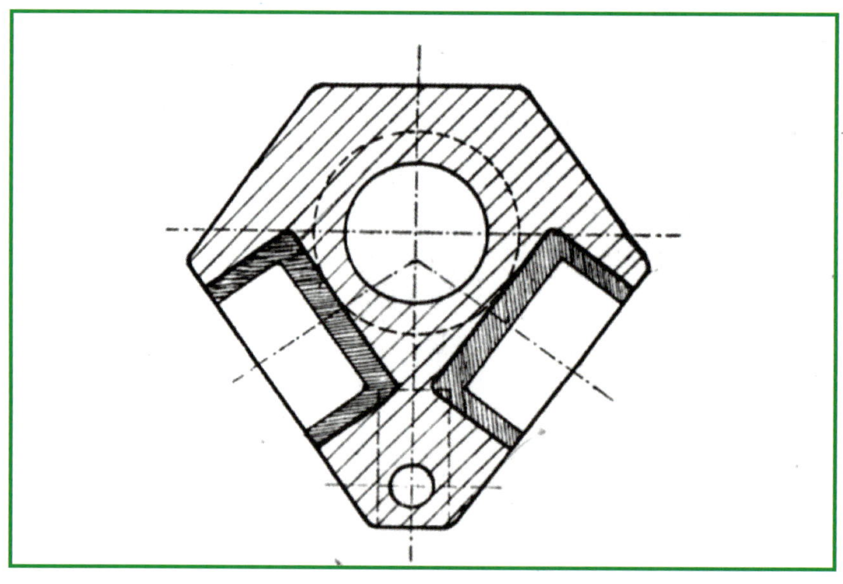

图 3-7-45　塞雪龙Ⅱ改进型驱动装置的组合件

注:在图上表示了推杆头的套筒和衬。

图 3-7-46　弹簧的中间支撑

A—180°铜支承(由 360°支承换的);P—推杆;C—握推杆头的衬;G—润滑器

图 3-7-47　装在空心轴上的奥林肯Ⅴ弹性联轴节

注:可以看到构架和制动装置。

奥林肯Ⅴ弹性驱动装置具有一个整长的空心轴，在一端装有弹簧机构，而另一端装有与电机的小齿轮相啮合的大齿轮（图 3-7-48），它的主要部件为 5 个方形断面的弹簧。驱动伸臂架压装在轮毂上，架上装有 5 个三角形断面的驱动销（夹角为 360°/5 = 72°），这些销在约为 537 mm 的直径内均匀分布。在空心轴的一端，设有星状支承架，架上设 5 个套筒，套筒内装弹簧和钢筒，方形断面弹簧压在钢筒两端的两个相邻的三角形驱动销内，在两个方向都可以压缩弹簧并通过三角形的驱动销进行驱动。

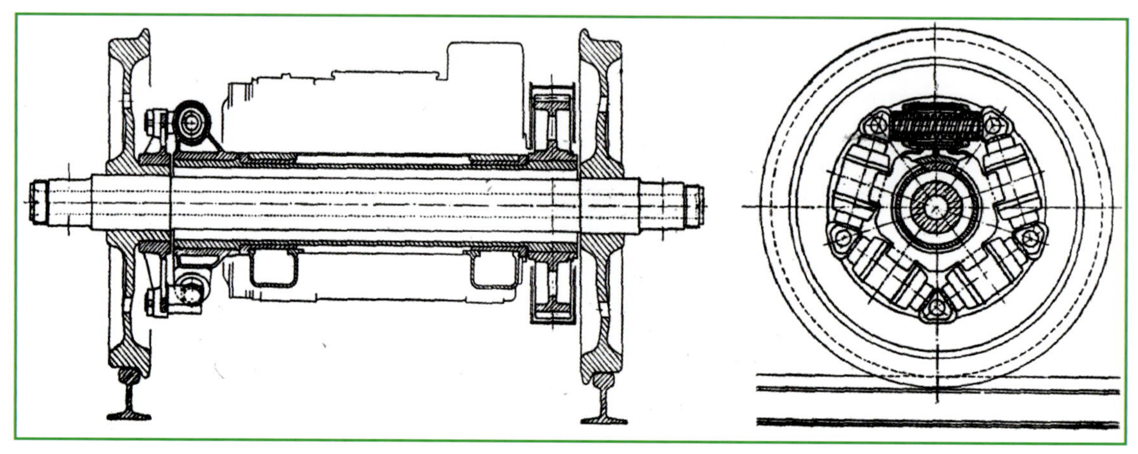

图 3-7-48　奥林肯Ⅴ驱动装置的剖面图和左视图

适应高速工况的驱动装置必须使用优质的材料：驱动和弹簧架为铸钢的，其他的部件为钢的或特殊钢；装弹簧的筒不是焊接的，而是拔制的；弹簧支承架套筒内装有镍铬钢的衬套，套筒和驱动销由特殊的坩埚钢制成，每个套筒装有润滑剂。

奥林肯Ⅴ弹簧装置的优点是：

（1）套筒的衬套是整体的，磨耗小而润滑好。

（2）钢筒是经过精整的同心圆筒，使弹簧只受压缩作用，钢筒是轻的，支承面面积是够的，这对离心力的大小十分重要。

（3）在更换润滑装置时，不需拆电机或车轴。

（4）体积小（直径 616 mm，宽度 220 mm），即使在最大偏心距 26 mm 的情况下，钢筒也不会跑出驱动架以外。

（5）驱动装置重量轻，仅为 258 kg/轴（包括空心轴），空心轴仅重 90 kg，内径为 240 mm。由 RBC Fe 8/12 动车 No 501 的转向架重新设计的 Re 4/8 No 671 动车的转向架，如图 3-7-49 所示安装有一个电机，这种装置没有进一步使用。

图 3-7-49 Re 4/8 动车 No 671(311)的新转向架

8. 勃朗包维利油浴弹簧驱动装置(Brown Boveri Spring transsmission with oil bath)

勃朗包维利油浴弹簧驱动装置的基本原理与空心杯驱动装置相同(圆断面的圆簧装在可伸缩滑动的弹性连接器内,并通过装在车轴上的伸臂来传递电机扭矩)可应用在高速机车和动车的小轮径的车轮上,如图 3-7-50 所示为长空心轴和短空心轴布置图。

动作原理如下:在空心短轴 5(或长空心轴 5')上,装着带有弹簧套筒的齿轮 3,在套筒间插入驱动臂 4,驱动臂的圆环压装在车轴上,车轴与构架之间的相对运动由驱动臂与弹簧套筒之间来调节。电机壳体中安装了滑动轴承或滚动轴承,空心轴在轴承上回转,转矩通过电机上的小齿轮传送给装在空心轴上的大齿轮,动轴穿过具有足够的垂直间隙的空心轴,以便有可能在不平顺的线路上运行,动轴一般不需要在运行方向位移(纵向位移)所以空心轴的中空部分可以做成椭圆的。此后这种驱动装置均采用短空心轴,大齿轮驱动空心轴和弹簧,然后通过驱动臂,使轮对转动,为了限制弹簧的压缩,驱动臂上的止动块在行程的终点处与大齿轮的轮辐相碰。这种驱动装置,大大地降低了簧下质量,适于高速运行;由于机构体积小可以全部放在齿轮箱中,只需要换润滑油来保养。

1933 年勃朗包维利驱动装置在瑞士 CFF 铁路的 7 台红箭号(Red Arrow)电动车组 No 201～207 上安装,红箭号设有 56 个座位,功率 800 hp、速度 125 km/h,如图 3-7-51～图 3-7-55 所示。后在瑞士、捷克、挪威、奥地利,德国、意大利等国的电力机车、电动车组、内燃动车组、电传动内燃机车组上得到广泛的应用。

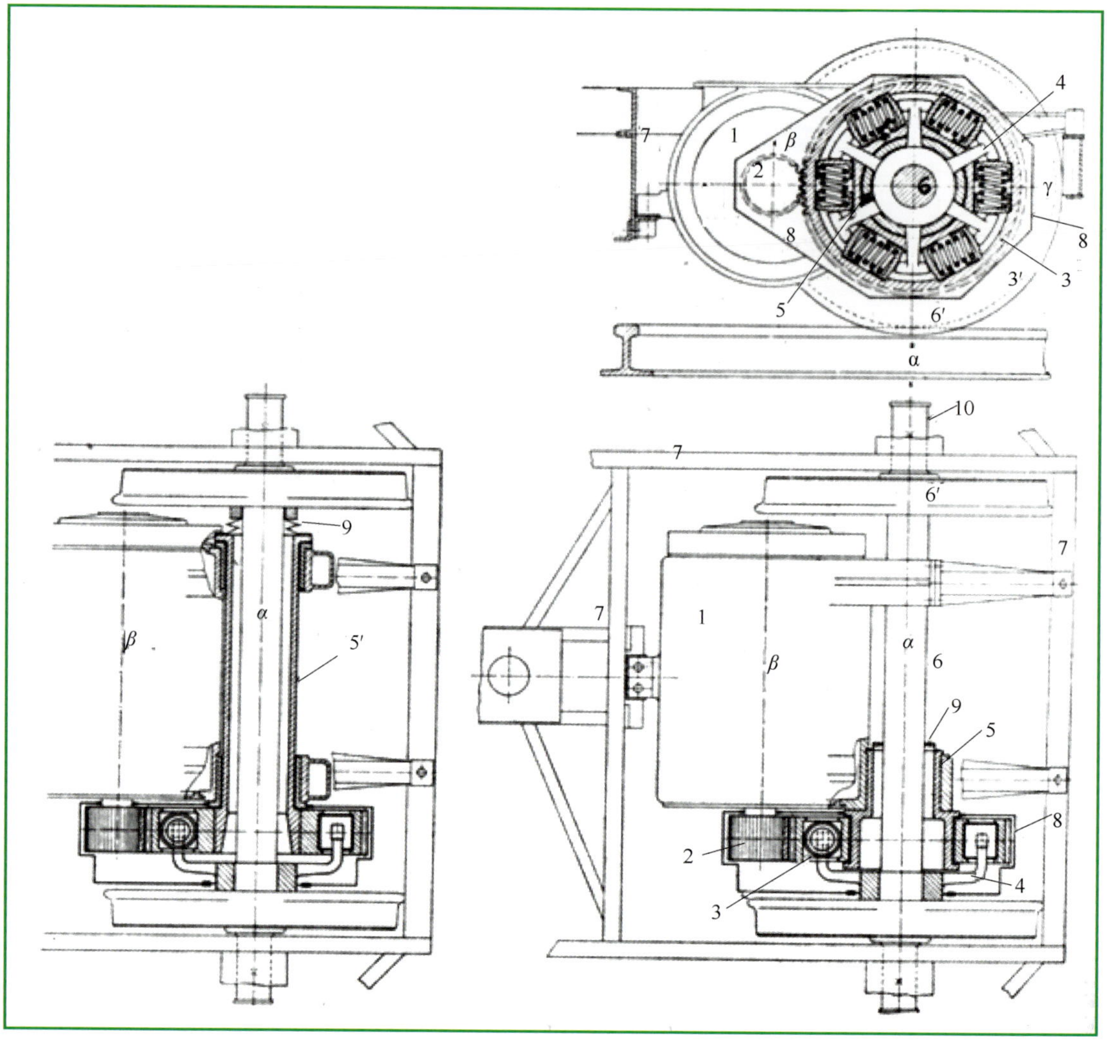

图 3-7-50　动车的勃朗包维利的弹簧和联轴节

注:左图为全长的空心轴,右图为短空心轴。

1—电机；　　2—小齿轮；

3—大齿轮；　　3′—弹簧(圆断面)三对；

4—固定在车轴上的驱动臂；

5—空心短轴；　　5′—全长的空心轴；

6—车轴；　　6′—动轮；

7—转向架；　　8—齿轮箱；

9—润滑点；　　α—车轴中心线；　　β—电机中心线

图 3-7-51 瑞士 CFF 铁路红箭号电动车组的勃朗包维利油浴弹簧驱动机构

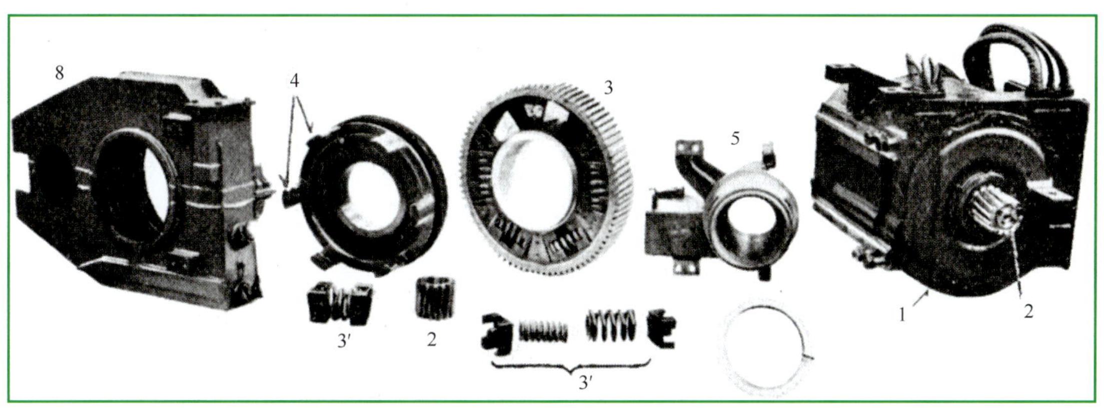

图 3-7-52 瑞士 CFF 铁路红箭号动车组的勃朗包维利油浴弹簧驱动机构部件图

注:短空心轴,200 hp,电机转速 1 500 r/min。

1—电机; 2—大齿轮; 3—弹簧圆断面; 4—固定在车轴上的驱动臂; 5—空心短轴;

6—车轴; 7—转向架; 8—齿轮箱; 9—润滑点

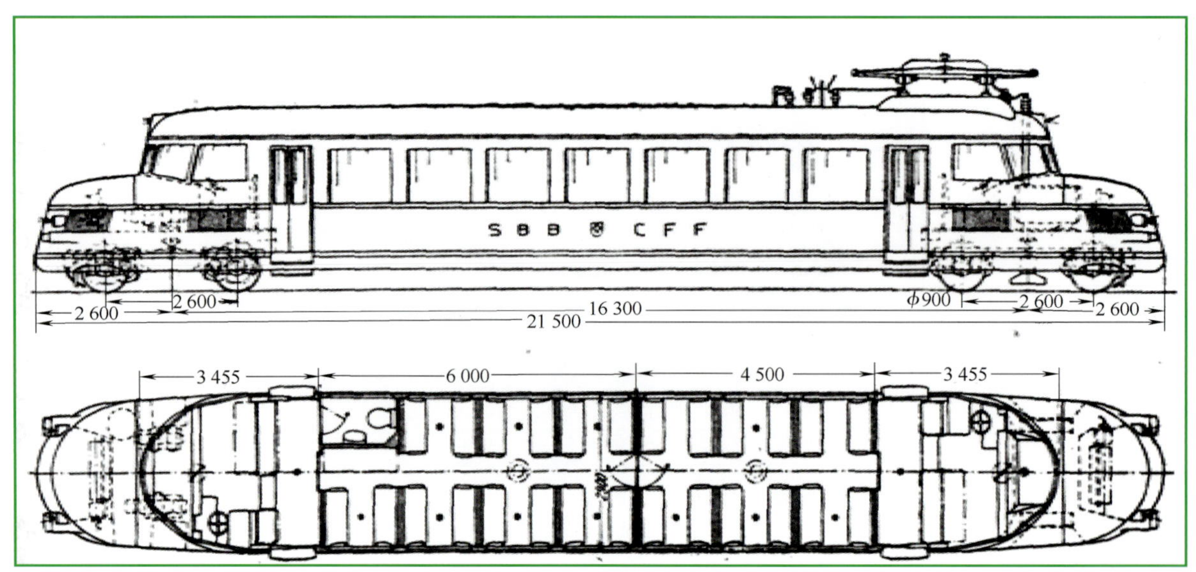

图 3-7-53　瑞士 CFF 铁路红箭号动车组 Cle 2/4 型 No 201(单位:mm)

图 3-7-54　瑞士 CFF 铁路红箭号动车组

图 3-7-55　勃朗包维利油浴弹簧驱动装置图

注:空心轴的开口处(左侧)为垂直的椭圆形。

图 3-7-56　瑞士 CFF 铁路 AM 4/4 电传动内燃机车 No 1001 安装有驱动装置的电机(未示驱动臂)

a—装在电机体上的短空心轴；　b—小齿轮；　c—弹性齿轮；

d—齿轮中的驱动弹簧；　e—驱动弹簧的齿轮框；　f—齿轮箱及其注油点

现选择其中有代表性的应用简述之：

1936～1937 年德国 4 列电传动内燃动车投入运用。两列为 4 个车一组，两列为 3 个车一组；4 个车一组的小时功率为 1 200 hp，最高速度为 160 km/h。

瑞士铁路电传动内燃机车的驱动装置如图 3-7-56 所示。

瑞士铁路于 1946 年开始有大量的 Re 4/4 机车（Bo-Bo）陆续投入运用，以牵引城市间的特快列车（图 3-7-57～图 3-7-59）。它的空心轴为短轴。这种机车很接近动车，总重 57 t、轴重为 14.2 t、速度 125 km//h（试验速度 150 km/h）、小时功率 2 300 hp，性能很佳，所以，成为一种标准型。

瑞士铁路于 1952 年首次将 Ae 6/6 机车（图 3-7-60～图 3-7-63）投入运用，轴式 Co-Co 总重为 122.5 t、轴重 20.5 t、功率 6 000 hp、最高速度 125 km/h，该机车可在 2.6‰的长坡道上牵引 600 t。如图 3-7-62 所示为电动机和齿轮的组装，由于单轴功率达 1 000 hp，伸臂和弹簧增至 10 个，齿轮的直径加大；图 3-7-63 为 No 11401 和 No 11402 的车轴组装图，这是勃朗包维利油浴弹簧驱动装置单轴功率第一次达到 1 000 hp，这种机车至 1966 年已有 120 台。

图 3-7-57　瑞士铁路 Re 4/4 轻型电力机车 401 系列（Bo-Bo）牵引列车

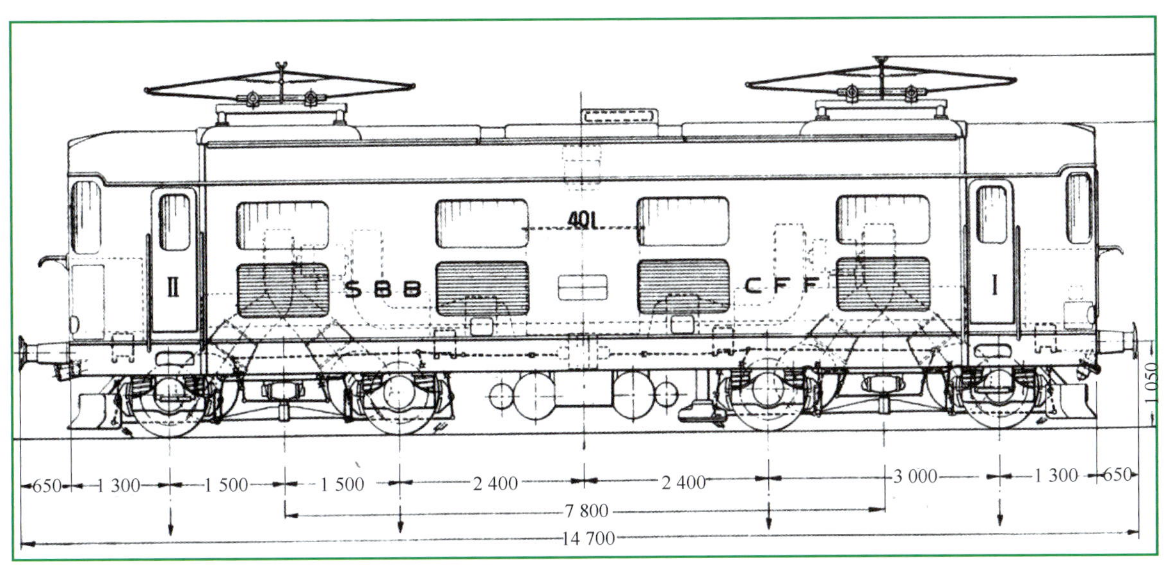

图 3-7-58 瑞士铁路 Re 4/4 轻型电力机车 401 系列(Bo-Bo)机车图(轴重 14 t,单位:mm)

图 3-7-59 瑞士铁路 Re 4/4 轻型电力机车 401 系列(Bo-Bo)机车的转向架

图 3-7-60　瑞士铁路 Ae 6/6 机车 No 11401 机车样机(Co-Co)

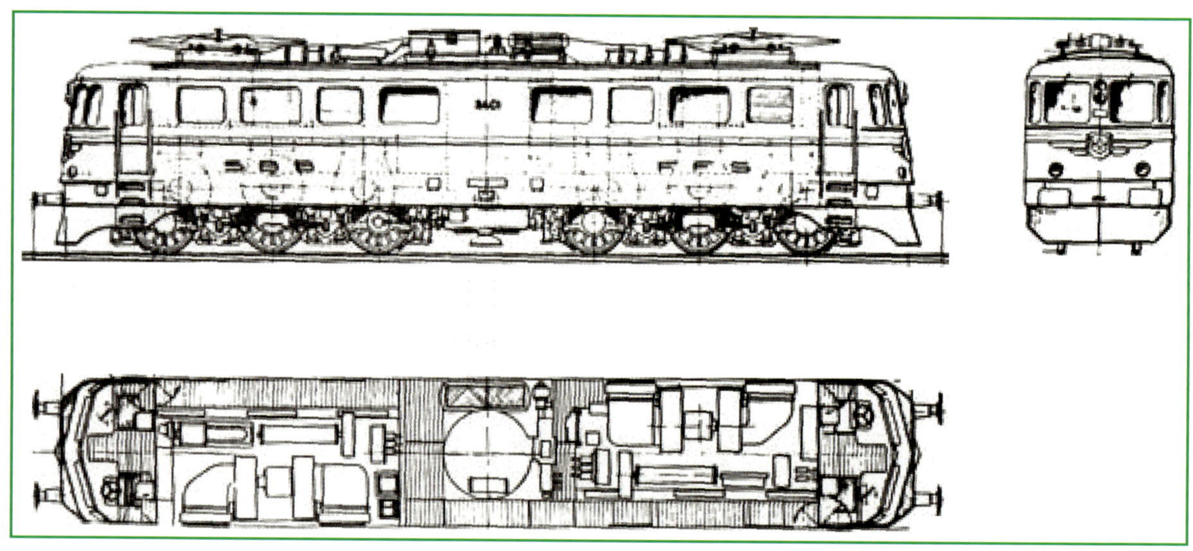

图 3-7-61　瑞士铁路 Ae 6/6 电力机车 No 11401 和 No 11402 机车图

图 3-7-62　瑞士铁路 Ae 6/6 机车的勃朗包维利驱动装置包括空心轴和齿轮及电机组

注：弹簧安装在齿轮上，车轴上的驱动臂与 10 个圆周上的孔相啮合。

图 3-7-63　瑞士铁路 Ae 6/6 机车完整的驱动轴（装着轴箱和悬挂装置）

注：可以看到安装在空心轴上的部件，没有安装电机及齿轮箱，单侧齿轮驱动。

1969 年瑞士铁路在 Ae 6/6、Re 4/4 Ⅱ 和 Re 4/4Ⅲ机车的基础上试制了 Re 6/6 机车，轴式 Bo-Bo-Bo、总功率 8 000 kW、单轴功率增至 1 333 kW。1972 年出厂的新型 Re 6/6 电力机车由瑞士机车和机械工厂(Swiss Locomotive & Machine Works)设计并制造，轴式 Bo-Bo-Bo、速度 105.6 km/h、总重 120 t、最高速度 140 km/h。

为评估机车的重量分布，制造了 4 台 Re 6/6 样机。其中 2 台(No 11601、No11602)为主车架铰接如图 3-7-64 所示，No 11602 为传统的主车架；No 11603 的二系悬挂采用非常柔的高圆簧；No 11604 则采用空气弹簧。经过运行试验 No 11603 机车完全能满足运行要求，因此放弃了铰接式和空气弹簧。

No 11603 采用高柔度的高圆簧如图 3-7-65 所示；No 11603 成为订购 45 台机车的标准型机车，具有单一主车架和二系高圆簧如图 3-7-66 所示。

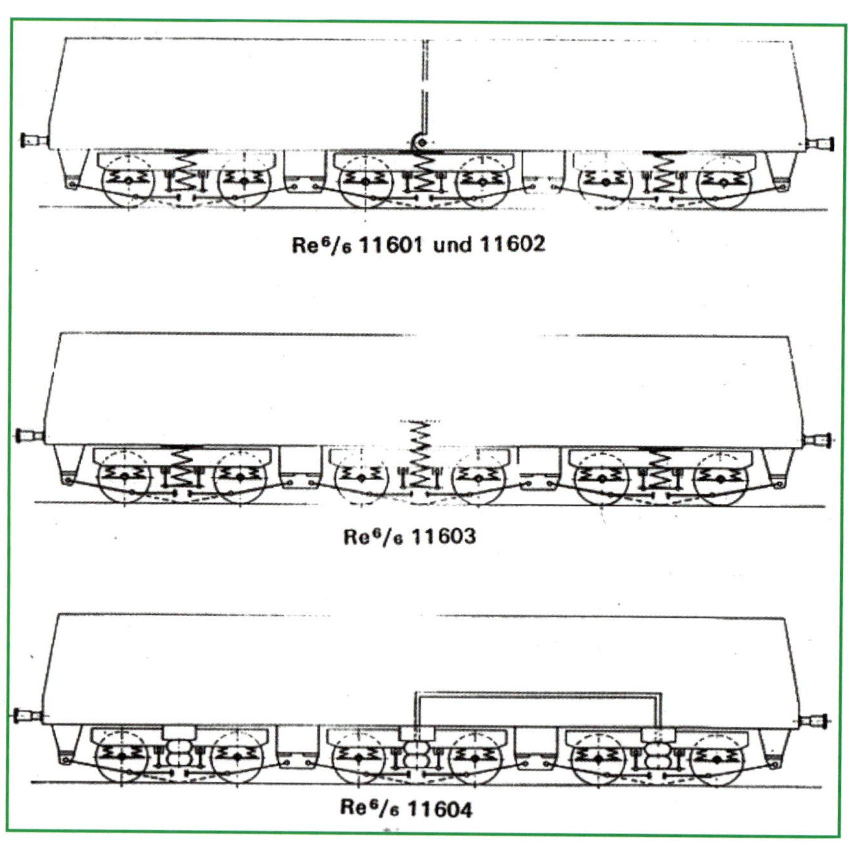

图 3-7-64　瑞士 4 台 Re 6/6 样机的二系悬挂

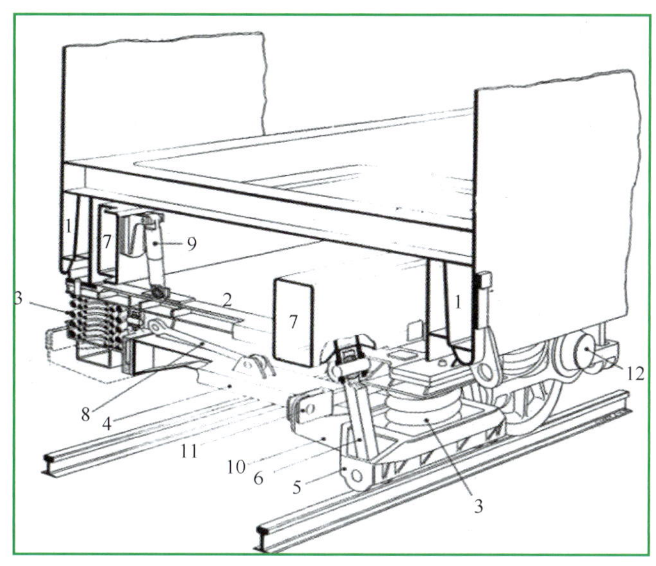

图 3-7-65　图 No11603 采用了标准的高柔度的高圆簧

1—机车主车架；2—车体主横梁；3—二系弹簧；4—弹簧板；5—弹簧底座；6—悬挂连接；7—转向架构架；8—横向连接；9—油压阻尼器；10—弹簧底座；11—拉杆连接；12—轴箱

图 3-7-66　No11603 具有单一主车架和二系高圆簧

注：由 SLM 制造 45 台的标准型机车，电气由 BBC 巴登供给。

瑞士铁路的 Re 4/4Ⅱ、Re 4/4Ⅲ和 Re 6/6 机车都采用同类的勃朗包维利油俗弹簧驱动装置。Re 6/6 的空心轴和 Re 4/4Ⅲ一样，但是比 Re 4/4Ⅱ要小一些。因电机的直径较大，缩小了 Re 4/4Ⅱ的短空心轴。齿轮驱动装置不变，大齿轮和小齿轮与 Re 4/4Ⅱ机车相同，大齿轮为斜齿轮，齿轮的齿经过淬硬磨削并加工。齿轮装在短空心轴的两个圆锥滚柱轴承上，轴承的内环装在空心轴的圆筒上，外环则装在大齿轮的轮毂上。为了防止由于振动而产生的轴向滑动，用刚性的密封盖和高强度的螺栓紧固，以卡住内环。空心轴的法兰用 8 个高强度螺栓与牵引电机的机壳相连。这种将大齿轮支承在电机外壳上的方法使齿轮避免产生大的角位移，并保证与小齿轮很好的啮合。小齿轮热压在高强度钢的电机轴上，它的斜齿轮同样进行淬硬，并磨削成一个特殊圆弧形，以保证在任何转矩下，在齿根部没有尖端应力。传动比 1∶2.64。牵引电机小齿轮与大齿轮轮轴的中心距为 660 mm，在大齿轮轮心上有 10 个孔槽，由 10 个驱动臂的星状体压装在车轮的轮毂上，驱动臂伸在孔槽内，并压在橡胶弹簧上，所有的齿轮机构全部装在齿轮箱中。油底壳以飞溅润滑齿轮和滑动的部件，特殊的 Lybyrinth 密封，可以从外侧和内侧均进行密封，一个转向架的驱动装置装在轮轴的同一侧，Re 6/6 机车(图 3-7-67)驱动装置如图 3-7-68 所示，轴箱装有双列滚柱轴承，通过单列滚珠轴承传递横向力，允许±10 mm 弹簧控制的位移。

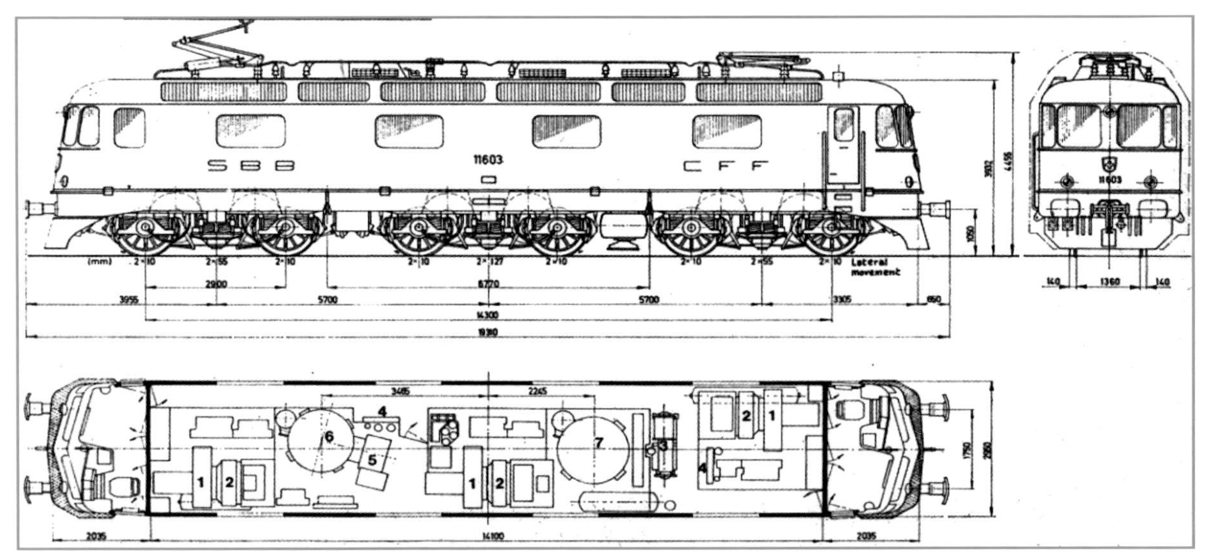

图 3-7-67 瑞士铁路 Re 6/6 机车(Bo-Bo-Bo，8 000 kW，15 kV，16⅔ Hz)

1—牵引电机的鼓风机；2—油冷却器；3—压缩机的马达；4—压缩空气设备；5—变换器；6—控制变压器；7—主变压器

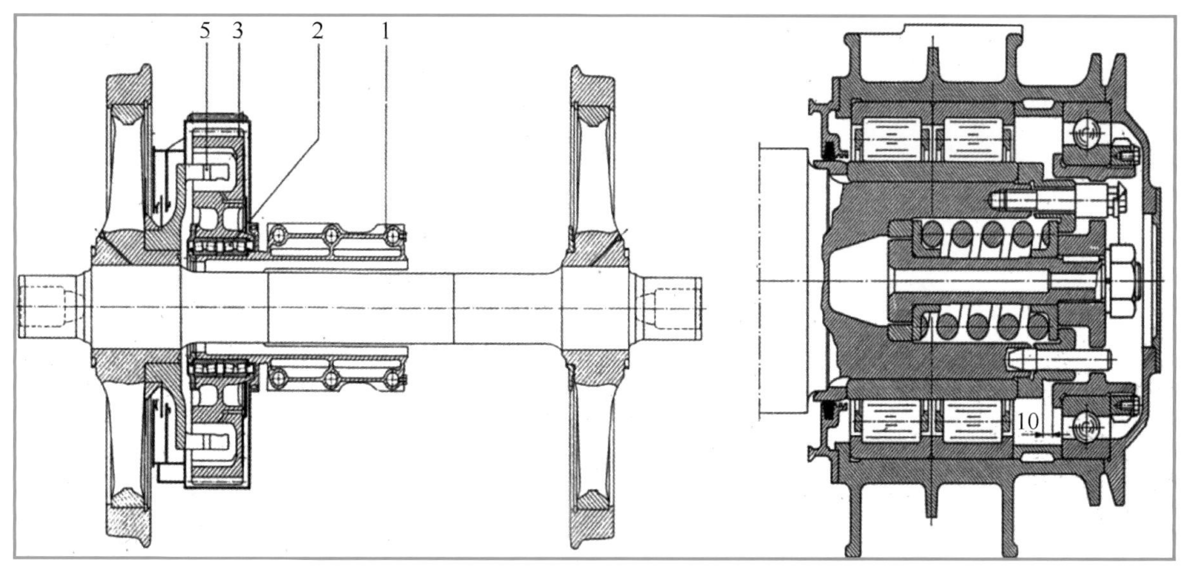

图 3-7-68 瑞士铁路的 Re 6/6 机车驱动装置

注:右图为装着轴端弹簧的轴箱图可有 10 mm 横向位移。

1—电机壳鼻部;2—滚柱轴承;3—大齿轮;5—驱动臂

1933 年勃朗包维利油浴弹簧驱动装置用于红箭号(Red Arrow)电动车组 No 201～207(800 hp)单轴功率 200 hp;1952 年用于 Ae 6/6 机车(6000 hp、Co-Co)单轴功率第一次达到 1 000 hp;1975 年用于 Re 6/6 机车(8 000 kW、Bo-Bo-Bo)单轴功率达 1 333 kW(约 1 777 hp)。可以说勃朗包维利油浴弹簧驱动装置是一种发展了半个世纪的性能良好的驱动装置。

9. 奥林肯Ⅵ驱动装置(OerlikonⅥdrive)

奥林肯Ⅵ驱动装置首次应用是在 1943 年秋,使用的是钢螺旋弹簧(图 3-7-69),后在 1948 年更换为橡胶元件,奥林肯Ⅵ驱动装置如图 3-7-69 所示。装有弹性齿圈的大齿轮 H 压装在空心轴 B 上,B 装在 M 电机上,在空心轴的一端装着齿轮,在轮对的内侧装有盘形板 C,C 上装有弹簧销 E,当静止时 E 位于孔承口 D 的中心线上,大齿轮的二分之一的转矩通过克服相邻的动轮上的螺旋弹簧的作用来驱动,另一半的转矩则由空心轴传递到另一侧弹簧来驱动。

改进的连接器将螺旋弹簧改为橡胶块,用于瑞士铁路的 4 台 Fe 4/4 动车 No 821～824 上,如图 3-7-70～图 3-7-72 所示。

图 3-7-69～图 3-7-72 的奥林肯驱动可称为奥林肯Ⅵ驱动装置,而图 3-7-47～图 3-7-49 为奥林肯Ⅴ驱动装置,从上述两种驱动装置中可清楚的看到机构的不断改进。

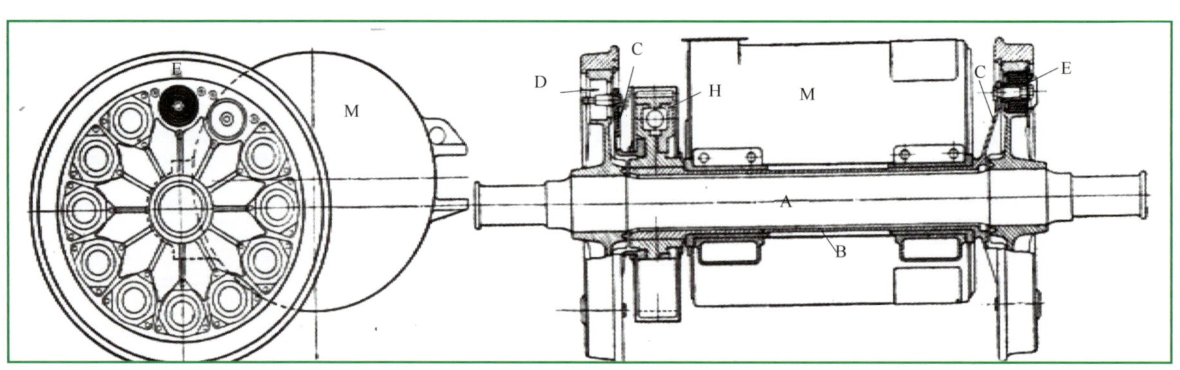

图 3-7-69　装有奥林肯Ⅵ驱动装置的轮轴的左视图和主视图

图 3-7-70　瑞士铁路 Fe 4/4 动车 No 821～824 上的奥林肯Ⅵ驱动装置的驱动车轴(双侧驱动,单侧齿轮)

P—空心轴;S—齿轮

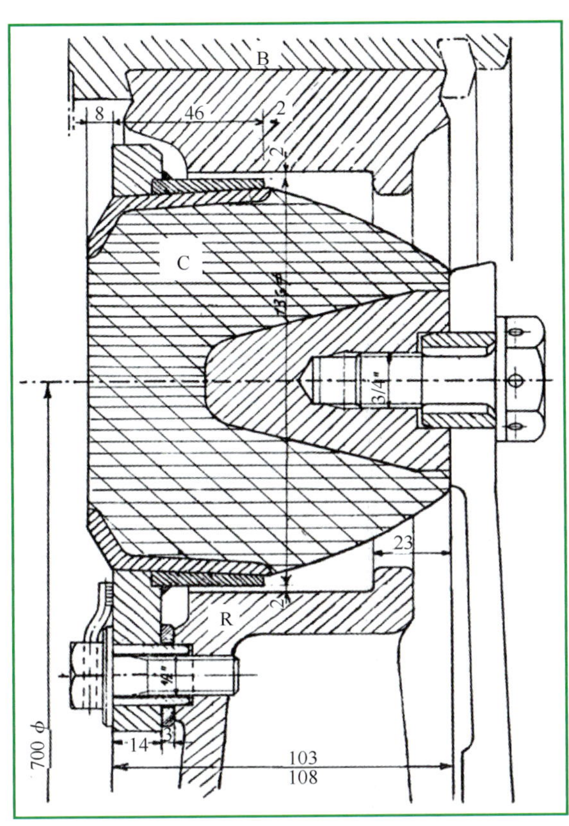

图 3-7-71 奥林肯Ⅵ驱动装置的橡胶块(单位:mm)

注:试装在瑞士 CFF 铁路 801 系列 F4/4 轨道车上。

C—橡胶块;

B—轮箍;

R—轮心

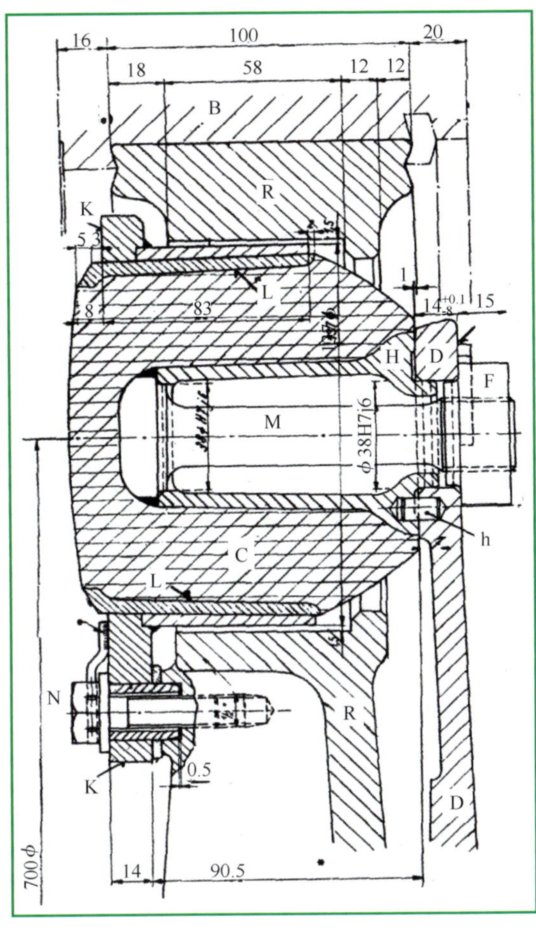

图 3-7-72 Fe 4/4 动车车轴的部分图(单位:mm)

注:橡胶块装在车轮和空心轴圆盘上。

R—轮心;

B—轮箍;

D—装着销 M 的空心轴圆盘;

M—圆头销;

F—销 M 的固定镙母;

C—橡胶块;

H—橡胶块 C 的内定位板;

L—橡胶块 C 的外定位板;

h—将 H 固定在 D 上的销;

K—将 C 密贴在 L 上的外定位三角形板;

N—固定三角形板 K 的螺栓

10. **比安切驱动装置**(Bianchi drive)

比安切驱动装置是一种板簧驱动装置，板簧装在轮辐之间，在靠近轮箍的一端，与装在空心轴圆盘上的滚子相接触，另一端则刚性地装在轮毂上，如图 3-7-73、图 3-7-74 所示。在设计板簧时应考虑不妨碍簧上与簧下的部分的自由位移，电机的转矩通过空心轴圆盘上的滚子来传动板簧，然后驱动轮对。

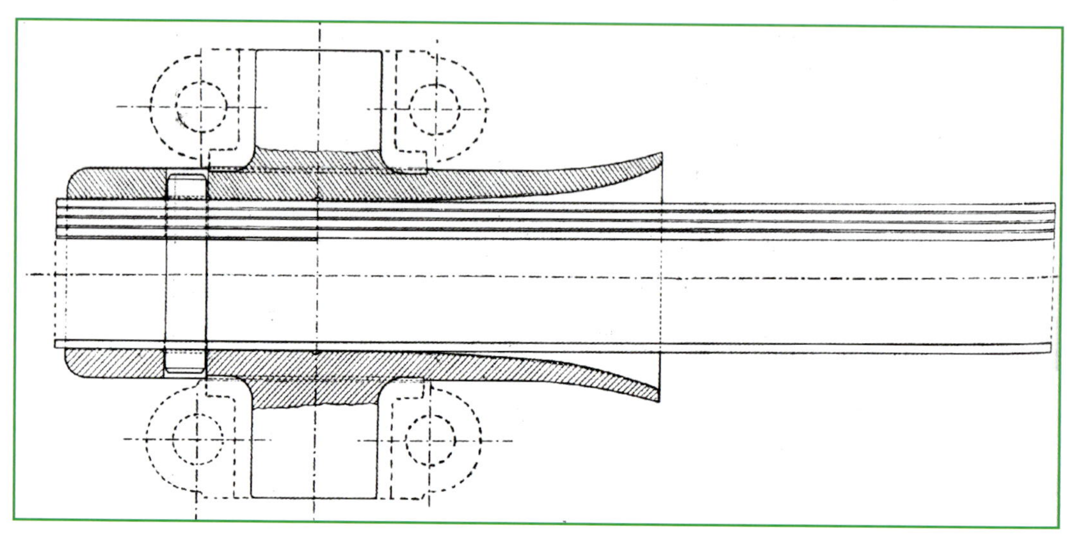

图 3-7-73　意大利机车的比安切板簧驱动装置的板簧

图 3-7-74　意大利铁路 Elettrotreni 高速动车组(1935 年～1936 年)有空心轴的车轴

注:单侧齿轮，双侧驱动，最高速度 160 km/h。

比安切驱动装置曾用于意大利铁路Elettrotreni高速动车组，功率1 200 hp、速度160 km/h，如图3-7-74～图3-7-76所示。于1935年～1936年投入运用，电机为全悬挂（Fully suspended），试验速度达到205 km/h。该装置还用于12台E326机车（轴式2-Co-2）；8台E428机车300台（轴式2-Bo+Bo-2、功率4 000 hp）；14组No 200系列电动车组；103台Ale 790、Ale 880和Ale 400电动车组。

比安切驱动装置的缺点是润滑困难，每组板簧有4个润滑点，每根轴有48个，每个机车有144～192个。这种驱动装置由于动车板簧头部磨损快，一端传动应力不均匀，后为尼格利Ⅰ（NegriⅠ）驱动装置（图3-7-77）所代替。

图3-7-75　动车用比安切驱动装置（装有电机和二级减速齿轮）

图3-7-76　意大利铁路的201系列ETR高速动车组160 km/h

注：试验时最高速度205 km/h。

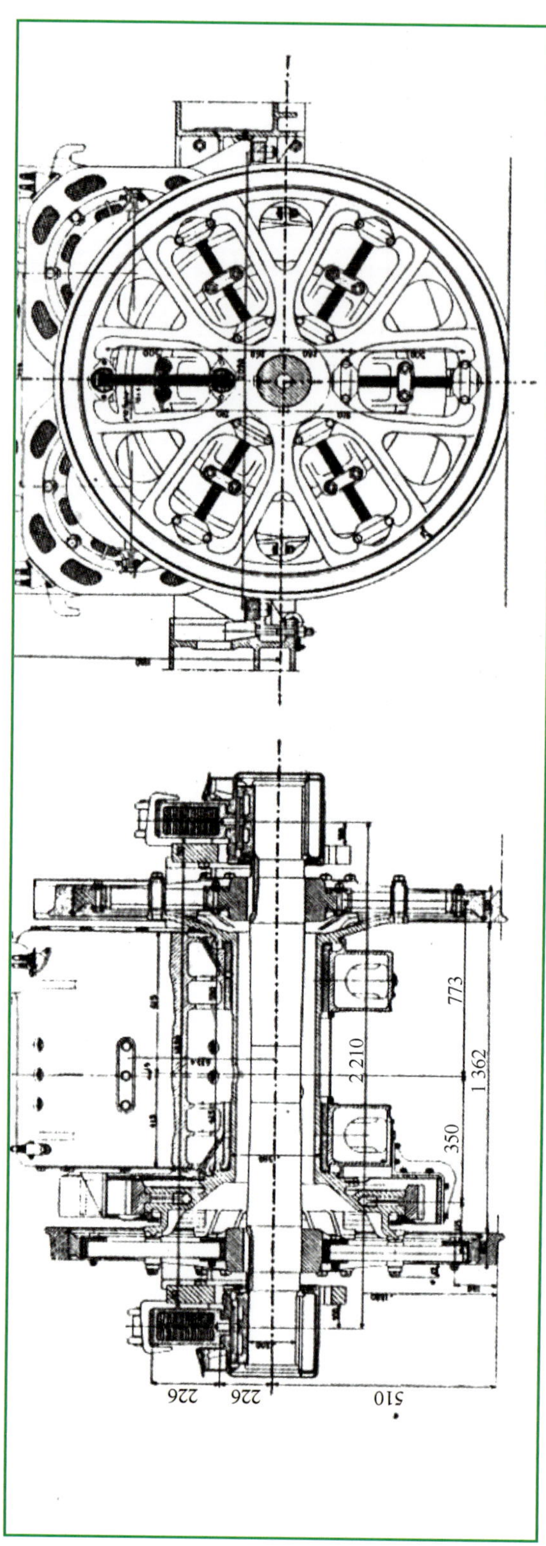

图 3-7-77　意大利铁路尼格利 I 驱动装置（双电机，单位：mm）

11. **尼格利Ⅰ驱动装置**(Negri Ⅰ drive)

尼格利Ⅰ驱动装置(图 3-7-78)与比安切装置非常相似,也是一种板簧驱动装置。尼格利Ⅰ驱动装置的板簧两端为销装,允许端部在任何方向与本部件的中心线偏移一定的角度(比安切装置的一端是刚性地安装的)。在板簧的中部有两个滚子驱动板簧,在近轮箍处的自由端来传动板簧。由于作用力是均布在板簧的全长上,大大地减少了弹簧元件的质量,板簧两端按运行的方向(向左或向右)允许有一个偏转角。

图 3-7-78　装有尼格利驱动装置的动轴和空心轴

注:双侧驱动单侧齿轮,由于空心轴的无支撑重量使水平弹簧具有小的挠度。

板簧的两端为销装,当然需要润滑,但由于活动量有限,所以润滑要求不高,板簧在端部和中部接触处有磨损也会疲劳。尼格利Ⅰ驱动装置比比安切驱动装置运用费便宜:一方面由于润滑点少;另一方面是由于板簧结构简单并可以较长,而应力较小。

意大利铁路对比安切驱动装置和尼格利Ⅰ驱动装置都很满意,尼格利Ⅰ驱动装置首次试验是 1936～1937 年在 E428 机车(轴式 2-Bo+Bo-2)上进行的。

共有 266 台机车安装了尼格利Ⅰ驱动装置:38 台 E428 机车(轴式 2-Bo-Bo-2);118 台

GE626(机车轴式 Bo-Bo-Bo);130 台 424 机车(轴式 Bo-Bo)。

12. **尼格利Ⅱ驱动装置**(Negri Ⅱ mechanism)

尼格利Ⅱ与尼格利Ⅰ驱动装置的结构很相似,其不同处只是将板簧换为两个同心的圆簧(图 3-7-79、图 3-7-80),圆簧由销装在两个 L 形杠杆上的中心销来作用,L 形杠杆支撑在动轮轮辐的滚子上,空心轴圆盘上的滚子将转矩传到 L 形的杠杆上带动轮辐驱动动轮。

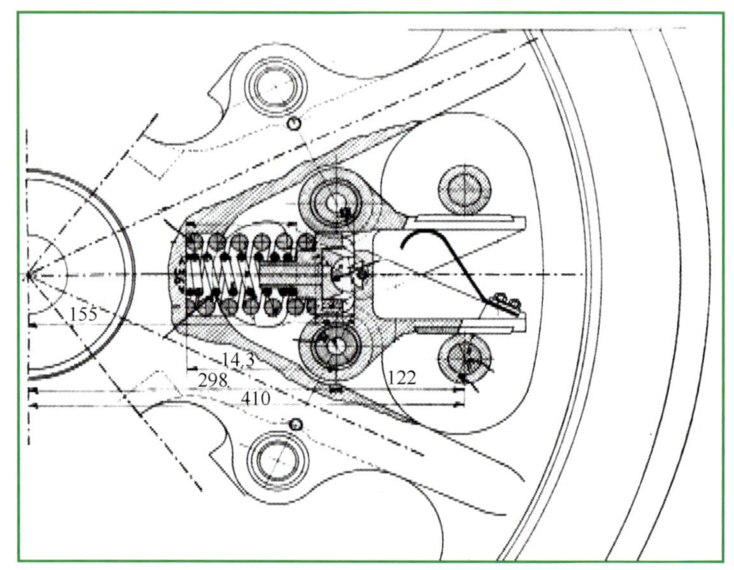

图 3-7-79 意大利铁路尼格利Ⅱ驱动装置(单位:mm)

图 3-7-80 意大利铁路 E428 机车上试验的尼格利Ⅱ驱动装置

注:双侧驱动,单侧齿轮的试验装置。

尼格利Ⅱ驱动装置仅在E428机车上进行了试验，而在动车则得到较广泛的应用。其中有4列特快的200系列电动车组，40台Ale 383电动车等。

13. SAGA芬纳利弹性驱动装置(SAGA Fanelli flexible drive)

由意大利人芬纳利设计，由SAGA制造的SAGA芬纳利弹性驱动装置，首先用于意大利ETR 301动车。该动车组于1953年进行试验，速度达到170～180 km/h。ETR 301的SAGA芬纳利弹性驱动装置的作用如下：电机弹性地鼻悬于转向架构架上，电机的双臂抱在空心轴上，空心轴包在轮轴外面，空心轴的两端装有弹簧和驱动销，销穿过车轮轮心上的孔(图3-7-81)，孔内装有橡胶块以进行弹性驱动。意大利E428客运电力机车上安装着有金属橡胶块的SAGA芬纳利弹性驱动装置，金属橡胶装在轮辐之间，并固定在车轮的轮毂和轮辐上。

意大利E428客运电力机车驱动装置的结构：在空心轴1的圆盘2上压有销3，在销3上装有由圆筒体4，橡胶件5和销套6组成的金属橡胶块。橡胶块用螺帽紧固在销3上，橡胶元件5的圆筒体放在轮心内并用螺栓紧固。自由状态和组装后的橡胶元件如图3-7-82所示。

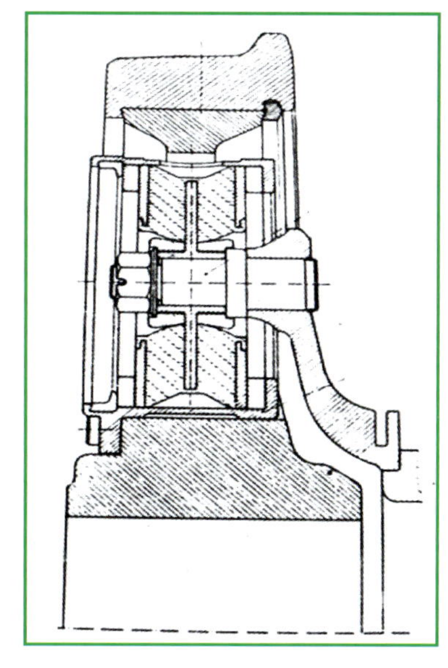

图3-7-81 芬纳利弹性驱动装置

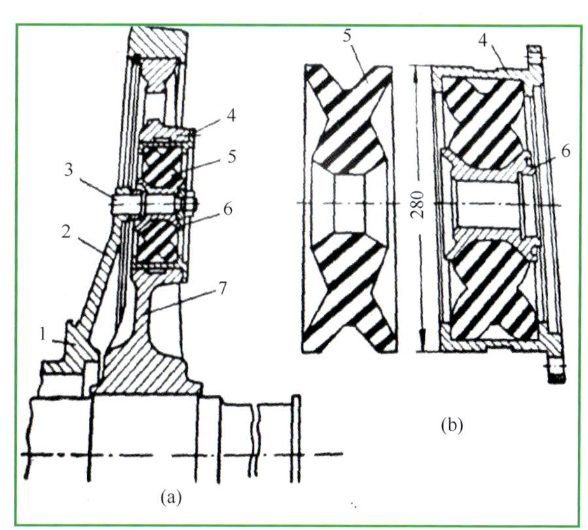

图3-7-82 意大利E428客运电力机车SAGA芬纳利弹性驱动装置(单位：mm)

橡胶元件的预压减少了橡胶块的变形和提高其寿命，受压下的变形量1 000 kg—12 mm、1 100 kg—22 mm，合理的装配力应为1 000 kg—

12 mm，此时驱动装置的簧上和轮心的簧下部分的间隙不得小于 27 mm，金属橡胶块的刚度和间隙选择 27 mm 是考虑了电机装在转向架上的金属橡胶块的刚度和变形。当驱动装置的金属橡胶块的变形达 27 mm 时，紧固牵引电机的金属橡胶块的刚度不得妨碍电力机车簧上部分的位移。

1963 年 SAGA 芬纳利弹性驱动装置用于意大利铁路 Ale 601018，电动车（图 3-7-83）的 Z 1040 转向架上（图 3-7-84），最高速度达 225 km/h，运用效果良好。Z 1040 转向架还曾安装在 ETR 250 的电动车组和 Ale 601 电动车上。

图 3-7-83　意大利铁路 Ale 601018 电动车

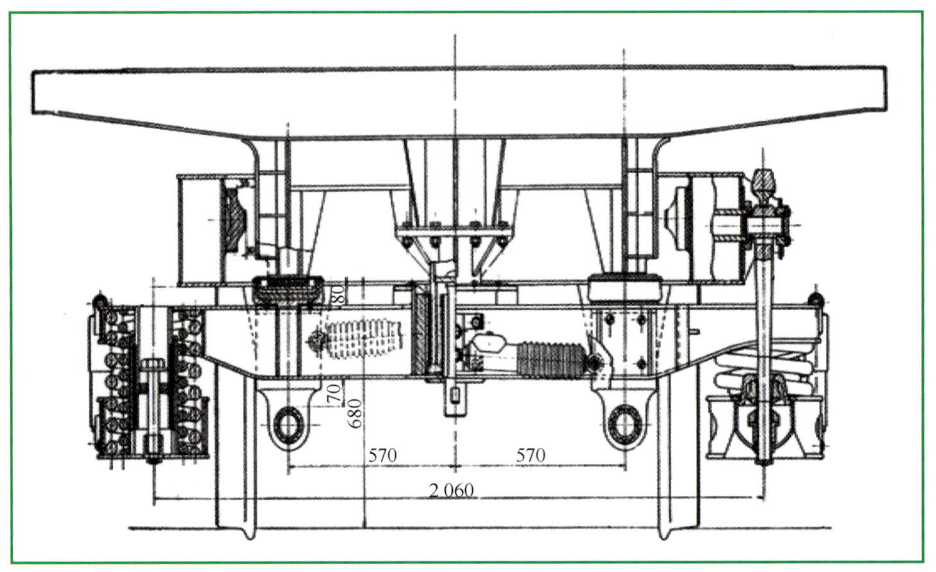

图 3-7-84　Z1040 转向架的摇枕和二系悬挂（单位：mm）

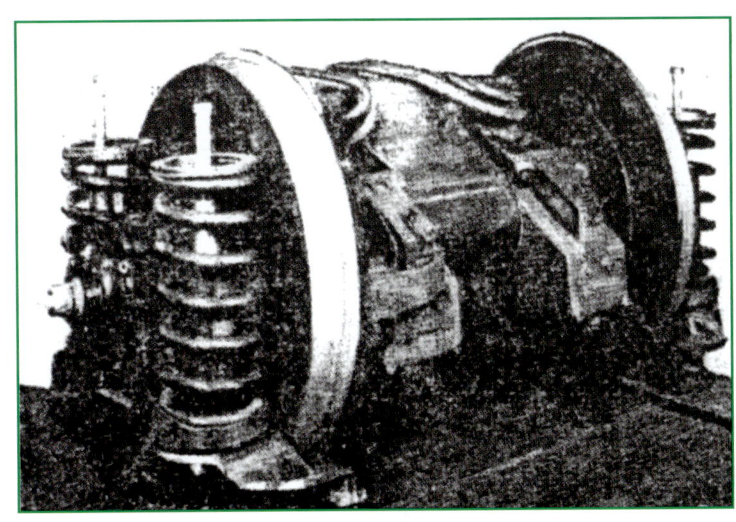

图 3-7-85 Z 1040 转向架的车轴和电机组

采用 SAGA 芬纳利弹性驱动装置时，在车轮上安装橡胶块成为一个困难的课题。使用轧制车轮时，橡胶块的圆筒承插要焊在轮心上，这种装置没有达到预期的要求。在实际运用中，即使使用可焊性好的钢材，并遵守各种工艺守则(合适的焊条，焊前预热，焊后释放应力)，经过 10 万 km 运行后，就发现圆筒体焊于轮心的部位有裂纹。此后，就决定采用铸钢，橡胶块承插的孔可以同时铸出来，这样可以获得高疲劳强度的均匀结构。

为了保证产品的高质量，轮心的主要部分(轮毂、轮幅、轮箍都用超声波探伤)，并按实际使用的最完备的验收条件验收。

各种研究说明冲击试验有着特殊的重要性。化学纯度高的材料(低硫磷)和合适的热处理取得高的韧性，解决了裂纹问题。

除了常规的冲击试验外，要求在 50 个为一批的车轮中抽一个做冲击试验，在 3 t/m 的锤击下使轮心低于轮圈 40 mm，而不产生裂纹。

目前的意大利工业工艺水平已大大地超过了这些要求，从图 3-7-86 可见车轮承受很大的变形而没有裂纹。图 3-7-87 可见 Z 1041 转向架标示的铸钢和轧钢轮心。

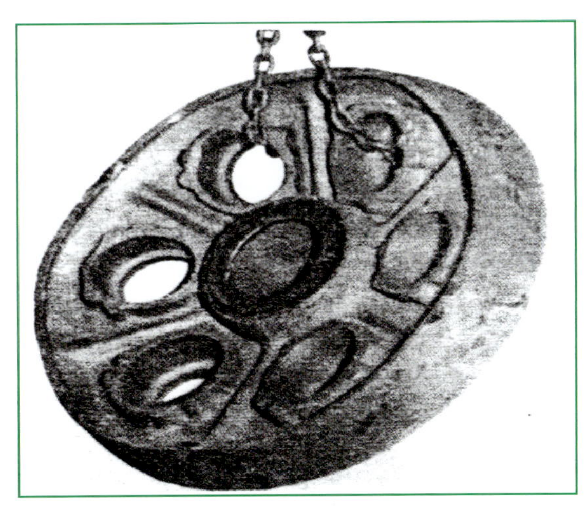

图 3-7-86 Z 1040 转向架的铸钢轮心经过冲击试验后的状态

以上说明了 SAGA 芬纳利弹性驱动装置可用于现代高速的动车上。

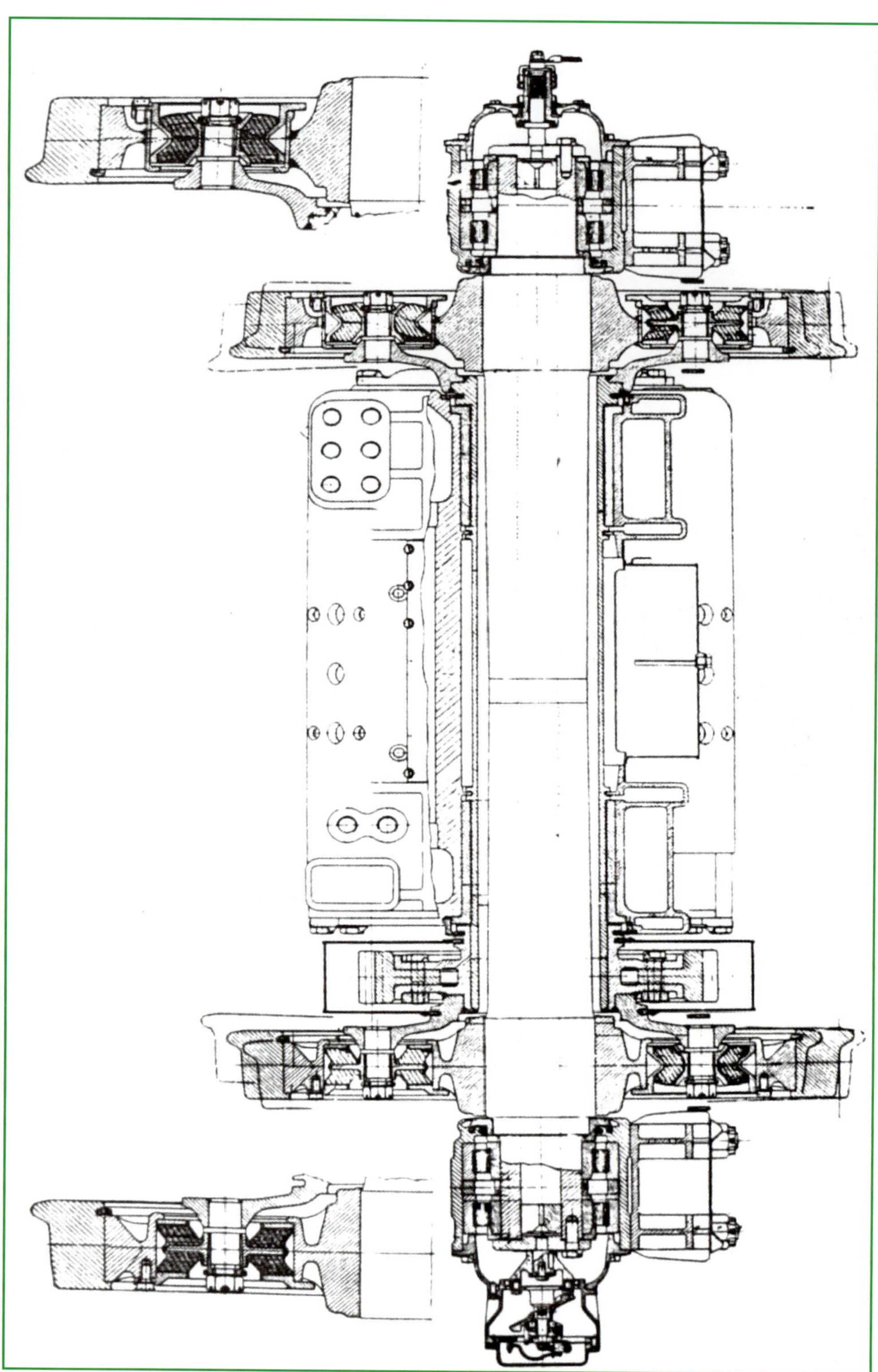

图 3-7-87　Z 1041转向架剖面图

注：车轴驱动装置左上图为铸钢轮心，右上图为轧钢轮心。

八、十字连接的驱动机构（Driving mechanisms based on the oldham joint）

1. SLM 温德塞万向驱动装置（SLM Winterthur universal drive）

SLM 温德塞万向驱动装置是由瑞士温德塞工厂研制的，1928 年首先在东印度铁路 No 4000 机车（轴式 1A-AA2）的一根轮轴上进行试验。这种装置如图 3-8-1、3-8-2 所示。

在动轴的中部，直径方向装着一个伸臂体，它的两个臂的端部为球形头。伸臂由两个方形的滑动支承所夹持，在伸臂头与主齿轮体之间由刚性的平行四边形来传动，在四边形水平直径的右侧和左侧（如果轮子转动 90 ℃，该直径成垂直）设有另两个滑块，该滑块能在平行于水平的直径滑槽中滑动，这种机构能在任何情况下适应车轴相对于主齿轮体的各种位移。主齿轮体牢固地装在车轴外的空心轴上，空心轴在两个轴承上转动，它的上部装在机车的主车架上，并和其他的齿轮的轴承是一体的，换句话说主齿轮完全和机车的主车架一齐运动；车轴相对于车架的所有位移，均由上述的平行四边形机构

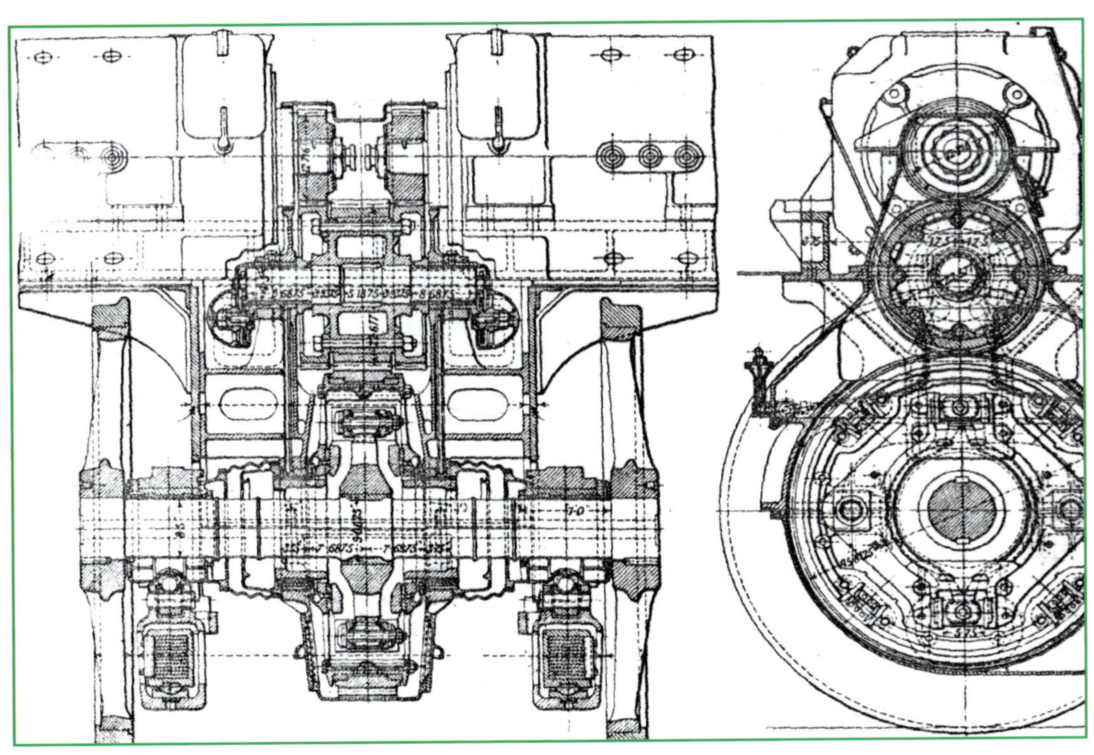

图 3-8-1 瑞士温德塞机车工厂的 SLM 温德塞万向驱动装置

所补偿，为了在传递牵引力时，所需的弹性，主齿轮轮圈由四个小螺旋圆簧与齿轮体相连在主齿轮的上面如图3-8-2所示。在大齿轮之上，在同一中间轴并列着三个中间齿轮，它的直径与齿轮按减速比可以相同或不同；中间的齿轮与下面的齿轮相啮合，而外侧的两个不同齿向的斜齿轮与两个驱动电机的小齿轮相啮合，这个装置的目的是使每个齿轮都能正确的啮合以增加齿轮的寿命。每个车轴由分装在两侧的两个电机驱动，电机的两个小齿轮相对面，两个电机在同一中心线上。电机从机车上拆下很方便，只要打开机车侧壁就可以拉出来，驱动装置可以自由地从轮轴上拆下。

图3-8-2　SLM温德塞万向驱动装置

注：在大齿轮内的联轴节装置。

SLM温德塞万向驱动装置还有其他的优点如下：由于有一个密封性很好的齿轮箱来安装齿轮和轴承，所以密封性好；润滑良好、而耗油量小，并可防尘；结构简单，便于拆装，可以在不拆下车轴的情况下，拆卸驱动装置；二级齿轮传动可以取得各种不同的传动比，并可采用高速电机，使电机的单位功率的质量小而轻；其损耗也小，仅为总功率的0.5%；此外，机械的对称布置和电机的重心高均有助于在高速时提高运行的品质。

和运行品质有关的因素是回转质量对旋转运动的影响，由于二级减速电机电枢的回转方向与动轮的回转方向一致，这对运行品质也有好处。

SLM温德塞万向驱动装置安装在印度铁路22台EA /1机车(轴式2-AA-A1)No 4004～4024上，速度140 km/h。印度铁路对22台机车和其驱动装置很满意。1939年在瑞士铁路的一台Ae 8/14机车(轴式1A-A1A-A1＋1A-A1A-A1，功率12 000 hp)上装设这种驱动装置，其中14根车轴中8根为动轴，这是当时世界上功率最大的电力机车，速度为110 km/h，如图3-8-3、图3-8-4所示。此后瑞士铁路又需要两节分开的机车，在1941～1943年，曾订购了功率为6 200 hp的10801系列机车(轴式1A-AA-A1)，最高速度125 km/h。

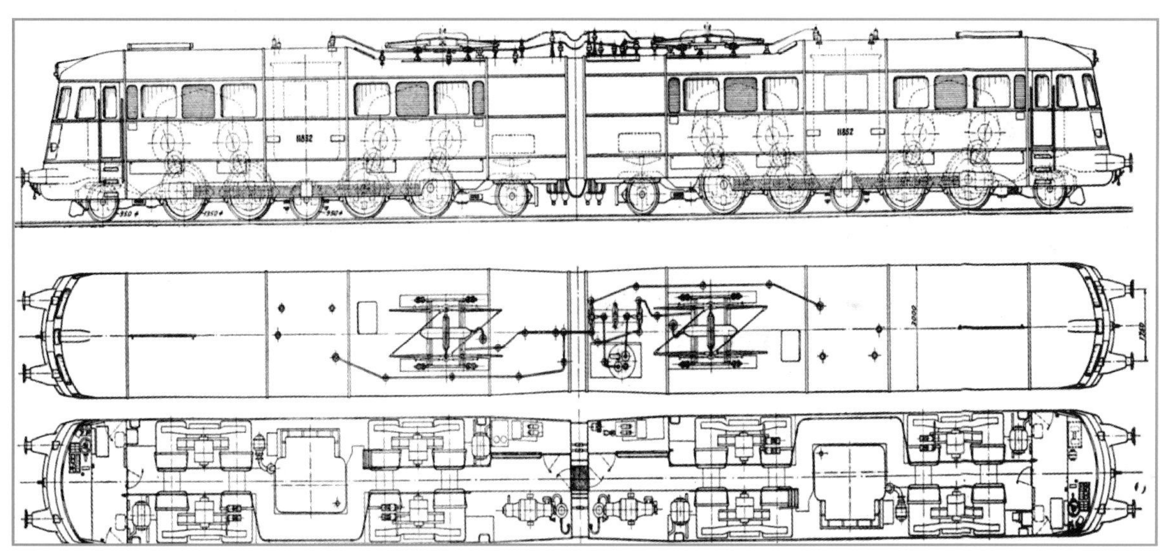

图3-8-3　瑞士铁路Ae 8/14机车(双电力机车连挂No 11852)

1948年荷兰铁路开始陆续运用10台No 1001～1010大功率电力机车(最高速度160 km/h)，但其温德塞驱动装置在原有的基础上有所改进。

SLM温德塞万向驱动装置也曾用于蒸汽轮机机车。在1936年法国铁路从温德塞工厂订购了一台No 232-P1机车，轴式2-Co-2、60大气压的高压蒸汽轮机机车功率为3 300 hp、最高速度130～140 km/h，1943年投入运行。这台机车的驱动装置与电力机车的很相似，每根驱动轴传递1 100 hp，如图3-8-5～图3-8-9所示。图3-8-9为蒸汽轮机与驱动装置的剖面图。

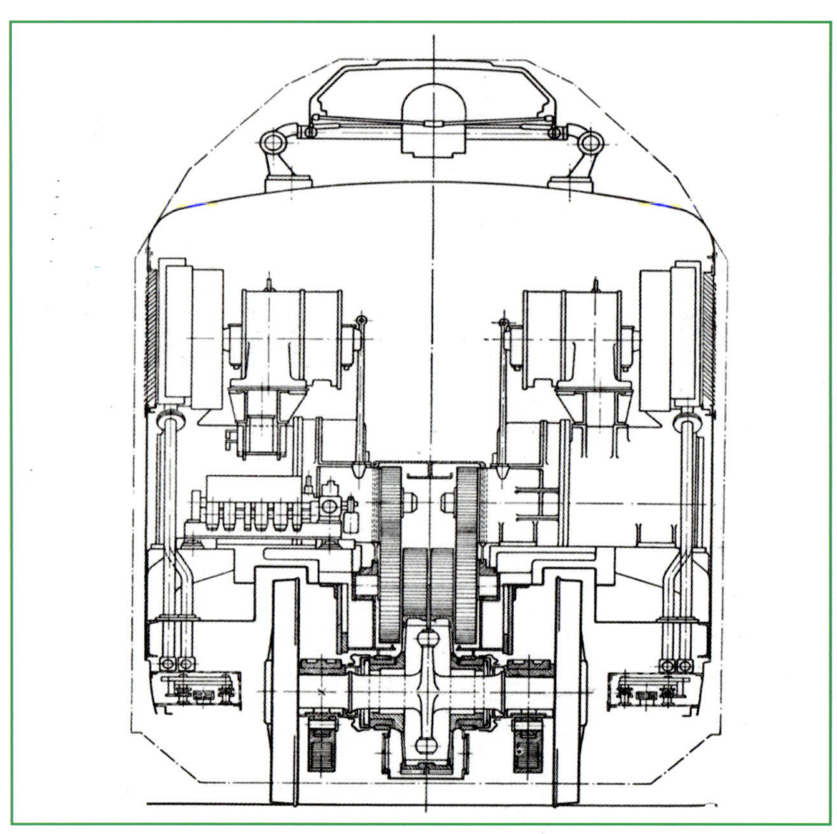

图 3-8-4　Ae 8/14 型电力机车的驱动装置断面图

图 3-8-5　法国 No 232-P1 蒸汽轮机机车(轴式 2-Co-2)

注:带煤水车,流线型外罩没有安装,机车装有 SLM 温德塞万向驱动装置。

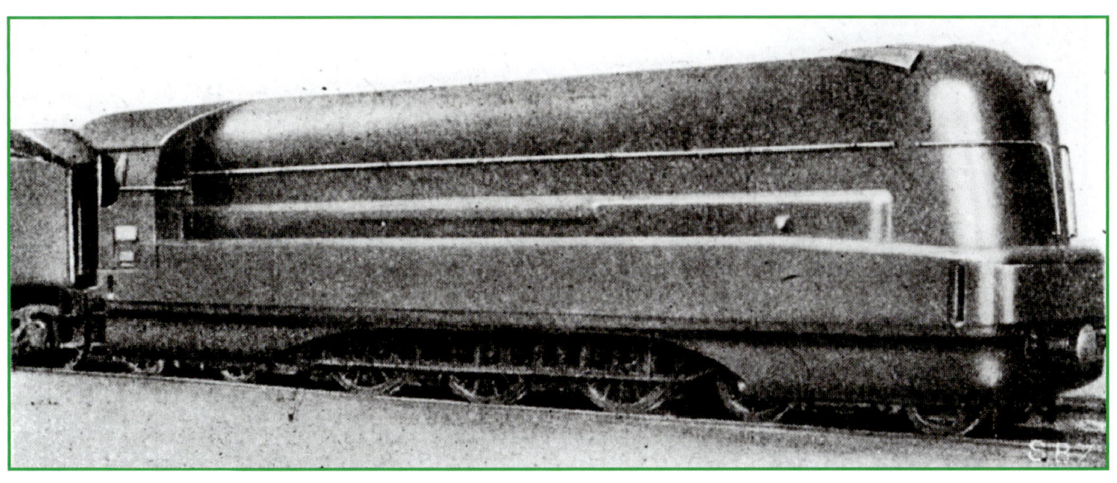

图 3-8-6 装有流线型外罩的 No 232-P1 机车

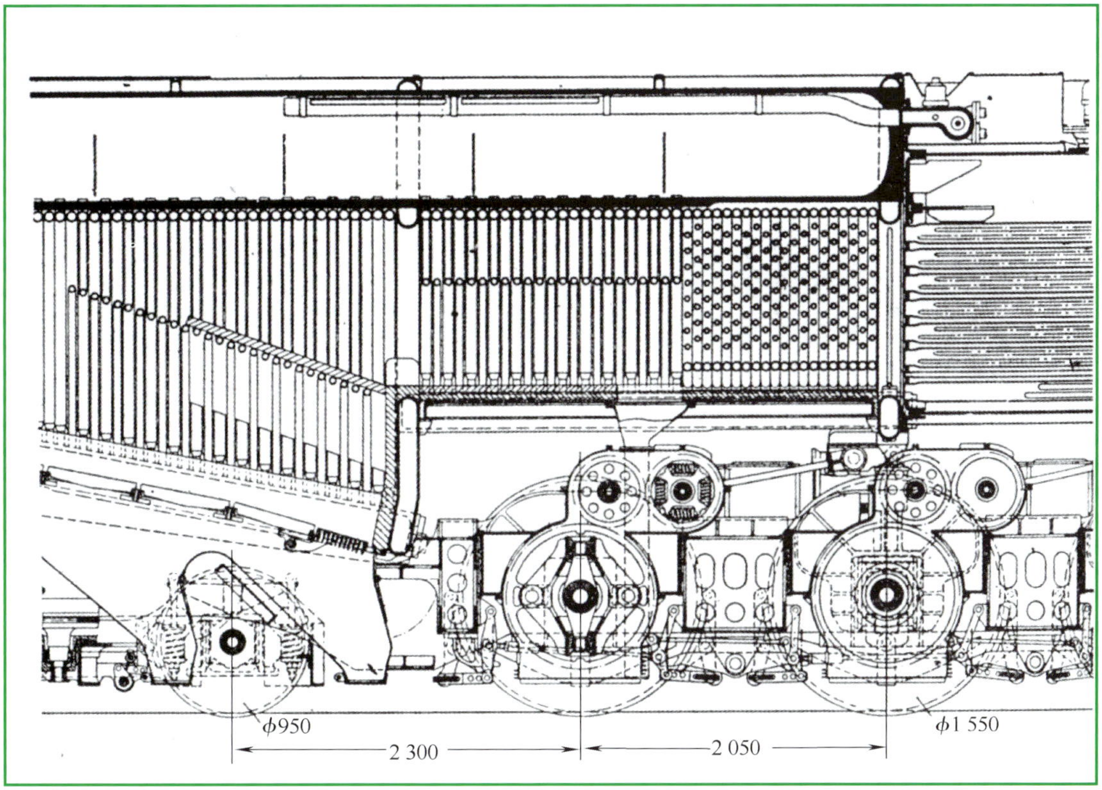

图 3-8-7 No 232-P1 机车的车轴剖面图(可见齿轮和蒸汽轮机,单位:mm)

图3-8-8　No 232-P1 机车的驱动装置和半个齿圈

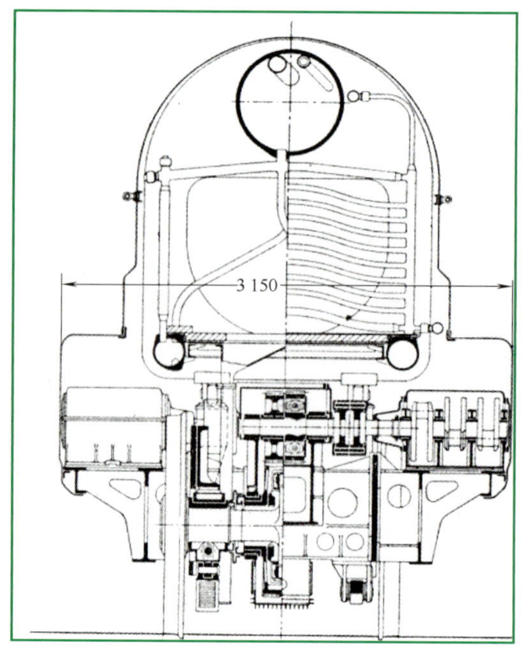

图 3-8-9　No 232-P1 机车的剖面图(单位:mm)

注:在图上可以看到动轮和单独驱动的蒸汽轮机。

2. 垂直轴和伞齿轮电机驱动装置(Motors having a vertical axis and bevel gearing)

垂直轴和伞齿轮单轮对电机驱动装置曾在三种知名的机车上使用。

第一种是由法国 Tarbes 工厂生产运用于法国 Midi 铁路的 E 3101、E 3102 客运机车(轴式 2-Co-2),此后又有 8 台机车投入使用。

每个车轴有两台在同一平面的垂直电机,电机通过伞齿轮传动空心轴驱动动轴,空心轴外径 320 mm 空套在车轴上具有 40 mm 的圆周间隙,空心轴通过一个万向弹性连接驱动车轴如图 3-8-10 所示。

第二种是奥地利铁路在 1928 年投入运用的 29 台系列 1670 机车,采用了 Siemens-Schuckert 西门子-索克特驱动装置如图 3-8-11 所示。

第三种是德国林克-赫夫曼车轴驱动装置(Linke-Hofmann axle drive)。林克-赫夫曼装置安装在德国国铁 21 系列 No 51 机车的 4 根驱动轴上(图 3-8-12),与温德塞万向驱动不同的是小齿轮通过弹性联轴节传动中间齿轮驱动在空心轴上的主齿轮,空心轴围在车轴上,全部三个齿轮均牢固地装在机车车架上,从空心轴驱动车轴的机构十分相似于西门子-索克特(Siemens-Schuckert)工厂生产的奥地利国铁 1570、1670 系列机车的垂直电机和斜齿轮的驱动装置。

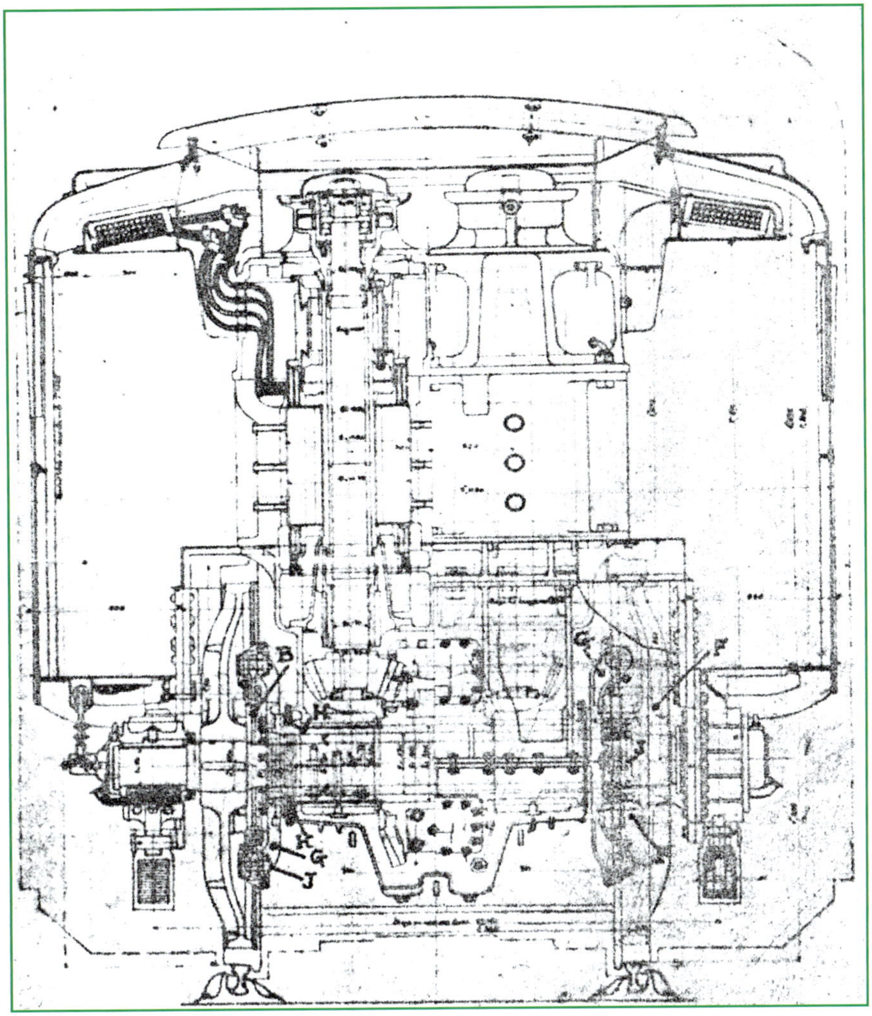

图 3-8-10 法国 E 3101 和 E 3102 机车驱动装置剖面图(空心轴通过万向弹性连接驱动车轴)

由车轴的中部传递转矩的林克-赫夫曼驱动装置,如图 3-8-12 所示。德国的林克-赫夫曼驱动和法国的垂直电机驱动装置图 3-8-10 的驱动力一般是通过装在动轮的轮辐上的销来传递的,其作用力作用在车轮的圆周上。切线地作用在一定直径的圆周上,这样就可以避免通过车轴本身来驱动,即使由车轴来驱动,也是从车轴的一侧来驱动,这就可以通过整个车轴的长度,使驱动装置有一定的弹性。然而,如果由车轴的中部的臂传递扭矩,那么通过一半的车轴长度来传动并通过轮辐将扭矩传到轮对上。毫无疑问,传动要传递很大的力,这使轮轴特别是轮辐很容易疲劳,也就要加大这些部件的尺寸,而且这些部件也很容易损坏。

图 3-8-11　奥地利 1670 系列机车的西门子-索克特垂直电机和伞齿轮驱动装置

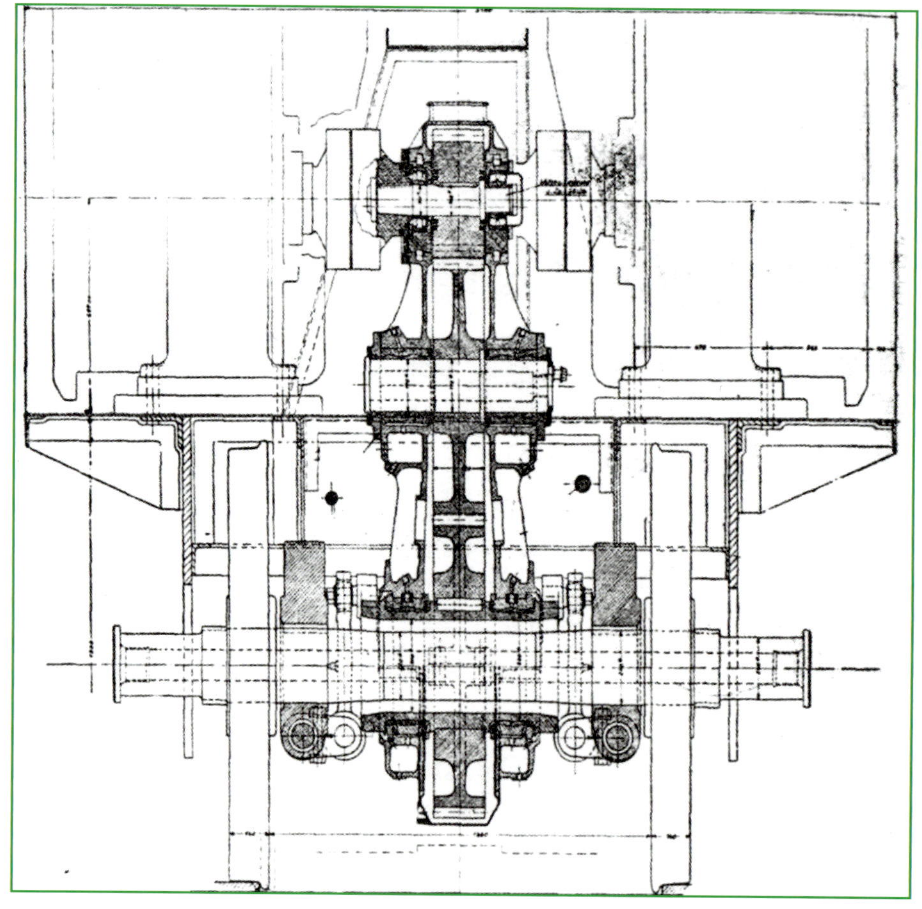

图 3-8-12　林克-赫夫曼驱动装置用于德国国铁 21 系列 No 51 机车

3. SLM 浮动环驱动装置(SLM Floating ring drive)

SLM 浮动环驱动装置首先于 1951 年安装于法国铁路的 No 6051 电力机车(轴式 Co-Co、单相20 kV、50 Hz)上，这台机车的机械部分由瑞士 SLM 温德塞工厂制造，电气部分由奥林肯苏黎世工厂制造。

SLM 浮动环驱动装置(图 3-8-13、图 3-8-14)齿轮的左右侧板 10 为两个在外侧有空心短轴的定位板，滚柱轴承 12 的内环装在空心短轴上，外环则装在齿轮箱上。在齿圈内圆上有 4 对驱动臂 8 和 9。其间装着杯 5，杯 5 内有圆簧，圆周力由齿圈 1 传到杯 6 上，前杯 5 压缩弹簧传到后杯 6，然后压在浮动环 4 上，环 4 又传到浮动环间的前杯 5，通过弹簧再传给后杯 6(前后杯因转方向而异)，然后传到压在轮轴上的星状驱动盘 2 的驱动臂上，转矩由 4 个位于齿圈驱动臂间的弹簧和星状驱动盘的驱动臂来驱动车轴。

这种装置的特点是全部装置的零件都装在大齿轮内，不需要再占别的空间，由于驱动装置装在变速箱内，所以全部零件润滑好，磨耗小、轮对的垂直位移由星状驱动盘的驱动臂与杯的相对滑动和弹簧的挠度加以解决。

SLM 浮动环驱动装置和空心杯驱动装置有时很难归类，弹簧完全封闭在齿轮中的既可以归类在十字连接驱动装置内也可以归在空心杯驱动。

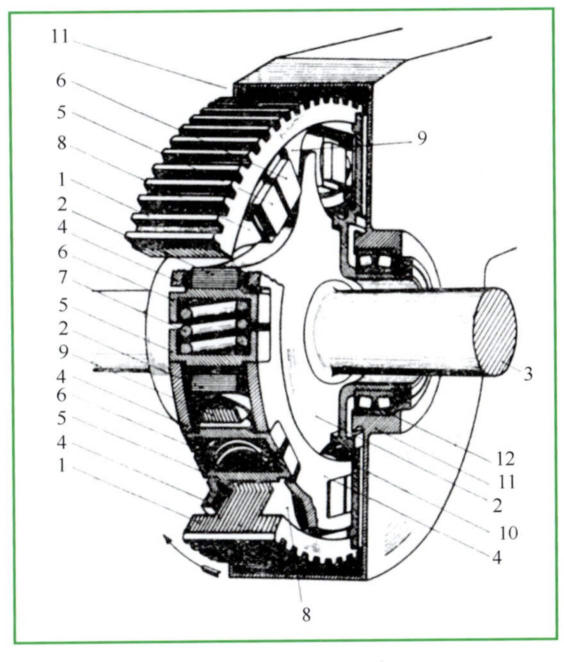

图 3-8-13　SLM 浮动环驱动装置

1—齿圈；

2—车轴驱动盘；

3—车轴；

4—浮动环；

5—后或前(根据运行方向不同而异)杯由齿圈驱动；

6—后(或前)弹簧杯；支承在两个位于齿轮两侧的浮动环上；

7—弹簧；

8—后(或前)驱动臂；

9—前(或后)驱动臂；

10—在两侧伸有空心短轴的齿轮定位板；

11—齿轮箱；

12—滚柱轴承

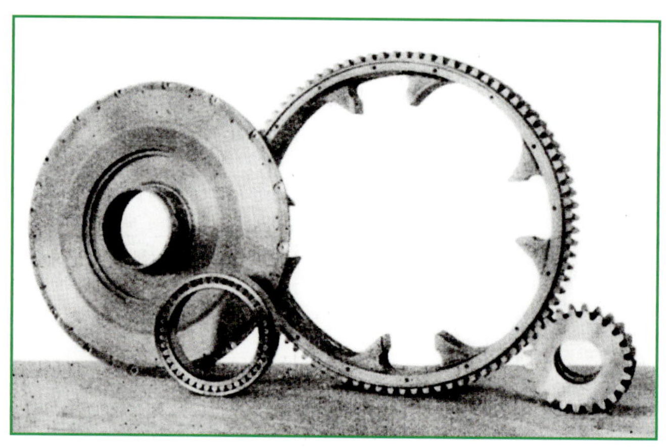

图 3-8-14　SLM 浮动环驱动装置的零件图

注:从左至右为定位板,装有驱动臂的齿圈,小齿轮。

图 3-8-15　法国 No 6051(重新编号 20001)机车驱动轴悬挂(驱动装置装在齿轮内)

4. 英国铁路动车 BR 的驱动装置(Drive on British Motor Sets)

英国铁路动车 BR 的驱动装置安装在英国铁路 3056 型特快电动车(图 3-8-16)上,全部零件装在齿轮体内。

这种装置与 SLM 浮动环驱动装置的基本相同。

5. SLM 万向驱动装置的改进型(SLM Universal drive improved type)

1948 年,荷兰铁路 1001 系列机车投入运用(轴式 IA-AA-A1、速度 160 km/h、功率 45 00 hp),安装有 SLM 万向驱动装置的改进型。改进型采用轮轴中部装有5个驱动臂的结构，并通过弹簧来传动，换句话说框架的滑动已改为弹簧传动。两个主齿轮为斜齿，因而形成V形齿形如图3-8-17所示。

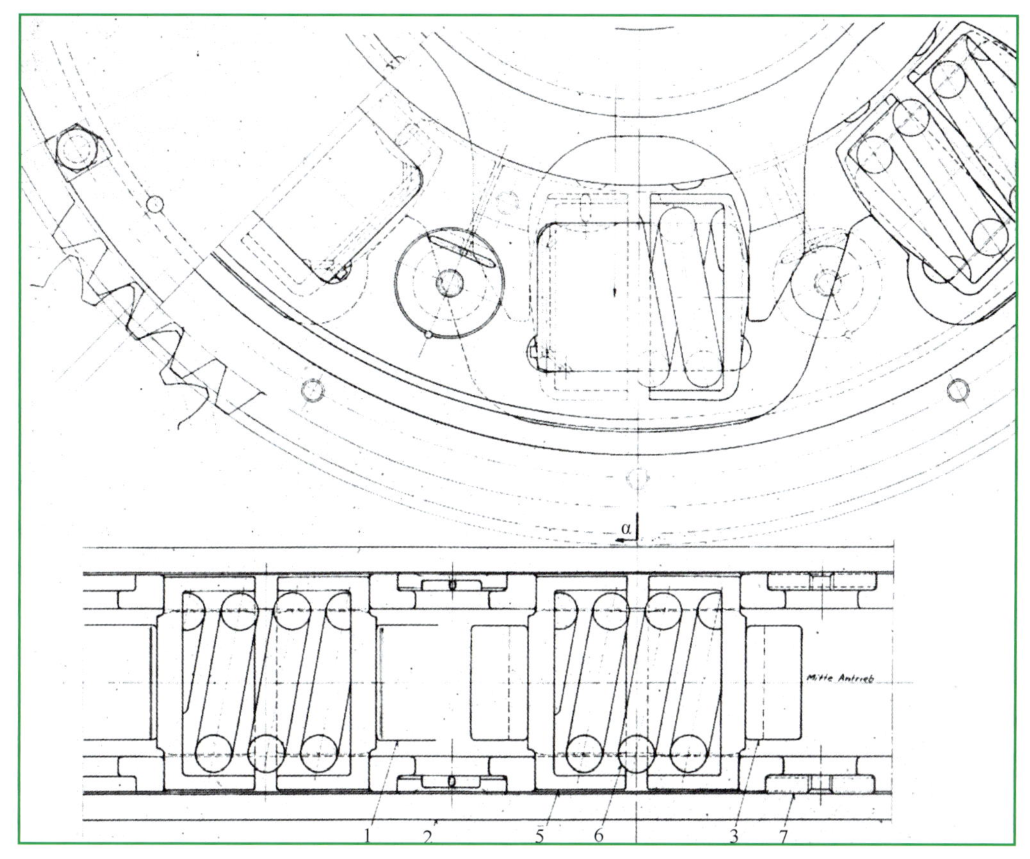

图3-8-16　英国铁路动车BR的驱动装置

法国铁路No 6051机车（轴式Co-Co）装有由SLM温德塞万向驱动改进的浮动环驱动装置如图3-8-18所示。齿轮由三个主要部件组成，即齿圈2和两侧圆盘3，两个圆盘3外伸出轴套，轴套上装有滚柱轴承，整个部件装在齿轮箱1中，齿轮箱紧固在转向架上，由齿轮2及叉形件6传递力矩，通过弹性件8传到两个浮动环5，通过弹性件9由臂7传动星状驱动盘10，弹性件9的结构与弹性件8相似，力的传递由弹性件8通过侧块5a驱动环5。

当齿轮不在车轴的同一高度，其高度差由弹性元件的压缩所补偿，浮动环不因驱动的角位移而变化仍处于恒定的中间位置。

整个弹性元件的弹性变形应和车轴弹簧悬挂弹性变形平行，因此不会影响机车的走行品质；弹簧9和弹簧8是串联的，因此传递的力将加倍。驱动装置有6个弹性元件，根据直径的大小也可增加到8个或更多。

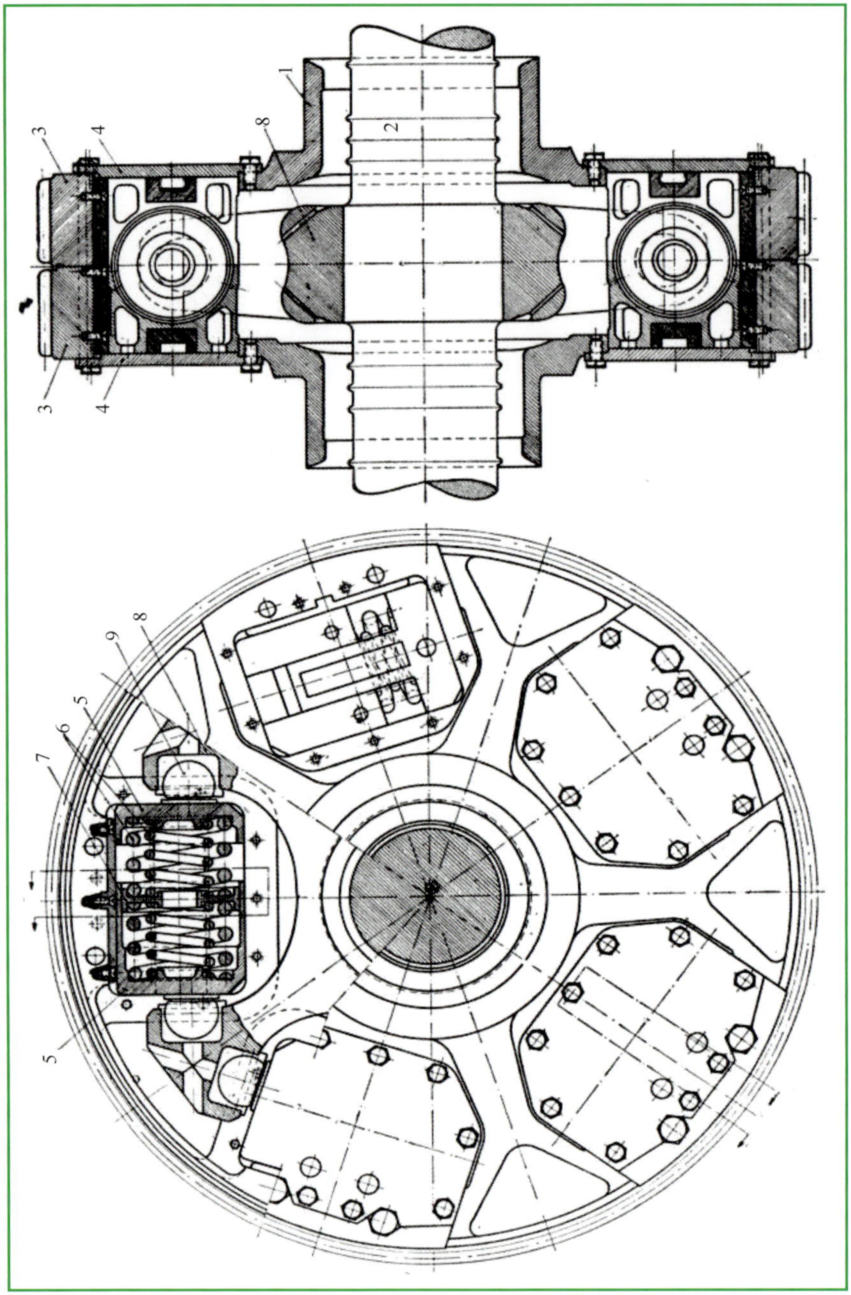

图3-8-17 荷兰铁路1001系列机车(轴式1A-AA-A1)上安装SLM温德塞万向驱动装置改进型(5个驱动臂和弹簧)

1—与机车构架相连的空心轴；2—车轴；3—V形双齿圈；4—盖板；5—联轴器包括两对弹簧6及分隔板7；

8—装在车轴2上的毂和5个驱动臂的铸钢体；9—装在驱动头部承插上的球形支承

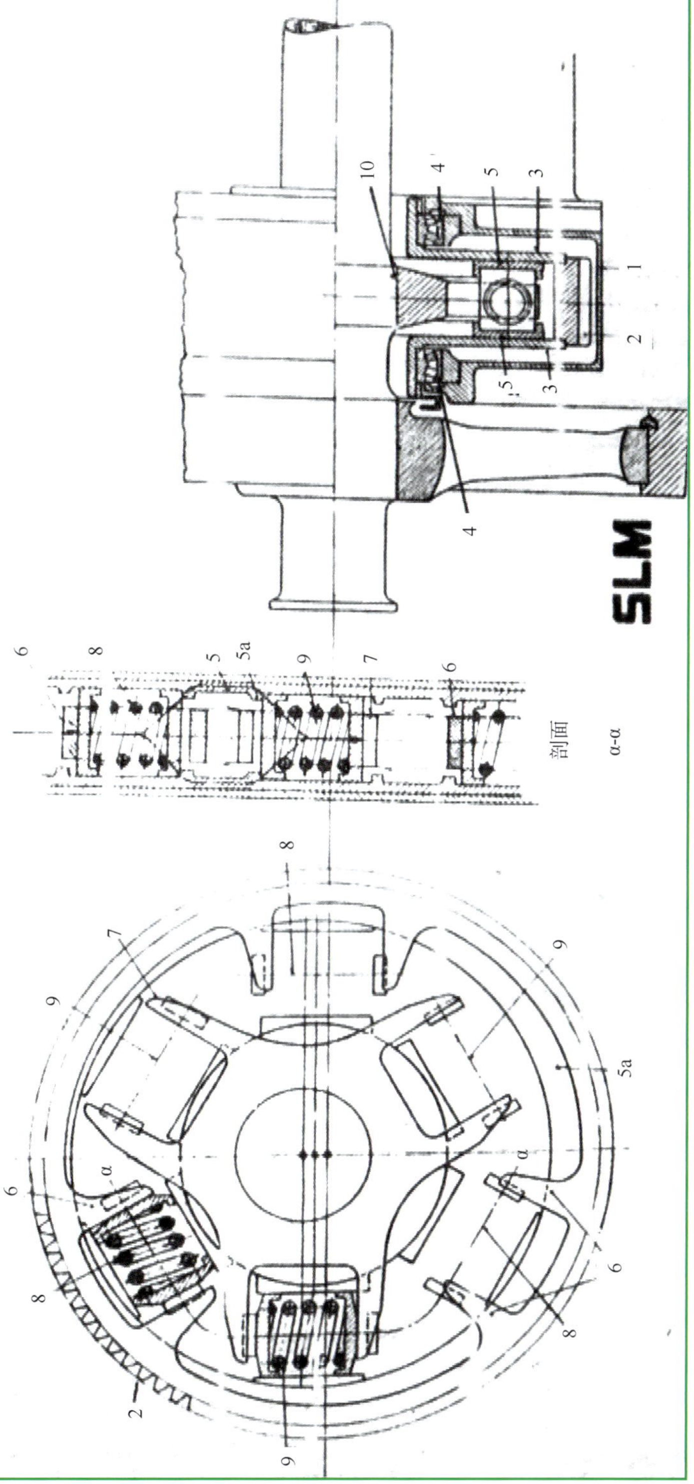

图3-8-18　SLM温德塞万向驱动装置改进型的浮动环机构图

注：法国铁路No 6051机车（轴式Co-Co）和荷兰铁路1001系列机车（轴式1A-AA-A1）的浮动环。

九、大扭矩端万向空心轴驱动装置(Big torque end cardan hollow shaft drive)

1. 扎克曼万向轴驱动装置(Jaquemin Cardan drive)

法国工程师扎克曼研制了一种性能良好的驱动装置,它既可以用在单轮对驱动上,也可以用在成组驱动上。在成组驱动时,既可以一级传动也可以二级传动。一级传动时,要设有中间惰性齿轮;二级传动可以采用高速牵引电机,它使传动比由5(车轮直径1 200 mm时一级传动的最大值)增大到8~9,如法国的14100系列电力机车装有单相直流电机,它的传动比为2.75×2.83= 7.79。

在扎克曼万向轴驱动装置(图3-9-1)中,小齿轮3刚性地安装在牵引电机电枢轴(一级传动)上,被动的中间齿轮2在减速箱1上的轴承中旋转,减速箱和牵引电机完全是簧上质量,减速箱体是转向架构架的组成部分。

被动大齿轮由轮心11和齿圈10组成,齿轮轮心在轴承13上转动,轴承的内环装在轴承盖的圆筒上,轴承盖装在变速箱1上。轮心向另一侧车轮的方向伸出两个悬臂6,在彼此相隔180°两个相对的悬臂6中压入销9并借助钢套8、橡胶套7和主动环15组装在一起,主动环又借助同样的弹性关节16,该关节位于垂直于两个弹簧关节16的中心线上,在其上安装悬臂6,与空心轴结合在一起。空心轴由三部分组成,圆筒形薄壁的中间部4和焊在中间圆筒上的两个铸造的零件5,零件5上装有枢轴,枢轴上装金属橡胶关节。

空心轴的另一端用两个弹簧关节19与被动环18组装在一起,环18通过橡胶金属套14与压入车轮轮辐上的空心销17相连接,这样在大齿轮和轮对之间设置了两个弹簧万向联轴节(每个由两个相互垂直的关节所组成)和空心轴。

大齿轮的转矩通过两个弹性关节16传到主动环15上,并由此环通过空心轴4上的同样的弹性关节19,传到被动环18上,然后传到轮对上。在传递力矩时,橡胶套(4对)在拉伸和挤压的条件下工作。

轮对的位移导致弹性关节中的橡胶套变形的同时空心轴也在倾斜位移。减少了橡胶金属关节的销中心线与橡胶套之间的变形的角度,因而减少了橡胶套的变形,这种衬套与阿尔斯通的衬套相比,寿命增长2~3倍(电力机车达120万km),扎克曼驱动装置结构比较复杂但比关节连杆联轴节驱动装置性能要优越,橡胶套的尺寸的加大对提高吸振能力也是有利的。

9200 电力机车上扎克曼万向轴驱动装置的主动环 15 的直径为 780 mm，即环的直径与动轮直径之比为 0.63。

扎克曼万向轴驱动装置从 1953 年起在 9003 电力机车上采用后，在 9004、9200、9400 等很多种机车上使用效果良好。

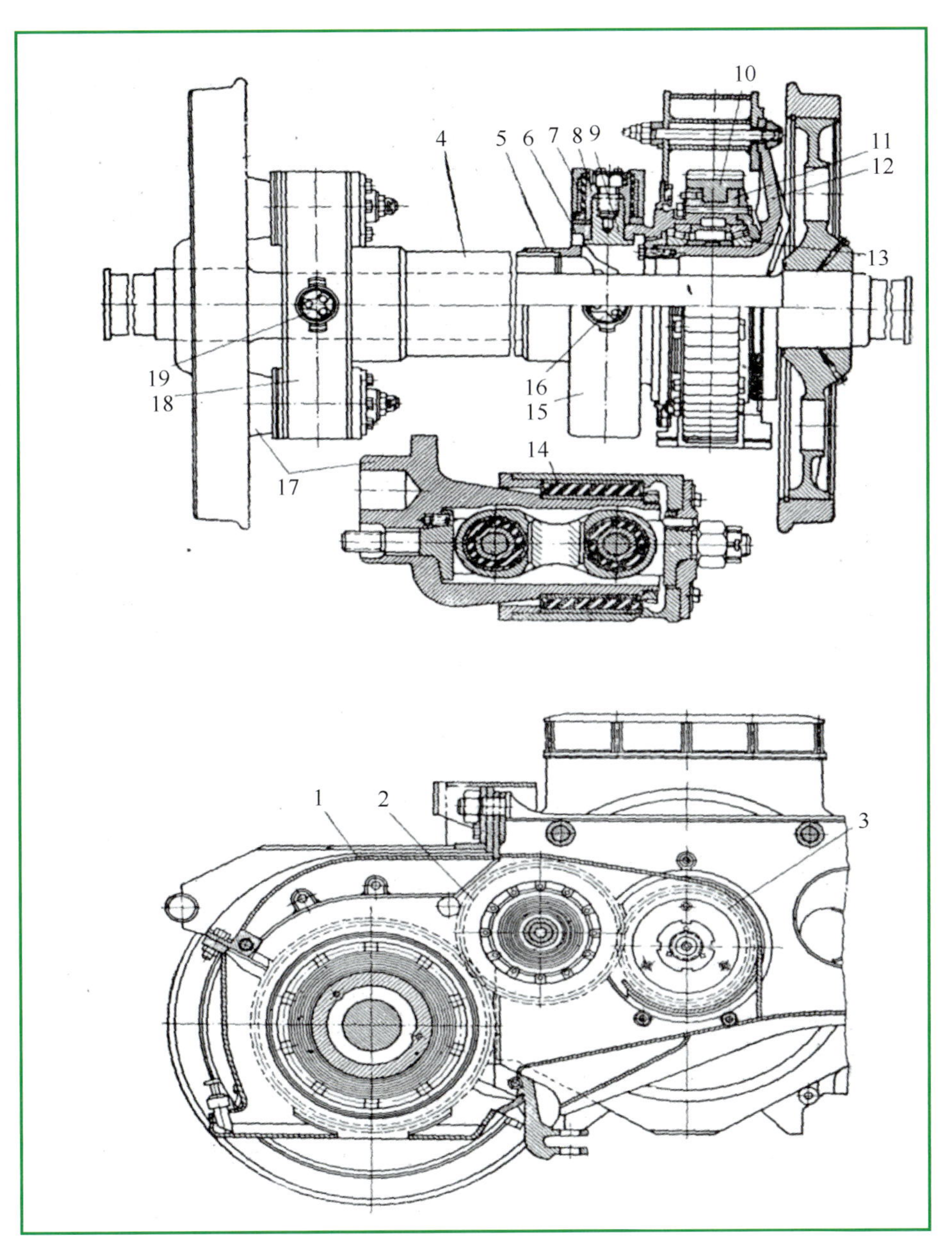

图 3-9-1 扎克曼驱动装置(法国 9200 电力机车)

2. 西门子万向轴驱动装置（Siemens Cardan drive）

德国为了发展高速电力机车，在1963～1964年进行了一系列的试验，试验机车为E10299和E10300两种，机车有两种速比，可以达到200～250 km/h。在试验成功的基础上，由汉舍尔和西门子工厂合作生产。

E10299电力机车的驱动装置(图3-9-2)基本上与阿尔斯通驱动装置是相同的，双侧大齿轮上的主动销经过轮心上的孔，通过关节连杆传到浮动环，又由浮动环通过被动连杆传到两个钢销上，而钢销与动轮之间装有橡胶环弹簧。它与阿尔斯通式不同之处仅在于钢销与动轮之间装有橡胶环弹簧。

图3-9-2　E10299电力机车的汉舍尔连杆驱动装置

E10300试验机车采用西门子式万向空心轴驱动装置如图3-9-4所示。

为了改善机车的走行品质，牵引电动机与单侧布置的齿轮箱均刚性支承在转向架构架上，作为簧上质量，与构架一起运动。牵引电机的转矩通过小齿轮传到大齿轮的齿圈2，由齿轮轮心3上6个主动销，通过6个关节连杆传到6个被动销上，再由被动销传递给空心万向轴16。万向轴的另一侧装有5个伸臂的构架18，通过西门子式橡胶环19与动轮相连。

德国铁路经过两种方案比较后，决定采用西门子式万向空心轴驱动装置，E10300为试验样车，后定名为E03。E03电力机车如图3-9-3所示，其牵引电动机的驱动装置如图3-9-4、图3-9-5所示。转向架设计如图3-9-6所示，速度达到200 km/h，机车的性能良好，机车如图3-9-7所示。

3. BBC万向轴驱动装置（BBC Cardan drive）

BBC万向轴驱动装置的基本原理与德国E03电力机车西门子万向轴驱动装置相同，位于空心轴两端的联轴节具有不同的功能，既可以实现轮对的横向运动也可以做到动轮的弹性驱动。

BBC万向轴驱动装置如图3-9-8所示用于高速客运电力机车上，大齿轮轮心在两个单列。滚柱轴承上转动，而轴承又套在套筒上，套

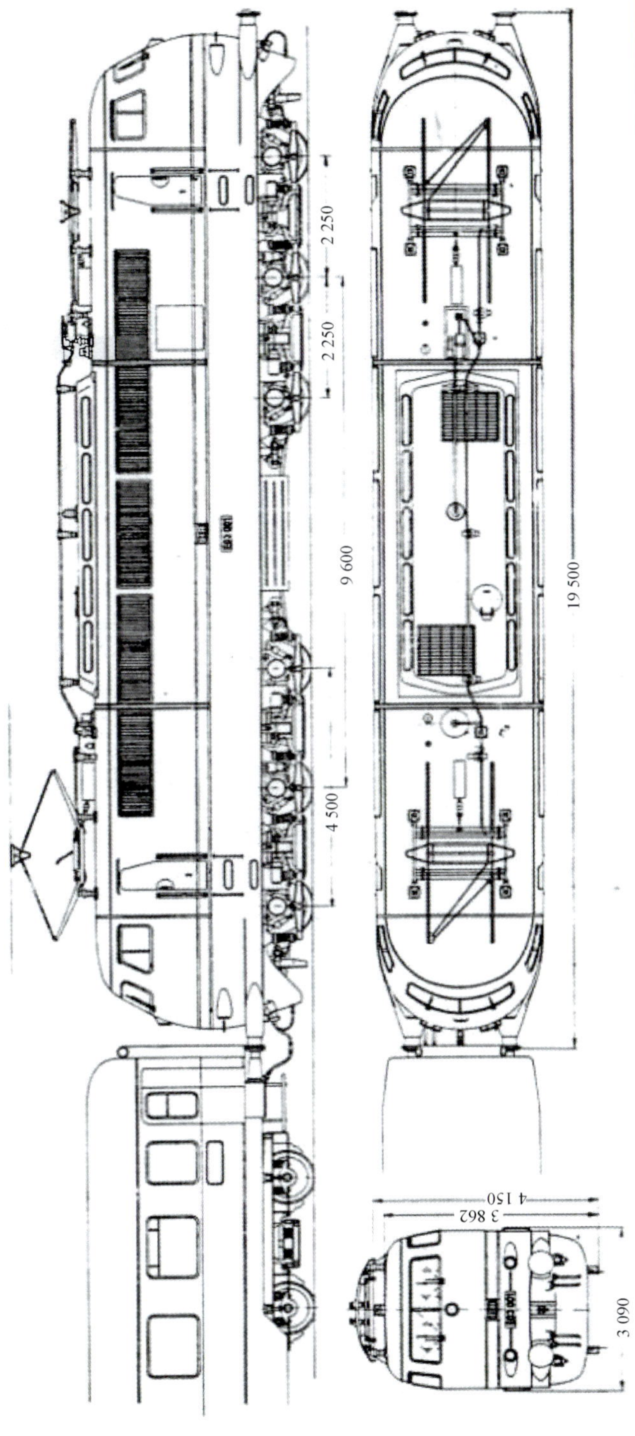

图3-9-3　德国机车E03电力机车

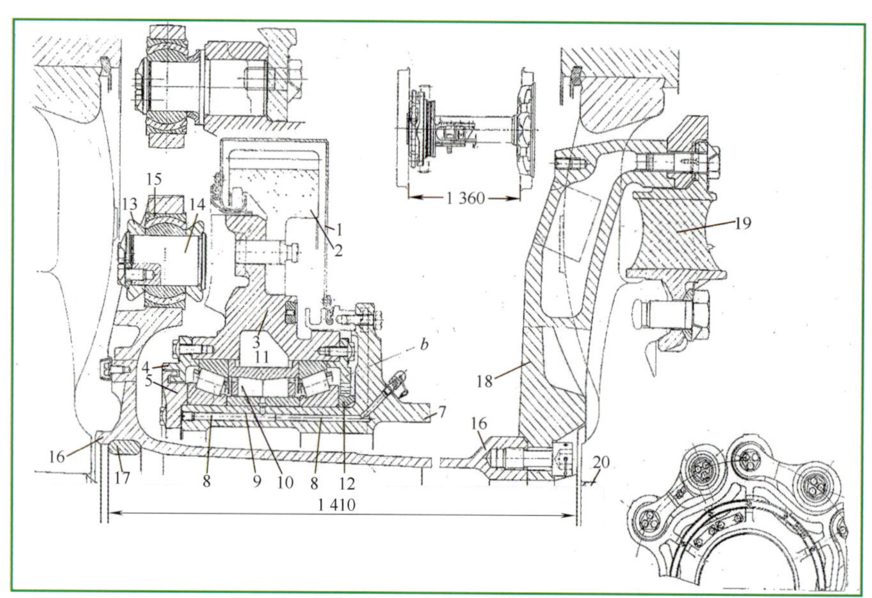

图 3-9-4　德国 181.2 电力机车西门子式万向空心轴驱动装置(单位:mm)

1—齿轮箱;2—大齿轮;3—齿轮轮心;4—前止推环;5—轴承盖;6—后止推环;7—空心轴外套;8—圆锥液柱轴承;9—轴承油脂;10—内中间环;11—外中间环;12—隔离环;13—连杆;14—销;15—弹性支承;16—空心轴;17—橡胶环;18—传动臂;19—橡胶环;20—轮对车轴

注:181.2 电力机车上驱动装置结构与 E 03 的基本相同,因找不到 E 03 的详图,故以此图代替。

图 3-9-5　E03 电力机车西门子式万向空心轴驱动装置

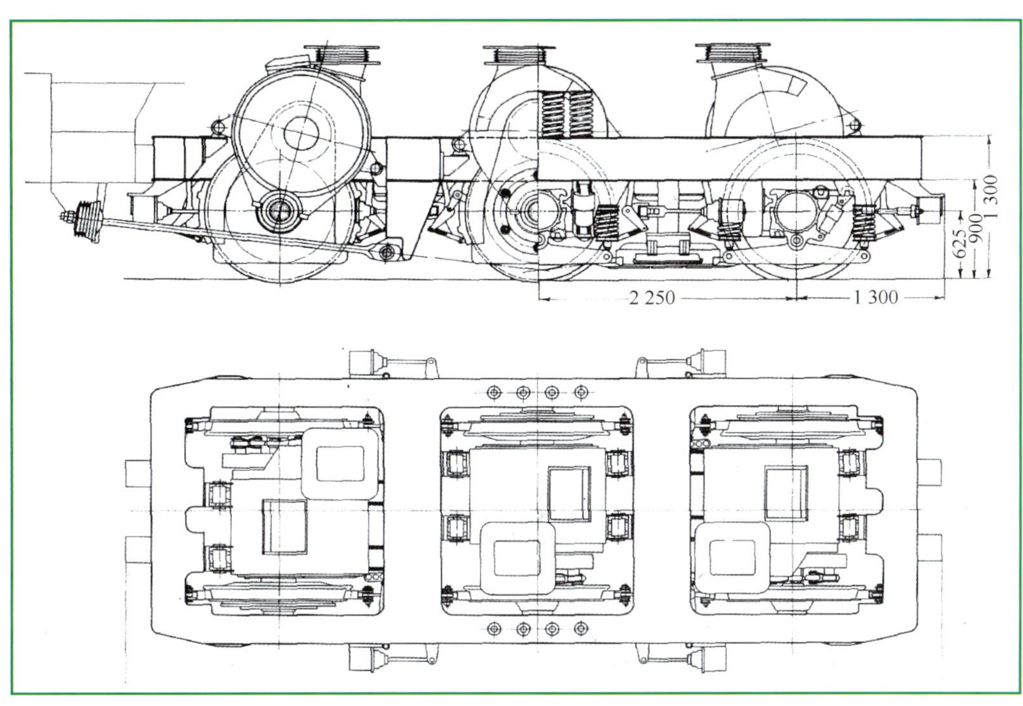

图 3-9-6　E03 电力机车的转向架(单位:mm)

图 3-9-7　德国 E03 高速电力机车(最高速度 200 km/h)

筒则紧固在牵引电机机壳的下部，万向空心轴3穿过套筒，并包在轮轴的外面。空心轴的一端装有中心连杆联轴节4(图3-9-9)，它的橡胶球面关节45与大齿轮相连而另一端则通过连杆盘和万向空心轴上的关节43，通过空心轴与双锥形橡胶元件2连接，内法兰盘以螺钉紧固在辅助轮心上，此轮心压装在动轮轮毂上。

BBC万向轴驱动装置的橡胶环弹簧设在动轮的外侧，而另一侧关节连杆联轴节则可设在动轮的外侧(图3-9-8)也可设在内侧(图3-9-9)，为空心轴提供中心导向，并允许改变角度。从大齿轮传递扭矩至空心轴，由空心轴传递扭矩至另一侧的橡胶环弹簧来驱动动轴，这样它通过两侧不同结构的部件来达到轮对的横动及具有切向弹性的要求。

动轮的一侧装有橡胶环弹簧，这是一种在实际运用中可靠的弹性元件，它不仅是空心轴一端的万向接头而且具有扭转弹性。为了避免在橡胶环上出现拉应力，弹簧应在径向预加压力，圆柱形橡胶环弹簧的圆周挠度设计为$C_\phi \approx 1°/t\cdot m$，使它能传递驱动扭矩的总和为轴重和轮轨黏着系数$\mu=0.55$的乘积再加上40%的突加扭矩，这种突加的扭矩可以在轮对发生空转，

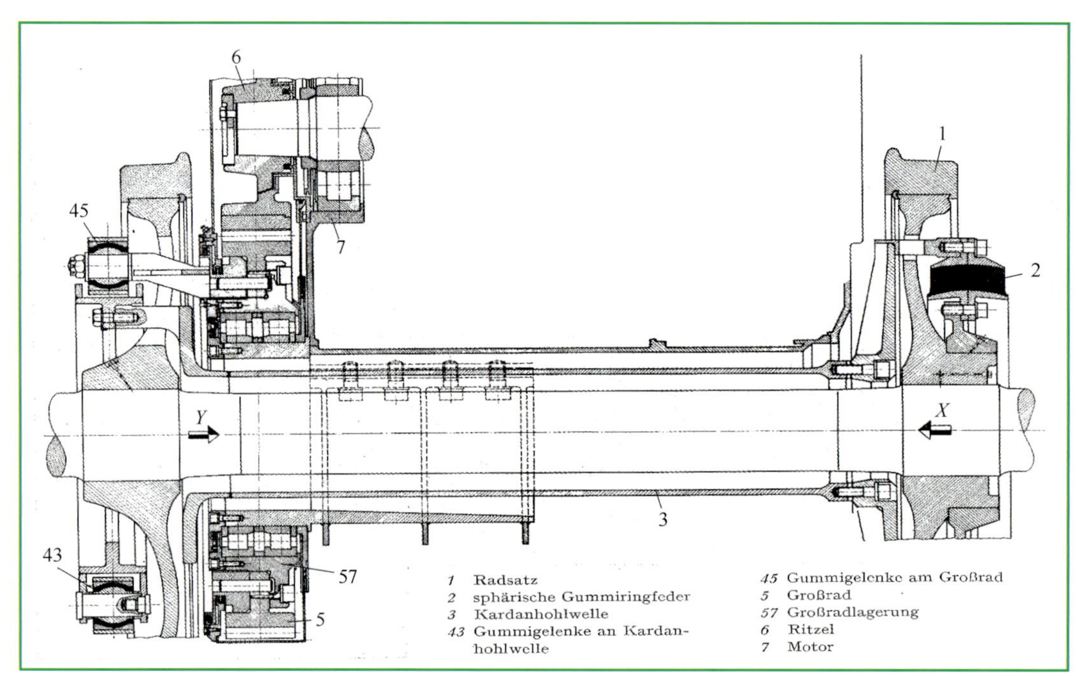

图3-9-8 装有外中心连杆联轴节的BBC橡胶关节万向轴驱动装置的剖面图

1—轮对；2—圆形橡胶环弹簧；3—万向空心轴；43—在万向空心轴上的橡胶关节；45—在大齿轮上的橡胶关节；5—大齿轮；57—大齿轮轴承；6—小齿轮；7—电机

然后撒砂而重建黏着的情况下。

为了使万向空心轴中心导向，橡胶环弹簧在径向应尽可能的硬，这就要求这些弹簧应是多层的而不削弱万向节头的作用。

在轮对另一侧的中心连杆联轴节，应不出现横向阻力，因此，橡胶环弹簧也应能够在横向引导空心轴。为了加强橡胶环弹簧的万向弹性并改善万向空心轴的横向引导，因此同心橡胶簧应改为球面橡胶环弹簧或双锥度橡胶环弹簧，这是众多设计中的最佳形式。双锥度橡胶环弹簧的中线处设计为较大的直径，其锥度要尽可能地贴近弹簧直径的圆周，双锥形得到较大的轴向弹簧系数，因此其万向挠度大于同心橡胶环弹簧。如图3-9-9所示球面橡胶环弹簧和双锥度环弹簧用螺钉栓接并夹持橡胶环的外锥形以得到径向预加压应力，这种预压应力，在施加圆周弹簧力时，避免了橡胶环弹簧承受拉应力。

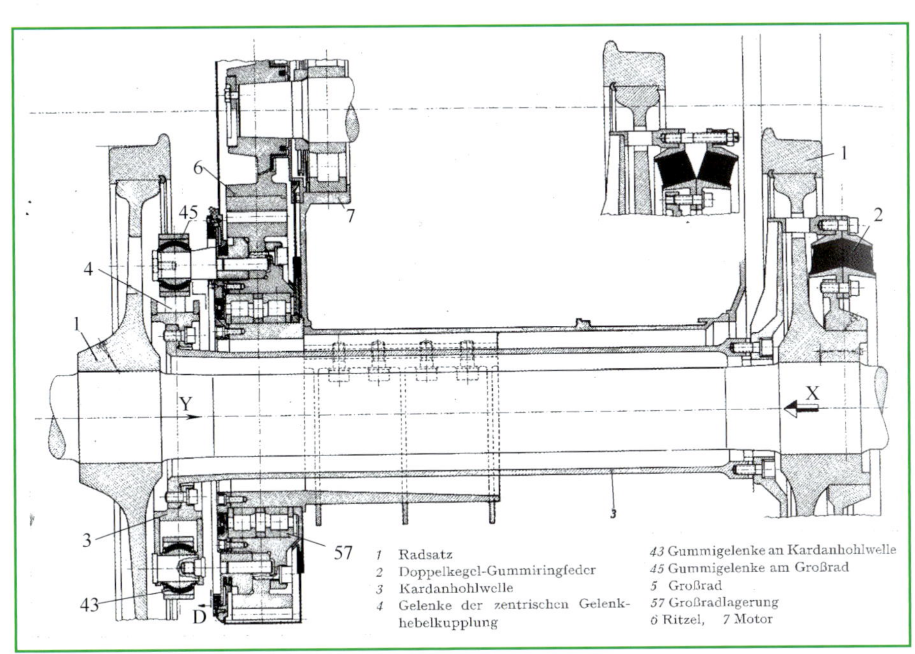

图 3-9-9 装有内中心连杆联轴节的 BBC 橡胶关节万向轴驱动装置剖面图

1—轮对；2—双锥度橡胶环弹簧；3—万向空心轴；4—中心连杆联轴节的关节；43—在万向空心轴上的橡胶关节；45—在大齿轮上的橡胶关节；5—大齿轮；57—大齿轮轴承；6—小齿轮；7—电机

如果以运动学、动力学及静态应力作为总体作用在橡胶环弹簧上来看，球形橡胶环弹簧和双锥环弹簧均能很好地满足传递给定的扭矩和给定的圆周挠度（剪应力）的要求。万向弹性（剪应力）应尽可能的软而径向弹性（部分受压）和轴向弹性（部分受压）应尽可能的硬。

空心万向轴的另一端的联轴节，即空心轴与大齿轮的连应处应达到以下要求：

(1)能传递驱动轮对的整个扭矩；

(2)不需要圆周弹性；

(3)必须提供空心轴中心导向以避免产生不平衡力；

(4)必须允许万向角位移，而不产生内阻力；

(5)要有轴向弹性，能补偿制造的不精确，并可使轮对横动。

中心关节联轴节在大齿轮圆周平均分布的各个点上装关节连杆，连杆的另一头与万向空心轴圆周平均分布的各个点相连接，为了保证空心轴的同心导向，连接机构可用3个、4个及更多的关节连杆。

三连杆中心联轴节的BBC万向轴驱动装置如图3-9-10、图3-9-11所示。

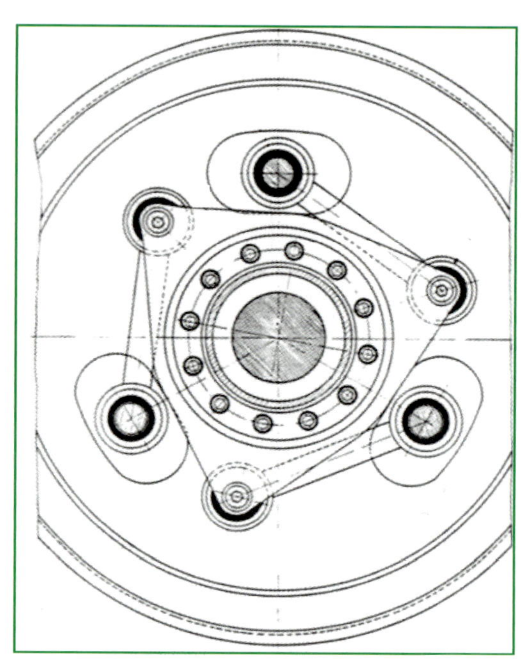

图3-9-10　装有三连杆中心联轴节的BBC万向轴驱动装置和橡胶关节

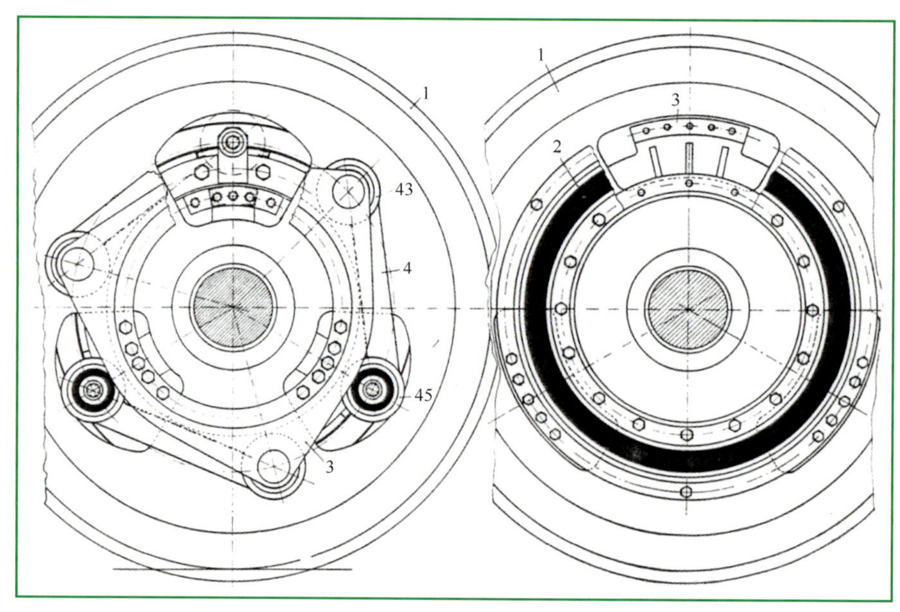

图3-9-11　装有三连杆中心联轴节的BBC万向轴驱动装置

四连杆中心联轴节BBC橡胶关节万向轴驱动装置如图3-9-12所示。

六连杆中心联轴节的BBC万向轴驱动装置如图3-9-13所示。

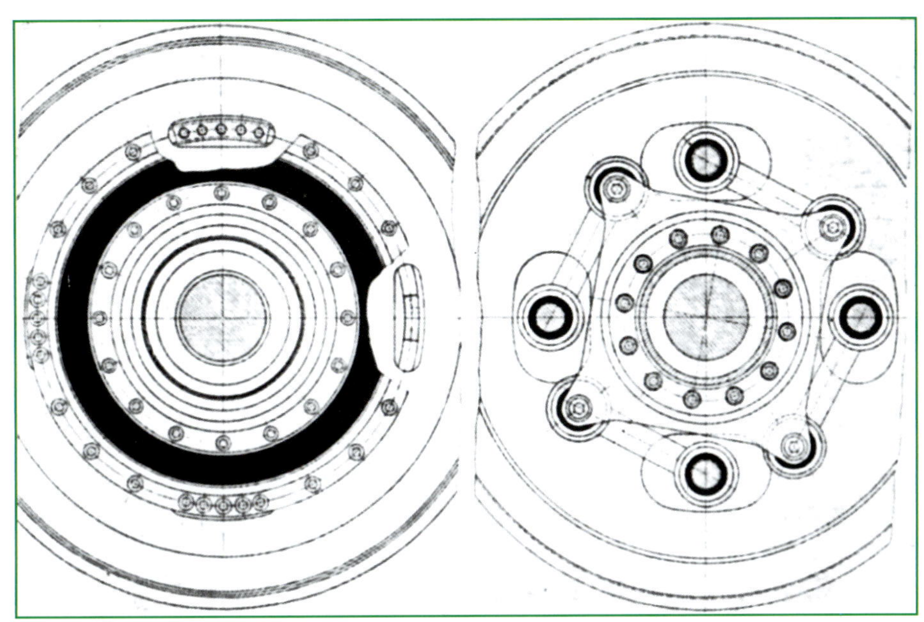

图3-9-12 四连杆中心联轴节的BBC万向驱动装置

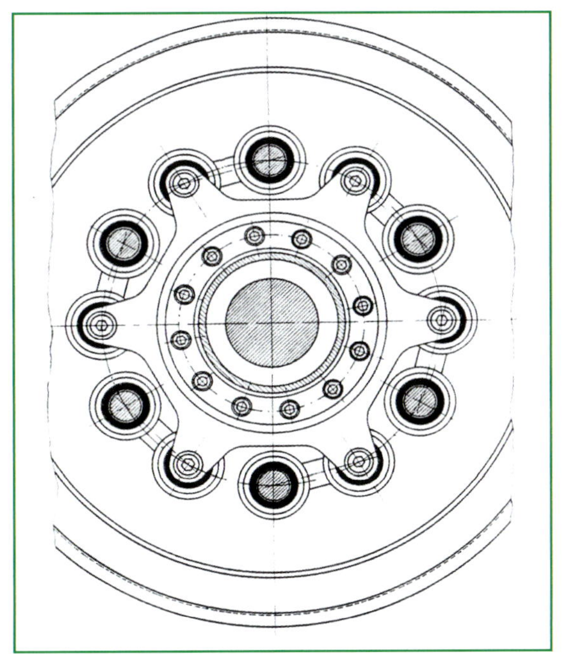

图3-9-13 六个连杆中心联轴节的BBC万向轴驱动装置

十、小扭矩端万向空心轴驱动装置(Small torque end cardan hollow shaft drive)

1. 勃朗包维利圆盘驱动装置(The disc mechanism by Brown Boveri)

1938 年勃朗包维利圆盘驱动装置首先在一台 Ae3/6Ⅲ机车 No 10264(轴式 2-Co-1)的一根轴上进行试验,该机车其余两根动轴仍安装着威斯汀豪斯驱动装置。驱动装置的圆盘设在车轮的外侧(图 3-10-1),大齿轮刚性地安装在空心轴上,空心轴安装在电机的机壳上,空心轴上的驱动销伸出车轮轮心的开口处与圆盘连接在一起,电机传出的扭矩通过大齿轮、驱动销和圆盘再由万向空心轴 b 传到第二个圆盘来驱动轮对。这种驱动装置是通过圆盘的弹性弯曲和万向轴的倾斜来实现动轴的垂直位移的。由于驱动装置是设在大扭矩端,用圆盘的方式传递 5 000 kg·m的扭矩是困难的,这种驱动装置没有进一步发展,而将圆盘设在电机两侧的小扭矩侧的驱动装置却大量地发展起来。

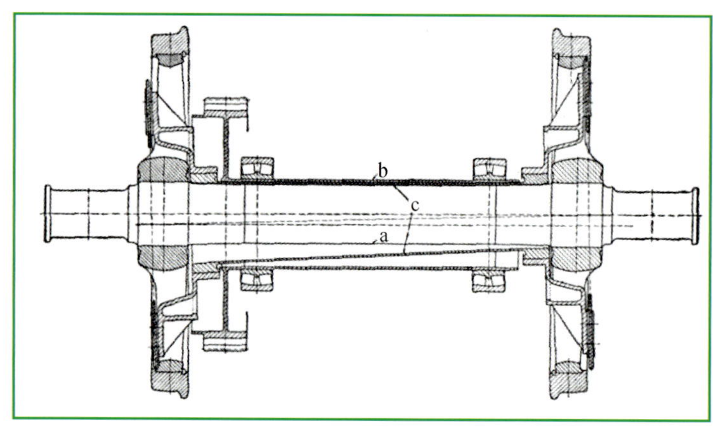

图 3-10-1 勃朗包维利圆盘驱动装置

注:空心轴相对于构架为最大位移时状态。

a—车轴;b—空心轴;c—装着圆盘的中间轴

设在小扭矩端的勃朗包维利圆盘驱动装置(图 3-10-2)首先于 1944 年应用于瑞士铁路 251 系列 Ae 4/4 电力机车(轴式 Bo-Bo、功率 4 000 hp、80 t、速度 125 km/h、单相 15 kV、16 2/3 Hz),它的单位功率重量比很小,仅 20 kg/hp,也是当时达到这种速度和功率的第一台 Bo-Bo 机车。设在小扭矩端的勃朗包维利圆盘驱动驱动装置既适用于机车也适于轻型动车,图 3-10-3 为 251 系列 Ae 4/4 电力机车转向架,图 3-10-4 为两个连挂在一起的转向架,具有良好的曲线通过性能,也可以用作不连挂在一起的转向架。

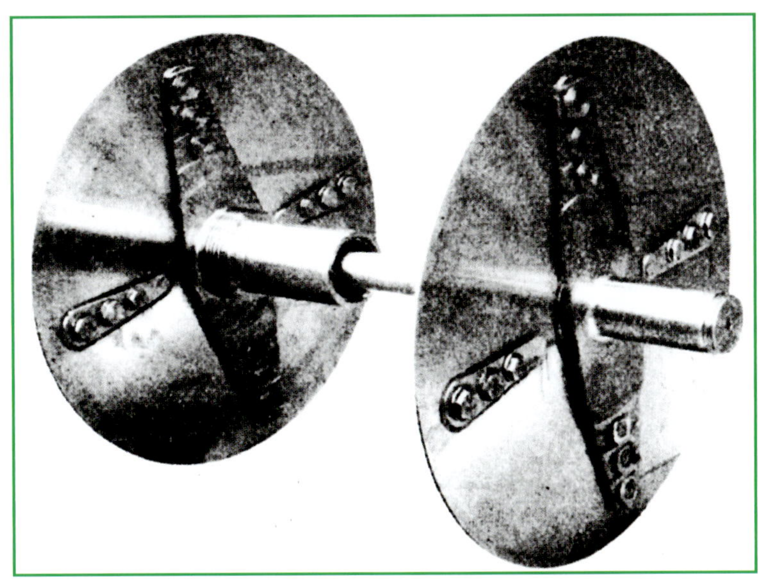

图 3-10-2　瑞士铁路 251 系列机车驱动装置

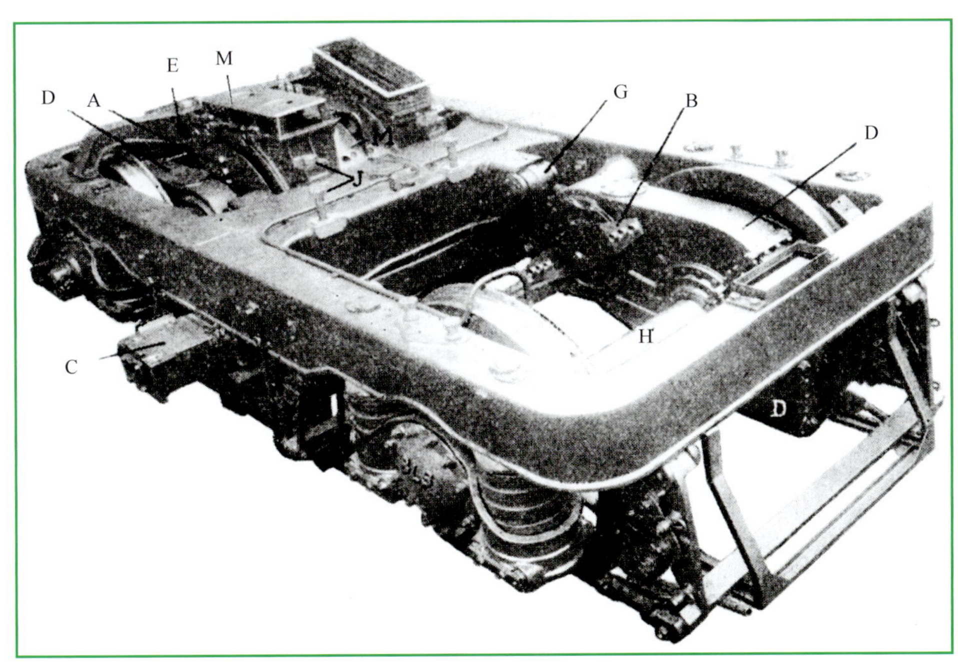

图 3-10-3　瑞士 251 系列机车 Ae 4/4 机车转向架

A—弹性圆盘；B—连接臂；C—车体支承板；D—齿轮箱；E—电机在构架上的支承托；G—齿轮箱在转向架构架上的弹性吊杆；H—动轴；J—将电机固定在转向架构架中梁上的螺栓；M—牵引电机

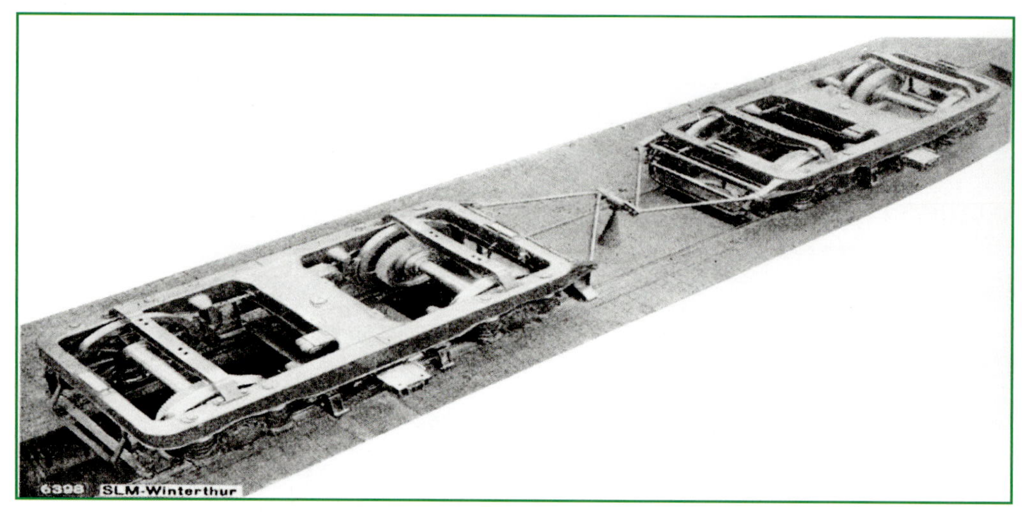

图 3-10-4　251 系列 Ae 4/4 电力机车两个连挂的转向架

注：中部为改善通过曲线性能的装置。

圆盘驱动装置（图 3-10-5）电枢空心轴传出的扭矩通过轴套 1（通过螺旋和键连接于电枢内）传到柔性盘 4 及驱动臂上，再由设在与驱动臂成 90°的第二驱动臂 5 传递到扭转轴 6 上，轴 6 端部装有臂 7 和一个第二盘 9 通过臂 10 带动小齿轮的轴 11 与装在车轴上的大齿轮相啮合，电机刚性地装在转向架构架上（图 3-10-3 的 E 和 J 上）。柔性盘的功能是允许车轴与电机之间有一个相对运动。齿轮箱很坚固不仅保护齿轮，而且支撑大小齿轮的滚柱轴承的自我调整。

圆盘承受着复杂的变形，对于变形时产生的应力来说圆盘越薄越好；但由于圆盘要传递电动机的全部扭矩，圆盘又必须要有一定的厚度，应该通过计算使圆盘具有必需的强度。经过计算及实测证明矩形断面是不合适的，因其内边缘的拉应力超过许用应力。因此，就设计了外厚内薄的锥形断面，使内外的应力差不多相同。最大位移时，最大应力实测结果为 600～700 kg/cm^2。圆盘与驱动臂的连接处需焊钢板加强，焊接需经过严格的 X 光检验，因圆盘需要很高的强度，由弹簧钢制成。

大功率电力机车的圆盘直径达 1 060 mm，圆盘的厚度外径为 7 mm，内径处为 2 mm，装着盘形万向联轴节驱动装置的重量为 1 250～1 300 kg。

万向轴是扭转轴，在传递扭矩时要有弹性，所以要选择合适的轴径，以达到所需要的弹性。在选择轴径时要考虑电枢轴与扭转轴的振动，这对交流电机特别重要。如果轴的直径使该系统的自振频率为电流频率倍数，则可能发生共振，使传动转矩的交变振幅增大，破坏传动齿轮。

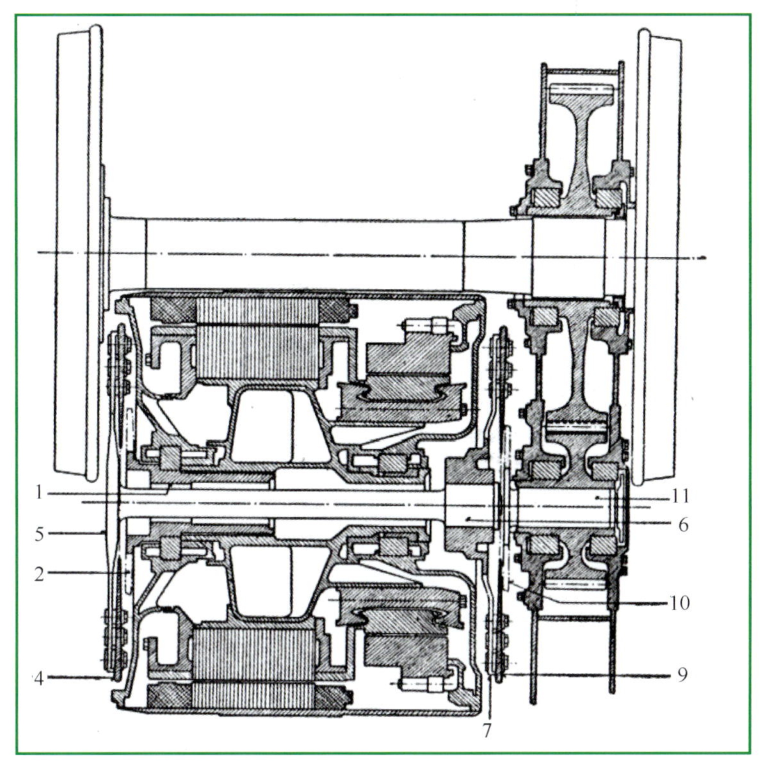

图 3-10-5　勃朗包维利圆盘驱动装置通过电机和车轴中心线的剖面图

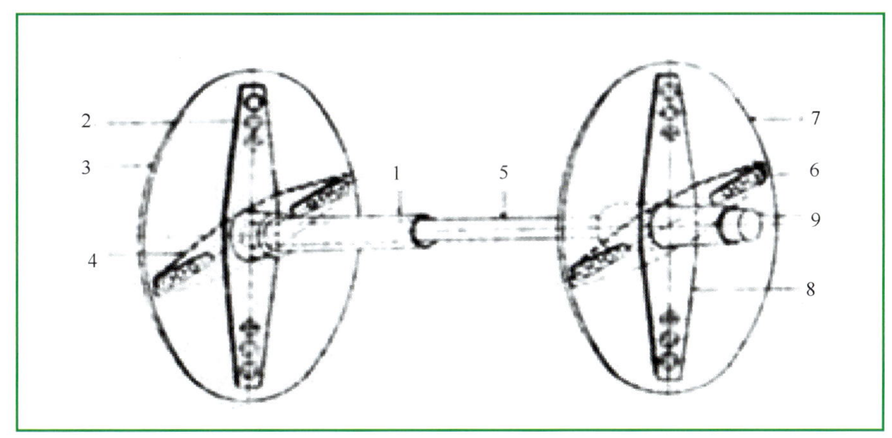

图 3-10-6　勃朗包维利圆盘驱动装置图

1—空心轴；2—驱动臂；3—第一圆盘；4—在轴 5 上的驱动臂；5—电枢中的扭转内轴；

6—压在轴上的驱动臂；7—第二圆盘；8—第二驱动臂；9—小齿轮轴

勃朗包维利圆盘驱动装置的主要优点：

(1)全部传动零件不需要润滑(除齿轮外)；

(2)减少了重量和体积；

(3)由于万向轴设在齿轮与电机之间，电机转速高，转矩小，所以部件的尺寸小；

(4)可靠性好，最先设计的两台机车经过三年的运用，既没有磨耗又无变形，驱动装置的大修期长，不需要周期性的维修。

这种装置在世界上很多国家的电力机车、动车及电车上得到广泛的应用。

(1)在机车上的应用

1949 年比利时 121 系列 No 001～003 机车(Bo-Bo，DC 3 kV)投入运用，转向架由比利时的工厂根据 SLM 的专利进行制造，电气设备由勃朗包维利制造，机车的小时功率为 2 800 hp，总重 83.5 t。

瑞士共制造了 6 台 251 系列 Ae 4/4 机车。

1953 年德国的一台 E10 机车 No 002 (轴式 Bo-Bo、15 kV、16 2/3 Hz)投入运用如图 3-10-7 所示，其驱动装置如图 3-10-8 所示，E10 机车运行在阿尔卑斯山如图 3-10-9 所示。

E10 机车的两台相同的转向架的主要尺寸：总长 16 650 mm，转向架的轴距 3 300 mm，全轴距 11.3 m 中心销间距离 8.0 m。

1953 年夏由瑞士制造的两台 No 9001、9002 机车在法国投入运行，机车小时功率 4 060 hp、最高速度 160 km/h。这两台机车在高速时性能是很好的，如图 3-10-10、图 3-10-11 所示。

(2)在动车上的应用

19 列 31 个车厢的瑞士 841 系列 CFe 4/4 型动车(单相、15 kV、16 2/3 Hz)；两列双节 RBe 4/8电动车组 No 661、No 662，最高速度 125 km/h(图 3-10-12、图 3-10-13)等不胜枚举。

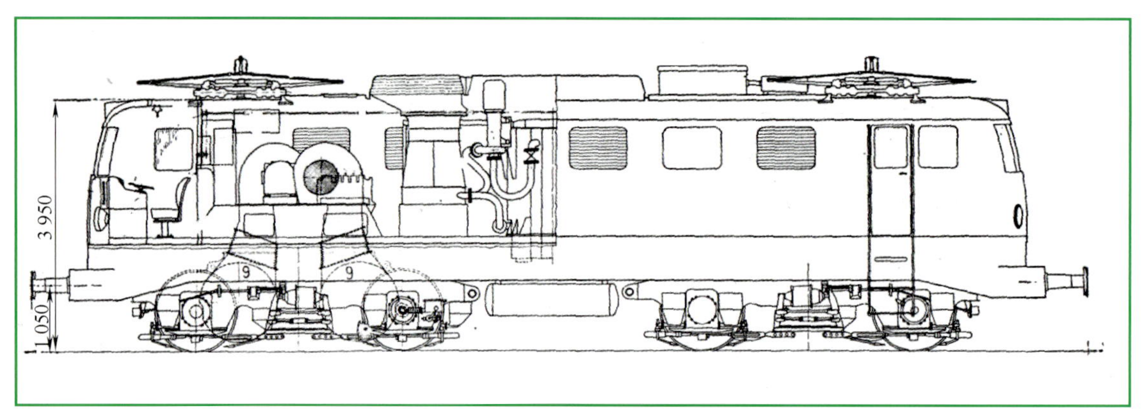

图 3-10-7　德国 E10 机车 No 002(单位：mm)

注：勃朗包维利圆盘驱动装置的牵引电机机械部份由克虏伯制造，两台转向架相同。

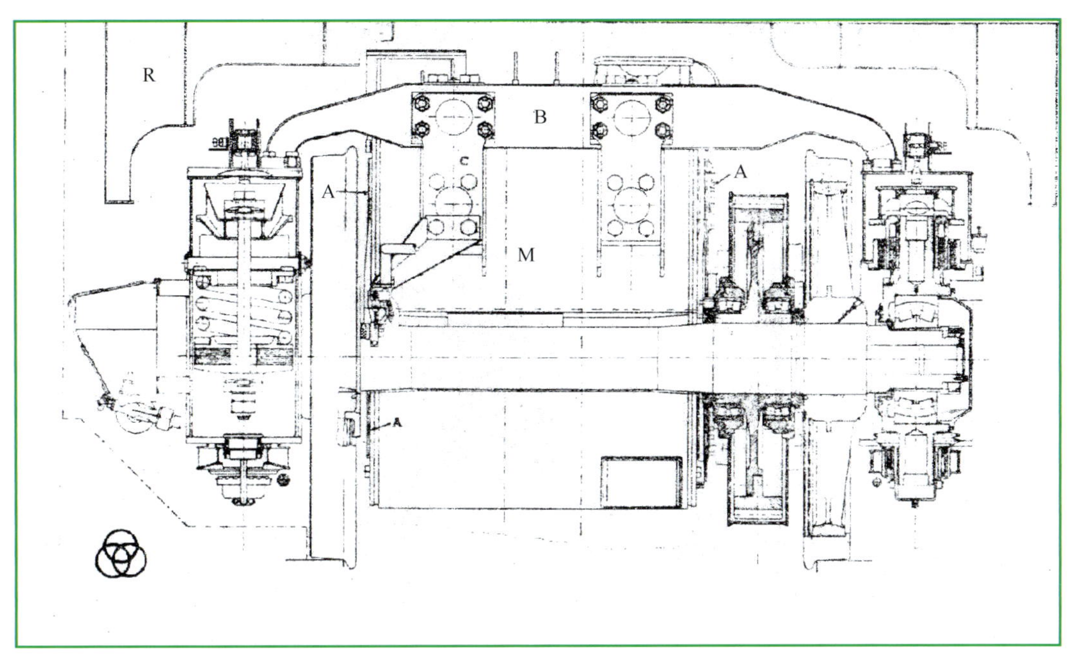

图 3-10-8　德国铁路 E10 电力机车(Bo-Bo)的驱动装置

M—牵引电机;A—驱动装置的柔性圆盘和驱动臂;B—装电机的臂

图 3-10-9　德国铁路 E10 电力机车运行在阿尔卑斯山

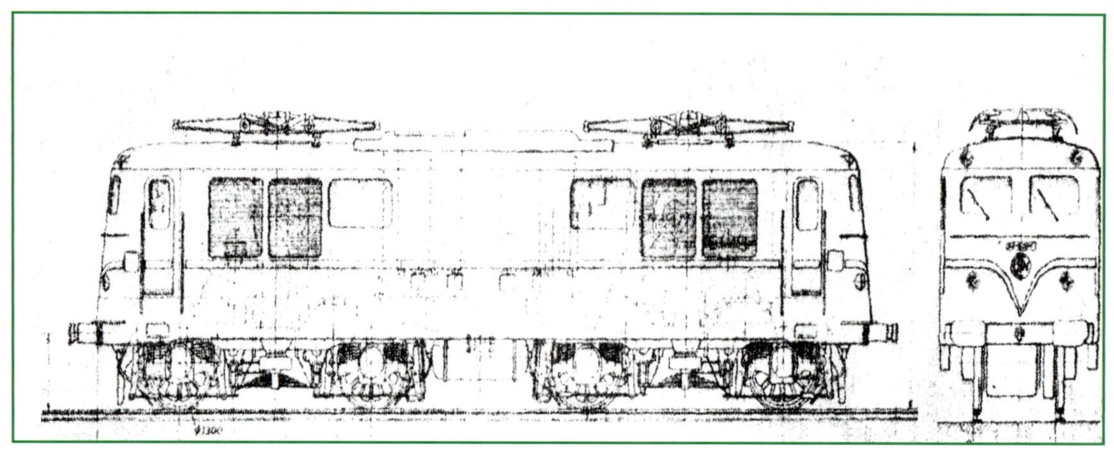

图 3-10-10　法国铁路装有勃朗包维利圆盘驱动装置的 No 9001、9002 电力机车(轴式 Bo-Bo、1953)

注:右图下方显示在电机的两侧装有圆盘。

图 3-10-11　法国铁路 No 9001、9002 机车的转向架

注:右侧电机已拿出,在齿轮箱前可见驱动圆盘(左侧)。

图 3-10-12 瑞士 RBe 4/8 双节电动车组 No 661(1953 年投入运行)

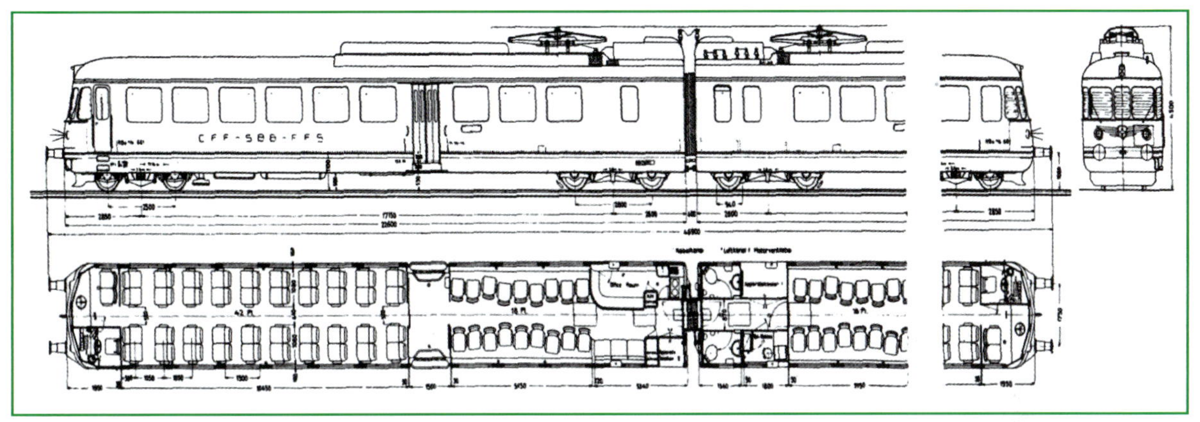

图 3-10-13 装有勃朗包维利圆盘驱动装置的 RBe 4/8 电动车组 No 661、662

(3)在电车上的应用

在苏黎世、伯尔尼、拜尔、西纳、伯尔琴、维也纳等城市的城市电车上均得到应用,至 1948 年仅瑞士一个国家已用了 534 组圆盘驱动装置。在拜尔的电车如图 3-10-14 所示;在维也纳的城市电车如图 3-10-15 所示。有一点特别指出的,即瑞士的电车系统对电车的簧下重量是特别注意的,在装用电机空心轴万向轴外,在电车上还广泛地采用了 SAB 弹性车轮(图 3-4-1)。

2. 塞雪龙Ⅲ板簧驱动装置(Sécheron Ⅲ laminated coupling drive)

塞雪龙Ⅲ板簧驱动装置(图 3-10-16)由塞雪龙设计与制造并首次于 1947 年投入运用。万向轴为安装在车轴上的空心轴,一端安装在板簧联轴节上,见图 3-10-16 的下部,与相邻的车轮相连,在空心轴另一端上有弯头臂,弹性齿轮安装在短空心轴上以驱动弯头臂和万向空心轴，驱动装置为单侧的。塞雪龙Ⅲ板簧驱动装置首次是应用在CFe 4/4型141系列动车的两台转向架上，后又用于Fe 4/4动车的8台驱动转向架上，这种装在大扭矩端的驱动装置同圆盘式的一样，没有得到推广应用，同样的在小转矩端的却得到广泛的应用。

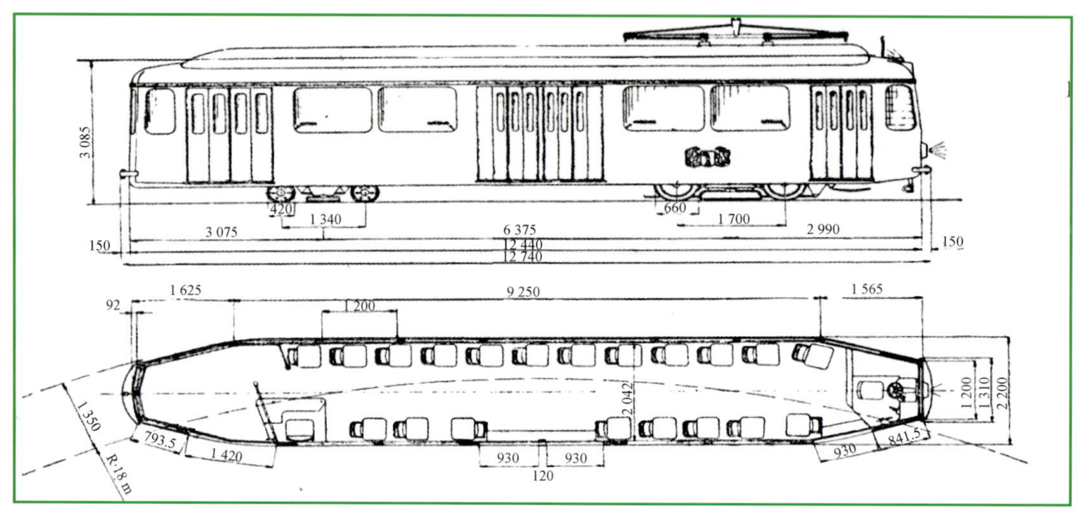

图 3-10-14　Ce 2/4 型 601 系列电车的主视和俯视图(单位:mm)

注:1952 年装有一台由圆盘驱动装置的转向架用于拜尔(Bale)。

(a) 电车　　(b) 车内设施

图 3-10-15　1953 年维也纳城市交通行驶的新型电车和拖车(装有圆盘驱动装置)

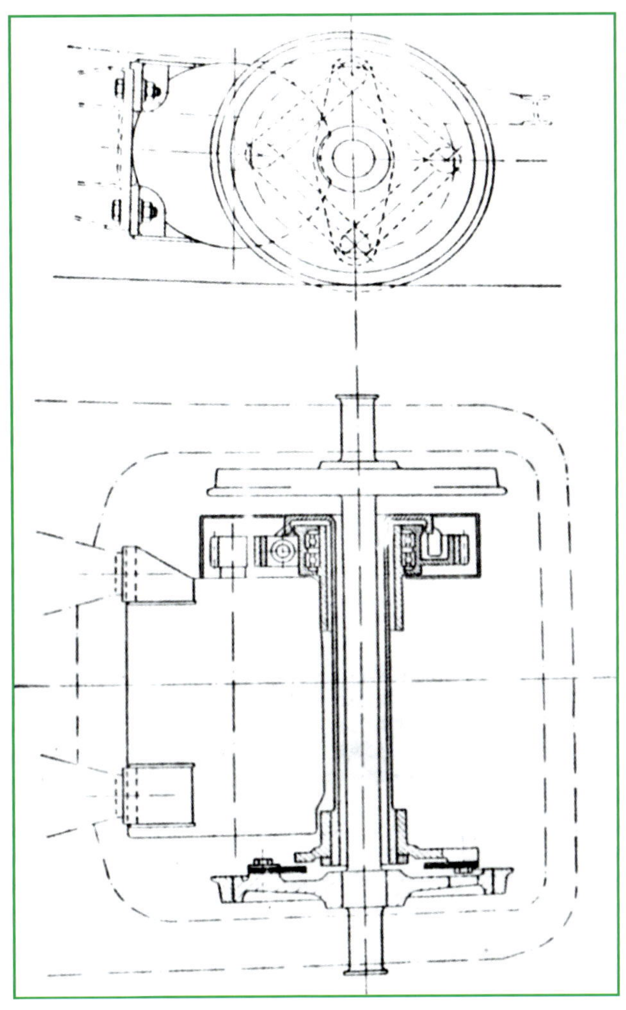

图 3-10-16　塞雪龙Ⅲ板簧驱动装置(车轴空心轴)

3. 塞雪龙Ⅳ板簧驱动装置(Sécheron Ⅳ laminated coupling drive)

塞雪龙Ⅳ板簧驱动装置具有万向连接和板式联轴节,为双侧驱动和单侧齿轮,这种装置用于瑞士 Neuchatel 的电车上,装有板簧、万向轴和小齿轮,用于小功率轻型 200 hp 电车的(4×50 hp)转向架上装有 SAB 弹性车轮,如图 3-10-17～图 3-10-19 所示。

塞雪龙Ⅳ板簧驱动装置主要由三部分所组成:

(1)板簧联轴节;

(2)支承在车轴上的齿轮箱;

(3)牙嵌联轴节。

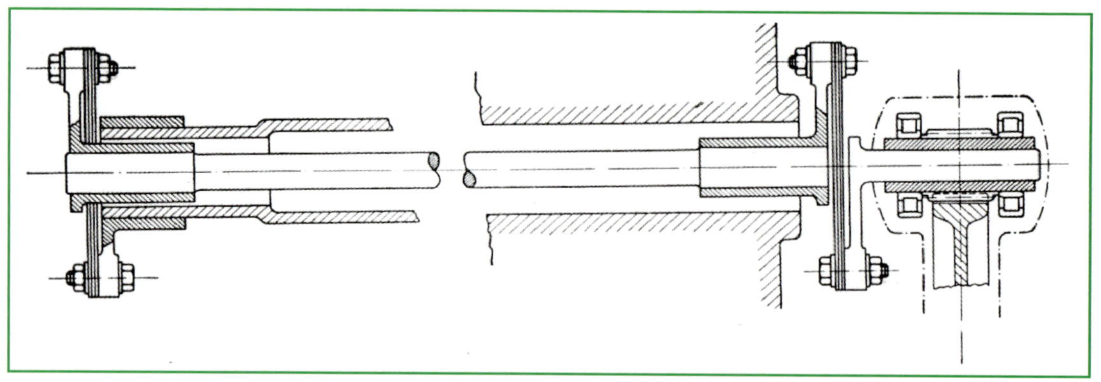

图 3-10-17　装有万向联轴节和板簧的双侧塞雪龙Ⅳ板簧驱动装置

图 3-10-18　瑞士 Neuchatel 的电车的驱动装置

图 3-10-19　Neuchatel 的电车的转向架

注:配备了扭转杆悬挂(SIG)和 SAB 弹性车轮。

图 3-10-20　Neuchatel 的电车的两个牵引电机(试验台上耦合在一起)

其中:(1)板簧联轴节由特殊的弹簧钢所制,外形是特殊设计的,以便在承受大的横向挠度时,其组合应力尽可能的低。板簧的挠度较大,从而允许车轴具有一定的径向位移,这是这种驱动装置的一大优点,也有利于安装电机。这是同样形式的其他联轴节所少有的。在旋转方向板簧是刚性的,万向轴成为一个扭转轴,使传动在此方向有一定的弹性,按传递的力矩的大小,在板簧的每端有一个或多个紧固用的孔如图3-10-21、图 3-10-22 所示。

图 3-10-21 塞雪龙Ⅳ板簧驱动装置零件图

注:(a)为齿轮箱的两个部份:

装着小齿轮、吊杆 C 和装在小齿轮轴上的传动板 B。

(b)为驱动装置的部件;D—装有板簧的万向轴,

E 和 G—驱动臂;H—板簧的装配图

(2)支承在车轴上的齿轮箱是很容易接近的,既可以用滑动轴承,也可以用滚柱轴承。如果用滑动轴承则轴承为抱轴式的抱轴瓦,是剖分的,很容易拆装;如果装滚柱轴承则在齿轮箱拆下后,也很容易检查。经验证明,由于润滑良好滑动轴承的磨损很小;铸钢的箱体的密封很好,齿轮箱不易扭曲,因为齿轮箱的悬挂耳的固定点是经过选择的,防止了齿轮箱侧壁的扭曲。

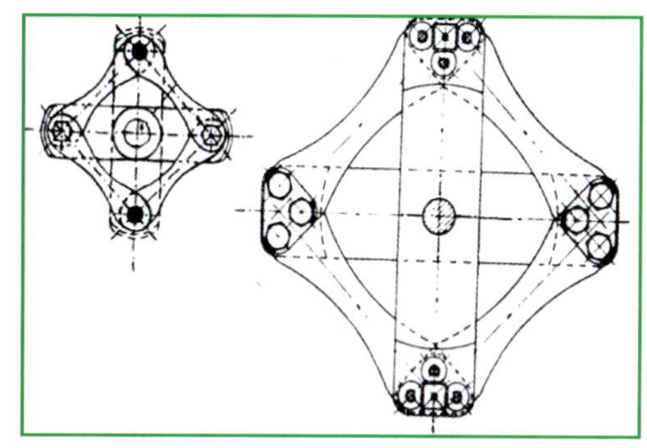

图 3-10-22 塞雪龙Ⅳ板簧驱动装置

注:左:小功率的形式;右:大功率的形式。

(3)特殊的牙嵌联轴节设在电枢和第一板簧联轴节之间,使电机的拆卸很容易;在小齿轮与驱动臂之间,万向轴与驱动臂之间也有同样的牙嵌联轴节。在使用板簧驱动装置的初期,小齿轮与联轴节是压在电机的轴头锥座上,并认为这种连接方法很好很牢靠。然而,比较试验证明,牙嵌联轴节要比锥座的方式更好。采用牙嵌联轴节可以传递多个耦合力矩时没有变形,而用锥座的方式则要承受组合的应力,因此,牙嵌联轴节适用于 200 hp 以上的大功率驱动装置。用在机车、动车和电车上的塞雪龙Ⅳ板簧驱动装置的原理是相同的,只是结构则稍有差别,图3-10-23 为机车用的装置,而图 3-10-24 为电车用的结构。

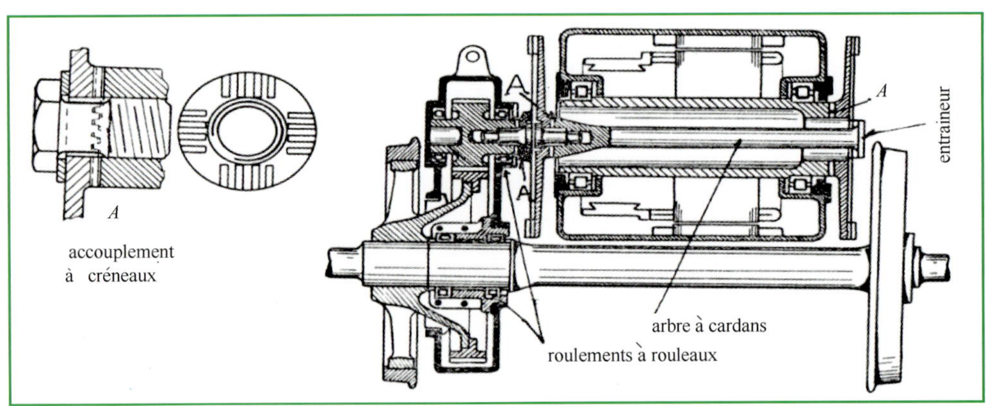

图 3-10-23　大功率机车(或繁重工作的动车)用的塞雪龙Ⅳ板簧驱动装置

注:在电枢轴中心线上的"A"点装有便于拆装的牙嵌联轴节。

在右侧在电枢轴与万向轴之间,也可以设 4 牙的牙嵌联轴节。

accouplement a créneaux—牙嵌联轴节;　　roulements à rouleaux—滚柱轴承

arbre à cardans—万向轴;　　entraineur—驱动

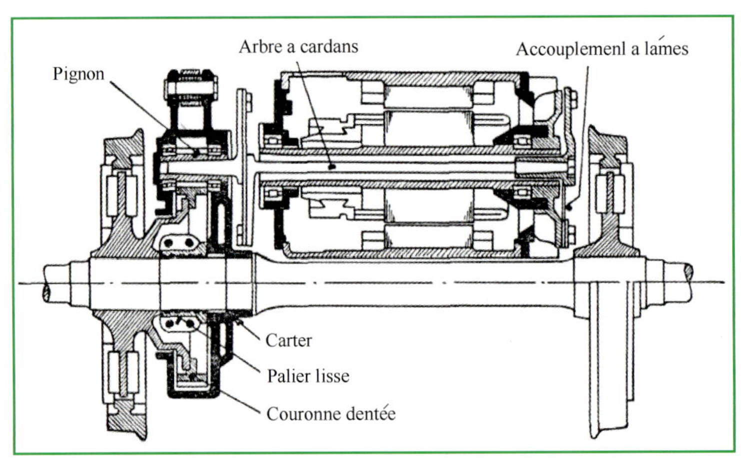

图 3-10-24　电车(小功率)上用的塞雪龙Ⅳ板簧驱动装置

注:与图 3-10-23 不同之处为齿轮箱滑动轴承装在车轴上。

Pignon—小齿轮;　　Carter—齿轮箱;

Arbre a cardans—万向轴;　　Palier lisse—滑动轴承;

Accouplement á lames—板簧联轴节;　　Couronne dentée—齿圈

前苏联ЧС1机车上所用的塞雪龙Ⅳ板簧装置如图3-10-25～图3-10-27所示。我们先从ЧС1电力机车的板簧万向轴驱动装置的齿轮来介绍，由图3-10-25大齿轮固装在车轴上，小齿轮装在变速箱上，小齿轮3不设轴，小齿轮的轮毂的伸出部装在轴承中，轴承15从内侧装入轴承座12中，而以M16螺钉装在变速箱上，装在齿轮轮毂上的盖13和环14有迷宫式密封，轴承4以盖5密封。大齿轮6的轮毂上装有轴承8，外侧有变速箱，变速箱大齿轮的车轴侧的密封由盖和环7组成而另一侧由盖10和环11装在大齿轮的轮毂上，由迷宫密封。

当扭转轴与电枢轴发生扭曲时，板簧联轴节还承受弯曲和扭转，最大的弯曲应力在板簧的端部与驱动臂相结合处，扭转应力的分布决定板簧的形状。各种板簧的研究说明，板簧中部的尺寸缩小可以使应力的分布均匀，板簧的厚度由传递转矩的大小来决定。大功率电机的板簧厚为3～4 mm，板簧的长度600～700 mm，板簧由高质量的弹簧钢所制成，板要经过特殊加工并涂以在动载下不会开裂的油漆。

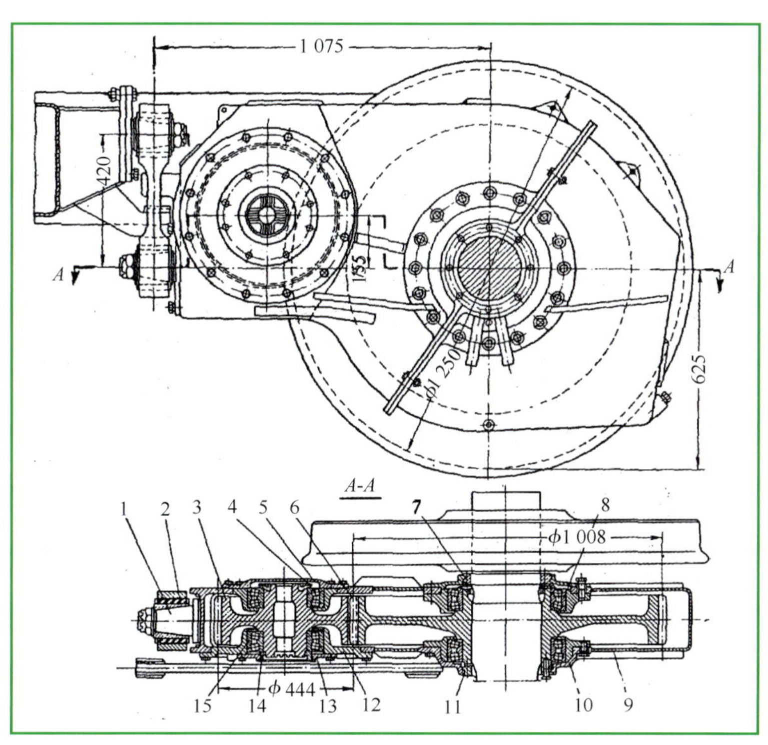

图3-10-25　ЧС1电力机车板簧万向轴驱动装置的齿轮箱(单位:mm)

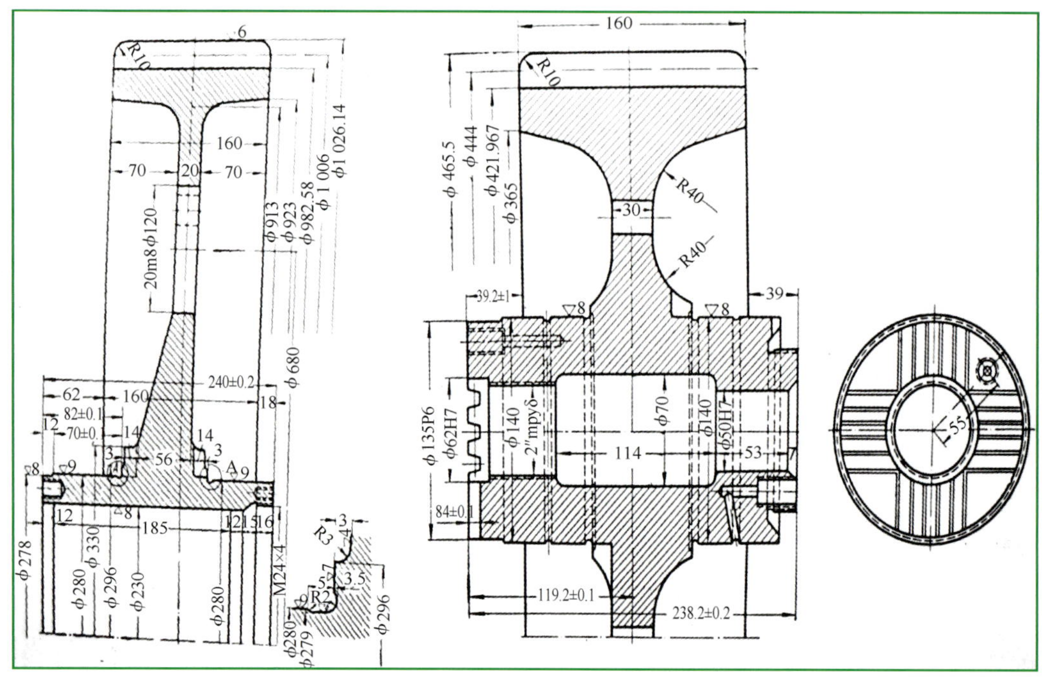

图 3-10-26　ЧС1 电力机车驱动装置的小齿轮和大齿轮(单位:mm)

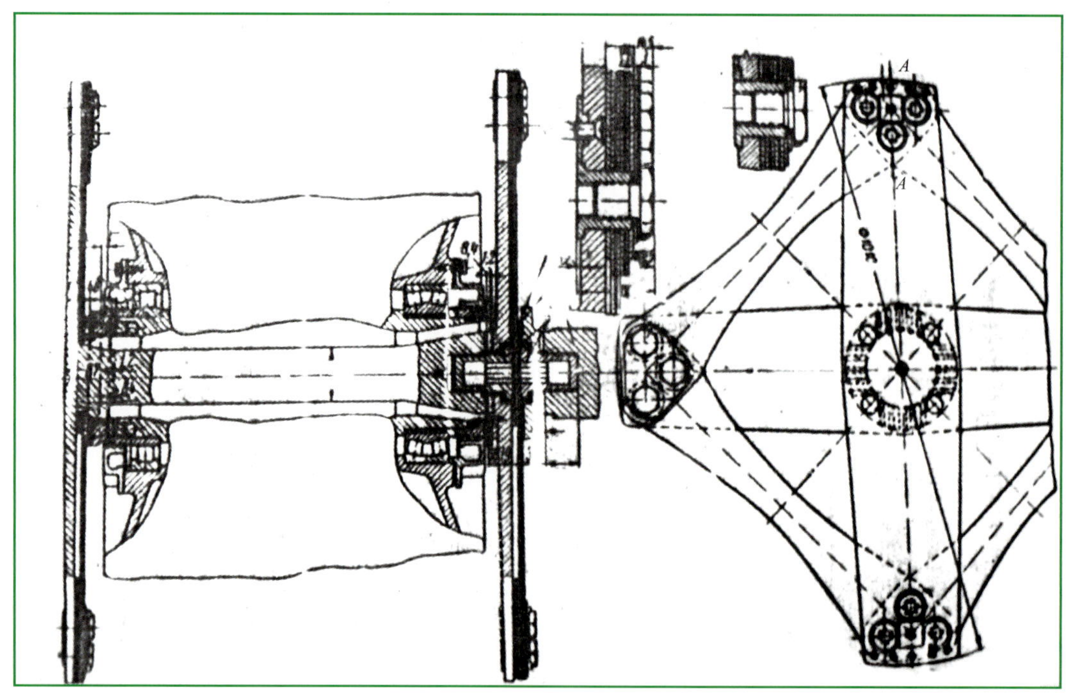

图 3-10-27　ЧС1 电力机车的板簧式驱动装置

塞雪龙Ⅳ板簧驱动装置的优点：

(1)不需要润滑和周期性的更换，因为没有摩擦件，车轴相对于电机的运动仅由板式簧片来解决。

(2)由于板很薄，所以板簧联轴节允许万向轴有一个很大的角度偏差；由于零件轻而位移不大，所以离心力不大，可在大功率下使用。

(3)在轴向平面内，空间通常是受限制的，板簧联轴节所需的尺寸却很小。

(4)轴向平面内板簧挠性很好，这便于安装电机，板簧的位置相对于齿轮箱不要求很精确。

(5)板簧的形状简单，在两端受力，便于合理地计算它所承受的应力，比圆盘易于制造。

(6)其形状简单，板由高质量的弹簧钢所制成，并由顺着轧钢的方向剪切下来可以承受很高的应力。

(7)板簧是价廉的，更换的非常少，这使它的维修费很低。

塞雪龙Ⅳ板簧驱动装置在瑞士、德国、荷兰等国的城市电车上广泛使用，在瑞士的电力机车上得到广泛的使用。德国的两台样机 E 10004、E 10005 机车，小时功率为 4 350 hp、最高速度 120～130 km/h，如图 3-10-28、图 3-10-29 所示。图 3-10-30 为它的万向轴总成及齿轮箱。在捷克有 17 台 E 499 型干线机车，轴式 Bo-Bo、小时功率为 3 260 hp、DC 3 kV、最高速度 120 km/h，在 1953 年夏投入运营，在电气部分引进塞雪龙的专利，而在机械部分，引进 SLM 的专利，在捷克的斯哥达工厂制造。

图 3-10-28　德国 DB 铁路(Henschel-AEG)E10004 机车样机(Bo-Bo)装有塞雪龙Ⅳ板簧驱动装置

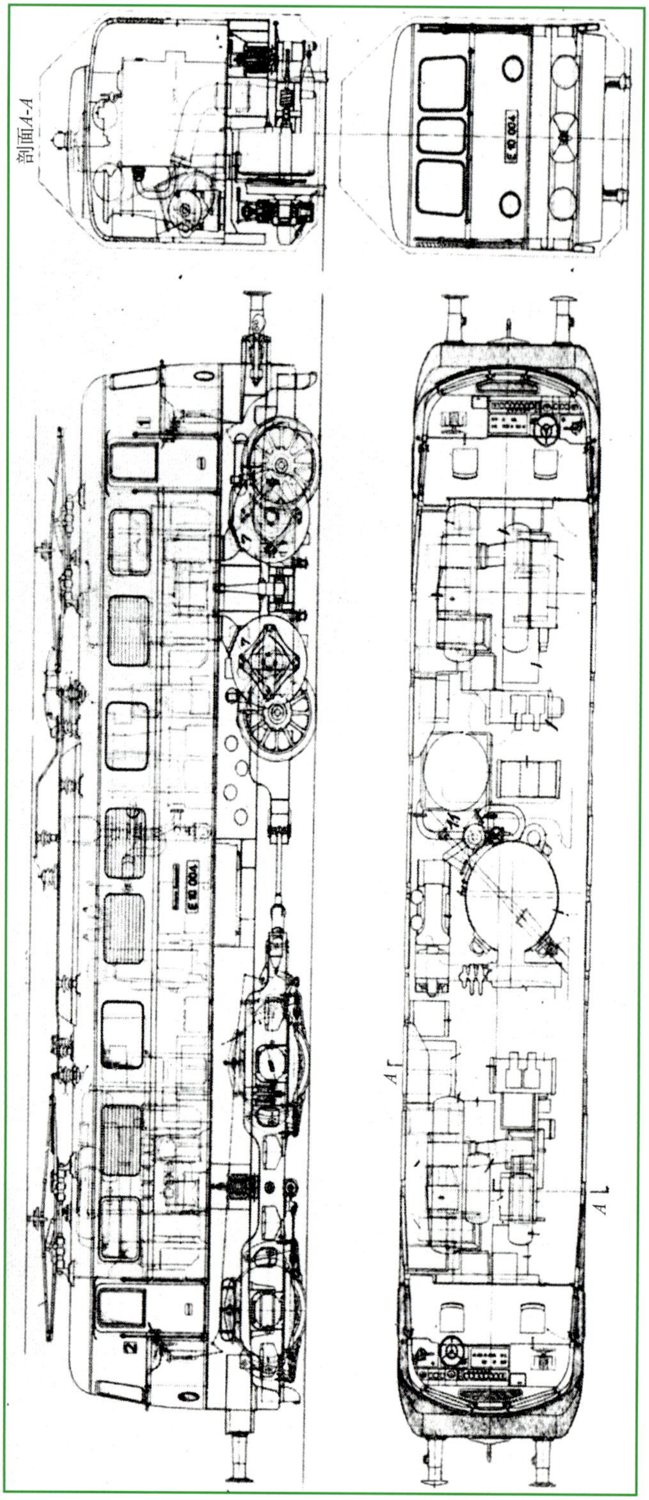

图3-10-29　德国DB E10004、E10005电力机车样机（Bo-Bo）

注：装有塞雪龙Ⅳ板簧驱动装置。

图 3-10-30　塞雪龙Ⅳ板簧驱动装置万向轴总成及齿轮箱

在图 3-10-29 上的塞雪龙驱动装置包括：通过牵引电机电枢空心轴的万向轴，万向轴的每一端安装了板簧联轴节，齿轮箱其后部由吊杆悬吊在转向架构架上，驱动装置的小时功率为 1 100 hp/每轴。在 870 r/min 时力矩为 89 500 kg・cm。

再举一个塞雪龙Ⅳ板簧驱动装置在城市电车上的应用：在汉堡 V6、V7 型电车应用了塞雪龙Ⅳ板簧的驱动装置，这些转向架作为备用可与其他型号互换。V6、V7 型电车主要参数如表 3-10-1 所示。

表 3-10-1　V6、V7 型电车主要参数

小时功率	3 260 hp(58 km/h)
最大牵引力	21 000 kg
齿轮速比	1∶2.27
最高速度	120 km/h
机械部分重	44.5 t
电气部分重	35.5 t
总重(黏着)	80 t

4. 奥林肯Ⅵ万向轴板簧驱动装置(Oerlikon Ⅵ driving mechanism with cardan and laminated coupling)

奥林肯Ⅵ驱动装置、勃朗包维利圆盘驱动装置和塞雪龙Ⅳ驱动装置属于电机空心轴驱动装置，可以应用于动车和机车上。至于在电车上，除了欧洲在 1949 年开始采用外，在美国从 20 世纪 30 年代开始与电机空心轴驱动装置相仿的结构装置已大量使用了。这种形式的驱动装置(图 3-10-31)的特点是牵引电机 M 刚性地装在转向架构架上，动轮 A 的垂直位移，由弹性联轴节所吸收。塞雪龙Ⅳ板簧和勃朗包维利圆盘驱动装置为双侧的，而早期的奥林肯Ⅲ为单侧的，万向接头 K 装在电枢空心轴 I 之中，扭转轴 B 伸出电机外面，与三角形板和板簧相连接，并能在没有任何反作用的情况下自由地进行垂直位移。如

图 3-10-32 所示，由铸钢制造的齿轮箱的一端通过轴承 E 支承在驱动轴上，而另一端则由 H 悬挂在转向架构架上，这样就允许齿轮箱绕着悬挂轴线转动。吊臂的端头装有橡胶块，大齿轮直接装在车轴上，小齿轮在齿轮箱上的两个滚柱轴承上回转，由于齿轮的中心距是一定的，因此啮合是良好的。扭转轴 B 和小齿轮轴由三角形联轴节连接，联轴节由板簧分别刚性地安装在扭转轴 B 和小齿轮上的三角形的连接板上，图 3-10-32，万向接头使板簧联轴节装置避免了任何内阻，空心轴装在转向架构架上的电机壳内。图 3-10-32～图 3-10-36 为奥林肯Ⅵ驱动装置的部件图。

奥林肯Ⅵ驱动装置的最大优点是结构紧凑，万向关节装在电机之中，节约了的空间。万向接头的润滑，只需要在正常的大修检查时加脂油就可以了。万向关节很容易拆卸，经过淬火过的零件，在运行几年后，因为活动量很小，基本没有磨耗。

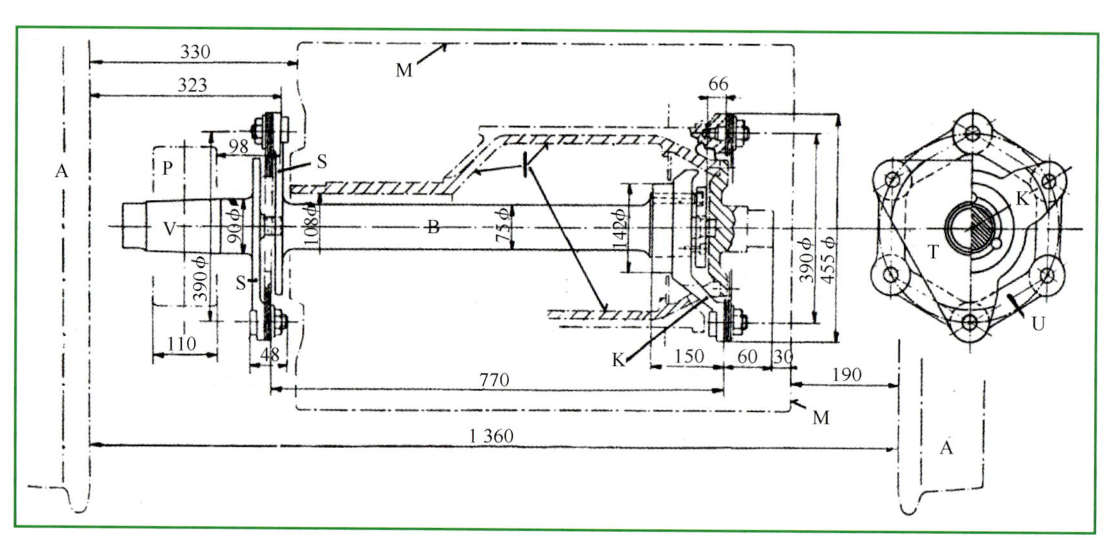

图 3-10-31　法国 Z 9051 动车上装的奥林肯Ⅵ驱动装置(单位:mm)

A—动轮；　B—万向轴；　M—电机外廓；　I—电枢空心轴；　P—小齿轮；　V—小齿轮轴；

S—三角形板一个与 B 连接而另一个则与 V 连接；　K—三臂的三角形板，装在电枢空心轴上电机壳内；

U—K 和 T，S 和 S 之间的连接弹簧；　T—I 与 K 三角之间的连接

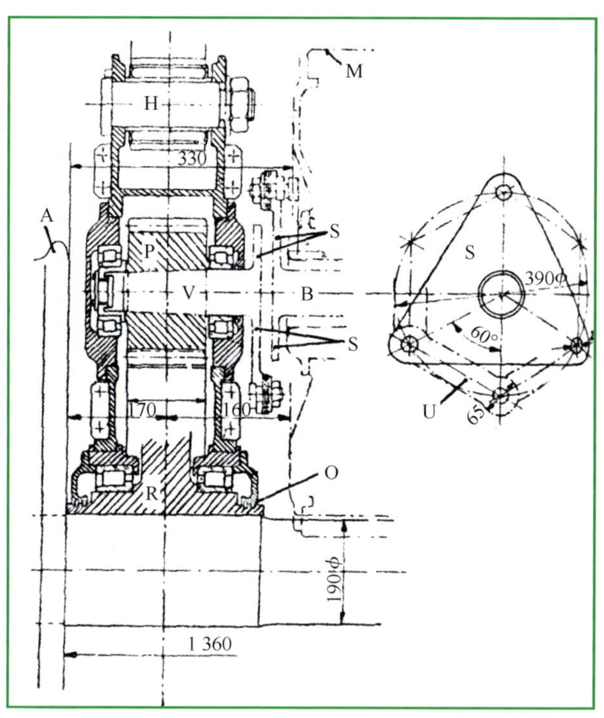

图 3-10-32 奥林肯Ⅳ驱动装置车轴和电机中心线的剖面图(单位:mm)

R—主齿轮;E—滚柱轴承齿轮箱;O—齿轮箱 R 上的开口;H—齿轮箱支承轴

图 3-10-33 奥林肯Ⅵ型驱动装置的部件图

注:图 3-10-31 最右边的三角形板 T 未表示在图上,下部所示的板簧为连接三角形板。

图 3-10-34　奥林肯Ⅵ驱动装置电机的部分图

注:有一个检查孔,盖子去掉可以看到板簧,该孔位于小齿轮的另一端,驱动机构装在电机壳内。

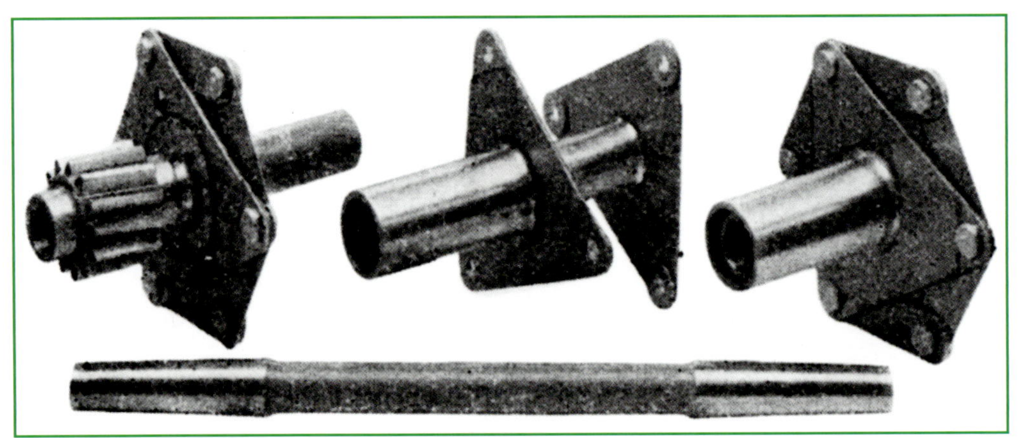

图 3-10-35　瑞士 12 台苏黎士 VBZ 动车的奥林肯Ⅵ驱动装置的部件图

注:与这种形式的原始型图 3-4-3 不同,三角形板位于电枢空心轴的两端。中间的三角形板与右侧的是相同的同心的并用弹簧连接,图下方的为万向轴。左侧是小齿轮。

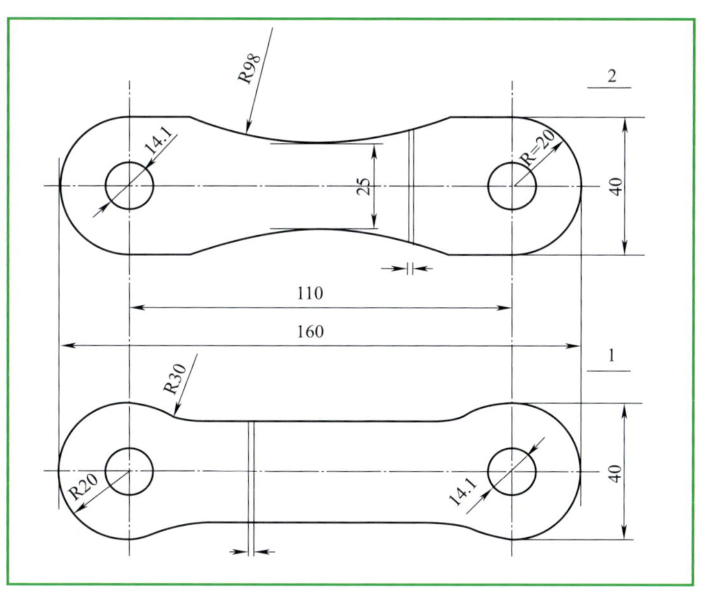

图 3-10-36　奥林肯Ⅵ万向轴板簧驱动装置的板簧图(单位:mm)

注:上图 2 为新型板簧,下图 1 则为旧型板簧。

5. 斯哥达电机弹性联轴节驱动装置(Skoda flexible coupling drive)

1972 年捷克斯哥达工厂完成了 30 台 57 E 机车的订货后就开始了斯哥达的第二代机车的研究。在这次订货的最后一台上,安装了新设计的转向架,它作为斯哥达的第二代机车进行了一系列的速度为 220 km/h 试验,其转向架如图 3-10-37 所示。

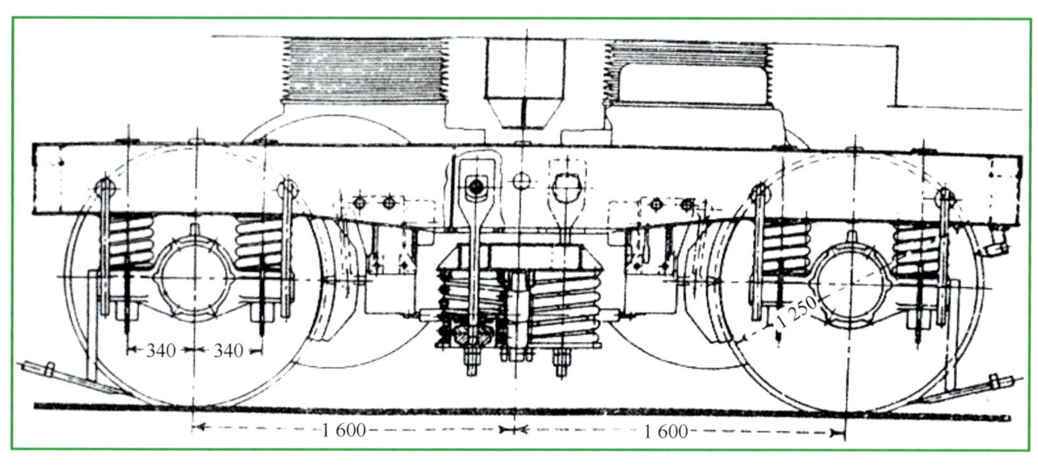

图 3-10-37　斯哥达设计的一种第二代机车的转向架(单位:mm)

注:样机曾首次成功地运行到 220 km/h。现用于各种 160～200 km/h 的电力机车上。

1973年斯哥达为前苏联铁路生产30台62 E快速旅客列车，轴式Co-Co、交流、电阻制动、持续功率5 000 kW(苏联铁路名称CH 4T)，各项参数基本相同的直流机车名为63 E(苏联铁路名称CH 2T)，这两种机车速度160 km/h。

55 E机车轴式为Bo-Bo、重84 t、持续功率4 000 kW、速度200 km/h，采用了与57 E相同的高速转向架，牵引电机功率为1 000 kW，而重量不到4.5 t。齿轮箱的一端置于车轴上，而另一端则悬挂于转向架构架上，转向架构架上的电机由弹性联轴节传递扭矩。

66 E机车是将两台55 E机车连挂在一起，轴式Bo-Bo+Bo-Bo、小时功率8 400 kW、持续功率为8 000 kW、速度为200 km/h、轴重21 t，这种机车在莫斯科—前列宁格勒间运行，最高速度为200 km/h，牵引快客列车650 t，而机车重152 t，列车的全部功率/重量比为10 kW / t，相当于日本的东海道—新干线高速列车的比功率，图3-10-38的上图为单节6 000 kW机车、下图为双节8 000 kW的机车，均可达到运行速度200 km/h。63 E和62 E机车照片如图3-10-39所示。

齿轮箱的一端装在车轴上，而另一端则弹性悬挂于转向架构架上，由一个弹性联轴节自转向架构架上的牵引电机传递扭矩。

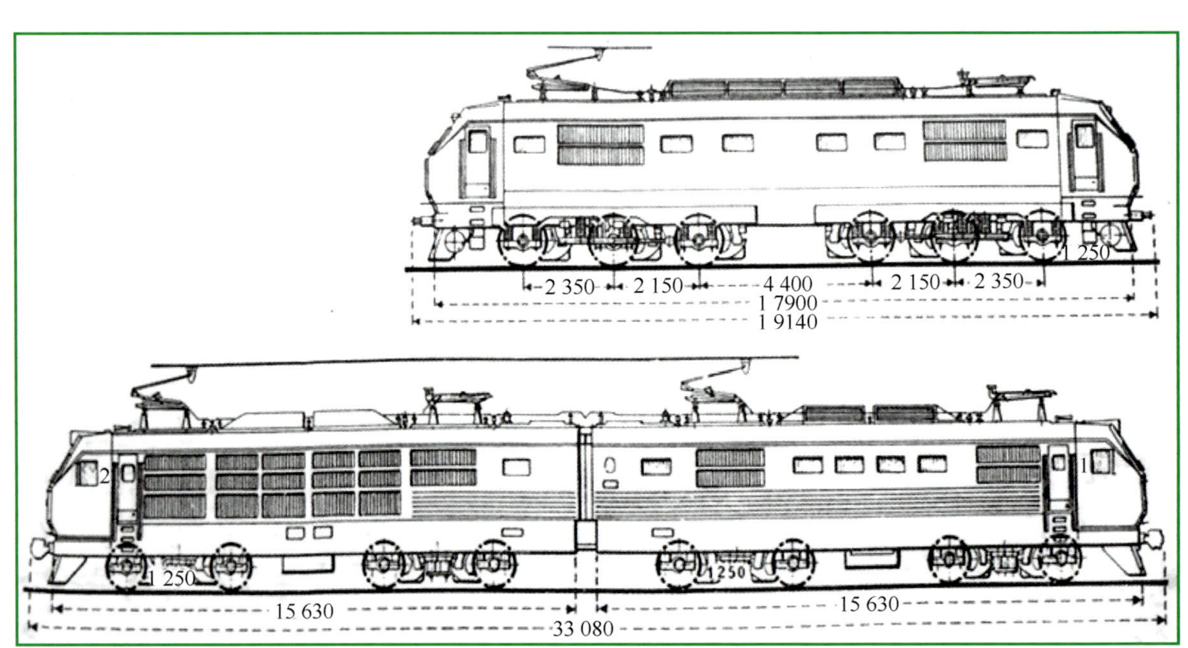

图3-10-38　55 E和66 E机车(单位:mm)

注:上图为55 E机车(Bo-Bo)的Co-Co轴式，功率6 000 kW，200 km/h。

下图为66 E机车(Bo-Bo+Bo-Bo)功率8000 kW。

图 3-10-39 前苏联铁路的标准客运机车

注：上图为 CH 2T(DC)、下图为 CH 4T(AC)，由斯哥达设计相对应名为 63 E 和 62 E。

6. HST 万向轴驱动装置(HST cardan drive)

20 世纪 70 年代初，在英国道比铁路研究中心发展了一列最高速度 200 km/h 的 HST 高速列车(High Speed Train)。列车由每端各一台的 2 250 hp 机车，共牵引 9 辆客车，列车共重365 t、机车重 66 t、客车重 32 t，机车的轴重16.5 t、簧下质量为 2.2 t。这种列车使旅行时间缩短，伦敦到纽卡塞缩短了 35 min，全程共3 h；伦敦到卡的夫减少 23 min，全程共 1 h 44 min。它与先进旅客列车相比(最高速度 250 km/h)，其时间分别只多 20 min 和 8 min。

HST 高速列车采用架悬式牵引电机驱动装置，牵引电机为四极串励直流电机与车轴平行安装。电枢在整流子端采用单列滚柱轴承，另一端采用定位的滚珠轴承，必要时电枢轴可以压出并更换。HST 高速列车采用由 Brush 电气机械公司发展的一种新型驱动装置。该驱动装置是在电机空心轴的基础上发展起来的，但不采用电机空心轴和扭转轴，而是将足够长的扭转万向轴放在电机外面，穿过小齿轮如图 3-10-40 所示。小齿轮轴承装在齿轮箱上，每端各用 6 个连杆交替着用销装在盘上。由 Twinflex 提供的压入金属橡胶套的 90 mm 连杆交替销装在一个节圆直径340 mm 的圆盘上。这种精巧的驱动装置的结构紧凑，在一个紧凑的空间内轴箱与转向架的上下位移可达 30 mm，电机和车轴的中心距为 410 mm，电机轴高于车轴中心线 20 mm，HST 的驱动转向架如图 3-10-41 所示。

7. ASEA 电机空心轴万向驱动装置(ASEA cardan drive)

在瑞典的新型电力机车上(Ra、Rb、Rc 系列)都采用了电机空心轴全悬挂驱动装置。图 3-10-42 为Ra 电力机车，于 1955 年投入运行，速度 150 km/h，其重量功率比 16.9 kg/hp，是当时功率比最轻的机车之一。电机空心轴驱动装置结构紧凑、工艺要求高是瑞典电力机车的特色。

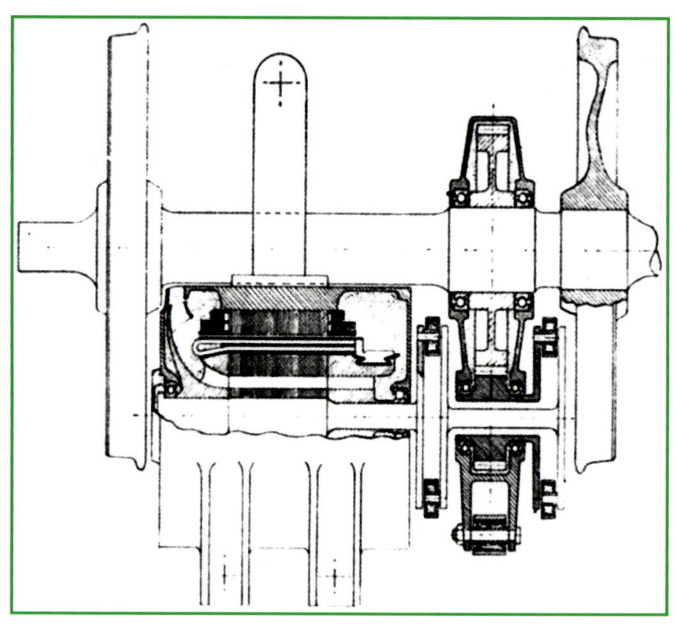

图 3-10-40　英国 HST 万向轴驱动装置

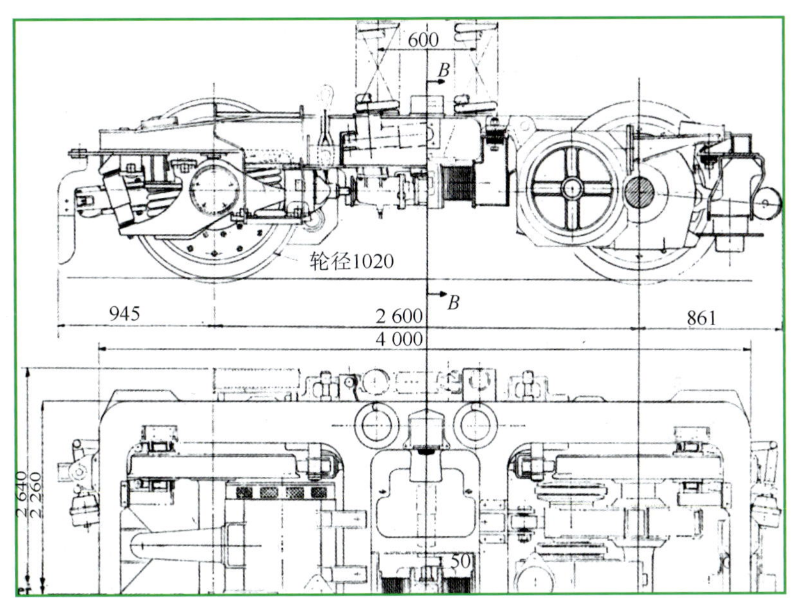

图 3-10-41　HST 高速列车的驱动转向架图(单位:mm)

图 3-10-42　瑞典 ASEA 的 Ra 系列电力机车

ASEA 电机空心轴万向驱动装置如图 3-10-43 所示。转子空心轴 2 的一端的内齿圈与装在扭转轴一端的外齿轮相啮合,齿轮联轴节 1 和扭转轴的另一端利用橡胶套联轴节 5、6 和销来连接,安装在短轴上盘 6 以驱动小齿轮和大齿轮,联轴节 5、6 的橡胶件具有驱动装置的切向弹性,从而使转子空心轴和扭转轴具有一定的活动空间,可以由齿轮联轴节内外齿的位移,也可以由橡胶套的弹性和扭转轴的扭转来补偿。

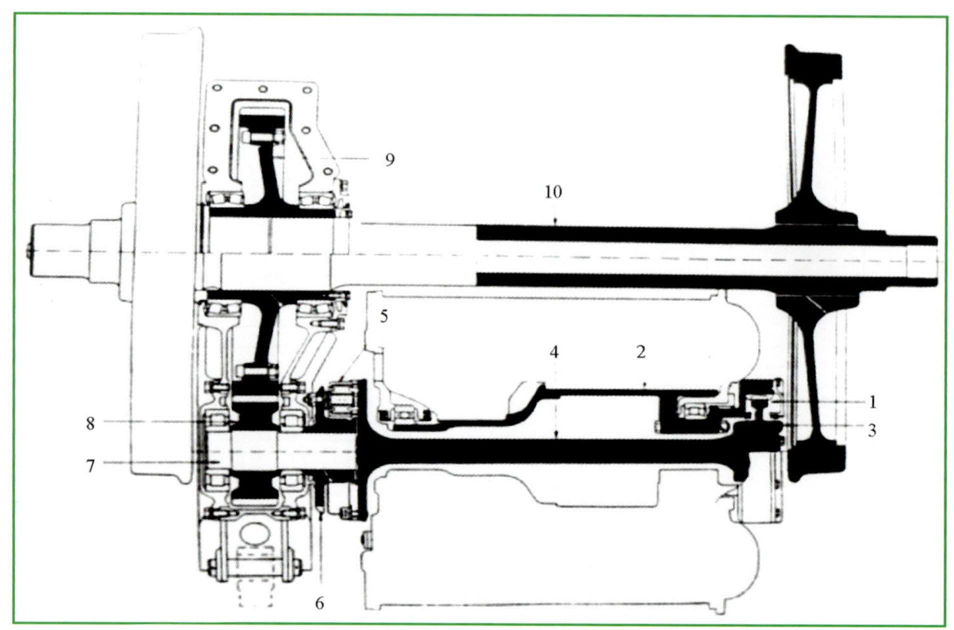

图 3-10-43　ASEA 电机空心轴万向驱动装置

1—充满润滑油的齿轮联轴节；2—转子空心轴；3—齿轮联轴节的外齿轮；4—扭转轴；5、6—橡胶联轴节；7、8、9—齿轮；10—大齿轮键装在空心车轴上

扭转轴由高质量的经过表面淬火的铬钼钢制成，为了防止腐蚀及破坏扭转轴须经过抗冲击的氨基甲酸酯橡胶涂层的处理。

万向轴的左端是一个装橡胶联轴节的锻造法兰；右端是锥形的，压装着齿轮联轴节的外齿轮。齿轮联轴节的外齿轮可用油压工具由轴上卸下。

齿轮联轴节的外齿轮和内齿圈由经过表面淬火的铬钼钢所制成，联轴节的内齿圈用螺栓连接在电枢空心轴上。在驱动装置上没有键、固定螺栓及定位销等零件，因此也就没有由此产生的问题，这对牵引时的振动及频繁的顺逆旋转来说是一个很重要的特性。ASEA 设计的部件可完全互换。

十一、与动轴垂直布置的驱动装置(Motor connected perpendicular to two axles)

杜威弹性驱动装置(Duewag drive)

杜威弹性驱动装置是由德国杜威公司发展的电车转向架的橡胶驱动装置。从 1933～1940 年间共有 20 余台电车采用具有纵向布置、全悬挂和单电机的转向架，电枢轴的两端由伞齿轮和橡胶联轴节驱动车轴，如图 3-11-1、图 3-11-2 所示。杜威弹性驱动装置应用于多种电车上，如 1951～1953 年在杜塞尔道夫 2001 系列电车运行了 15 万 km。还为鲁尔区生产了 100 台 2001 系列电车。因为橡胶的可压缩性使橡胶驱动盘可在线路不平顺时允许有约 12 mm 的径向位移,在最大制动时,在传递力矩的方向,硫化橡胶的盖盘相互的位移在橡胶块的中心平面可有 1.5°,相当于 4 mm,橡胶的变形可高于 30%,有硫化橡胶的金属盘由螺栓固定在空心轴的(内板)的驱动块和车轴的(外板)上(所谓内外是相对于转向架纵轴线来说的)。

杜威弹性驱动装置的齿轮箱分两部分以便于拆卸,空心轴连接大伞齿轮和小伞齿轮安装在同一个齿轮箱中。驱动装置的主要部分(包括电机)可单独在转向架上进行试验,在空心轴的两端装有橡胶的冠状盘,在小齿轮轴的另一端齿轮和带内齿的环形齿轮联轴节相连,带内齿的环形齿轮联轴节又与电枢轴相连接如图 3-11-1 所示。当与电机相连接时,联轴节互相滑动在一起,并由螺纹锁定。

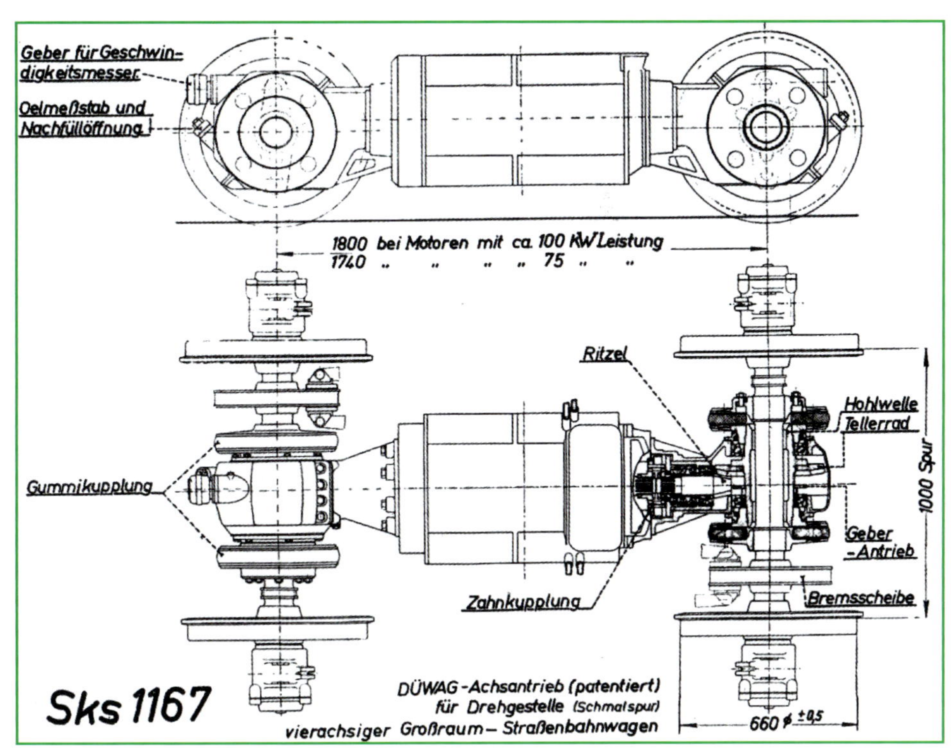

图 3-11-1 杜塞尔道夫米轨电车的带电机和驱动装置的轮对

注:在电枢两端装有杜威弹性驱动装置。

Gerber f. Geschw-Messer—速度表接头; Oelmasstab und Nachfülloffnung—测油加油孔;
Leistung—功率; Gummikupplung—橡胶联轴节;
Ritzel—小齿轮; Zahnkupplung—齿轮联轴节;
Hohlwelle—空心轴; Tellerrad—伞齿轮;
Geberantried—驱动; Bremsscheibe—制动鼓

弹性块支承着整个电机和驱动装置并将驱动或制动力矩传到车轴，只有车轴是簧下质量。

杜威弹性驱动装置如图 3-11-2 所示。

图 3-11-2　车轮组上装有悬挂的电机和弹性驱动

十二、单电机成组驱动装置(Single Motor Drive)

用连杆作为成组驱动装置在现代的机车中已很少采用了，而用齿轮来成组驱动却在一些国家中发展起来了。尤其是法国采用单电机转向架，由一台电机通过齿轮变速箱、弹性万向驱动装置来驱动轮对。驱动装置在法国采用阿尔斯通式及扎克曼式。单电机转向架在日本已有使用。

在成组驱动的情况下，牵引电机安装在转向架构架上，电机的机壳也可设计成转向架构架的一部分，除了作为电机的外壳外，还成为构架的一部分，成为构架的承载部件，这样使转向架的重量大大地减轻；两台电机改为一台既减少了电力设备的数量又简化了电路。单电机转向架的电机全悬挂较之传统的转向架降低了重量节约了成本，越是功率小的机车，重量和成本节约的越多：5 000 hp 机车节约 3%～5%；3 000 hp 机车为 5%～8%；而 2 000 hp 机车可达 10%。还节约了 2～4%电气设备的重量和成本。此外还改善了黏着，由于车轴的成组驱动克服了车轮打滑。

齿轮箱的布置要根据轴箱的位置而异：轴箱为内轴箱，则齿轮箱布置在车轮的外侧；轴箱为外轴箱，则齿轮箱布置在车轮的内侧。在内侧的齿轮箱可沿各纵向侧梁布置，也可以布置在转向架的纵中心线上。（法国电力机车系列9400，26000 和 No 20103～No 20104 及法国为西班牙提供的 No 10001～No 10004 电力机车）

减速箱可以有一个或两个传动比，有两种传动比的既可以用于货运机车又可用于旅客机车。

1959 年法国铁路订购了 119 台由阿尔斯通制造的 BB 16500 系列（单相 25 kV、50 Hz）机车，自 BB 16501～16619，具有单电机转向架双速变速箱，运用于法国东北区。在减速齿轮与轮对之间的驱动装置采用阿尔斯通浮动环弹性连杆驱动装置。

BB 16500 机车的轮廓图如图 3-12-1 所示。

BB 16500 机车的主视图和俯视图如图 3-12-2所示。

BB 16501 机车转向架自双速变速箱侧照相，如图3-12-3 所示。

BB 16500 机车转向架的部件分解图如图 3-12-4 所示。

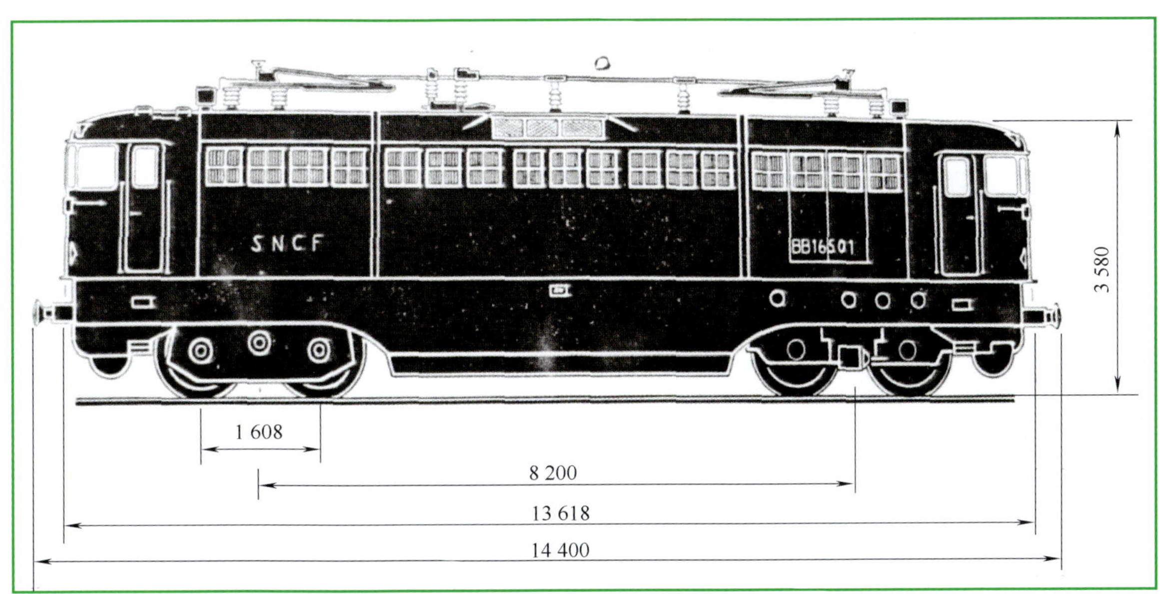

图 3-12-1 BB 16500 机车的轮廓图（单位：mm）

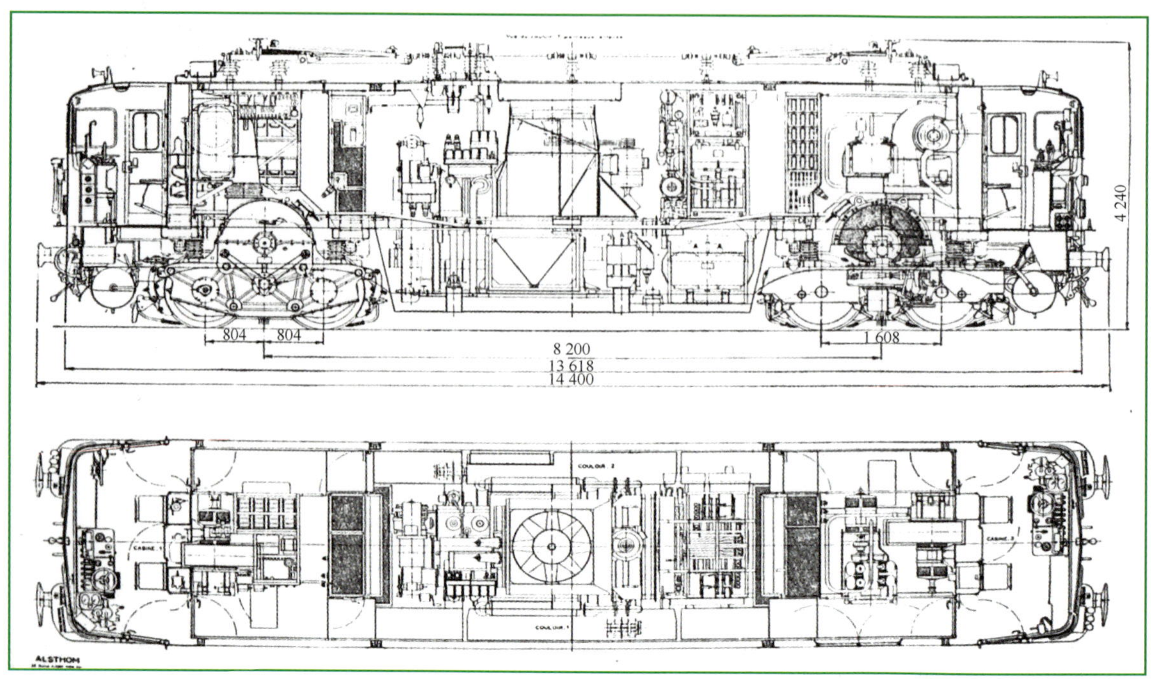

图 3-12-2　BB 16500 机车的主视图和俯视图(单位:mm)

图 3-12-3　BB 16501 机车转向架

注:双速变速箱侧。

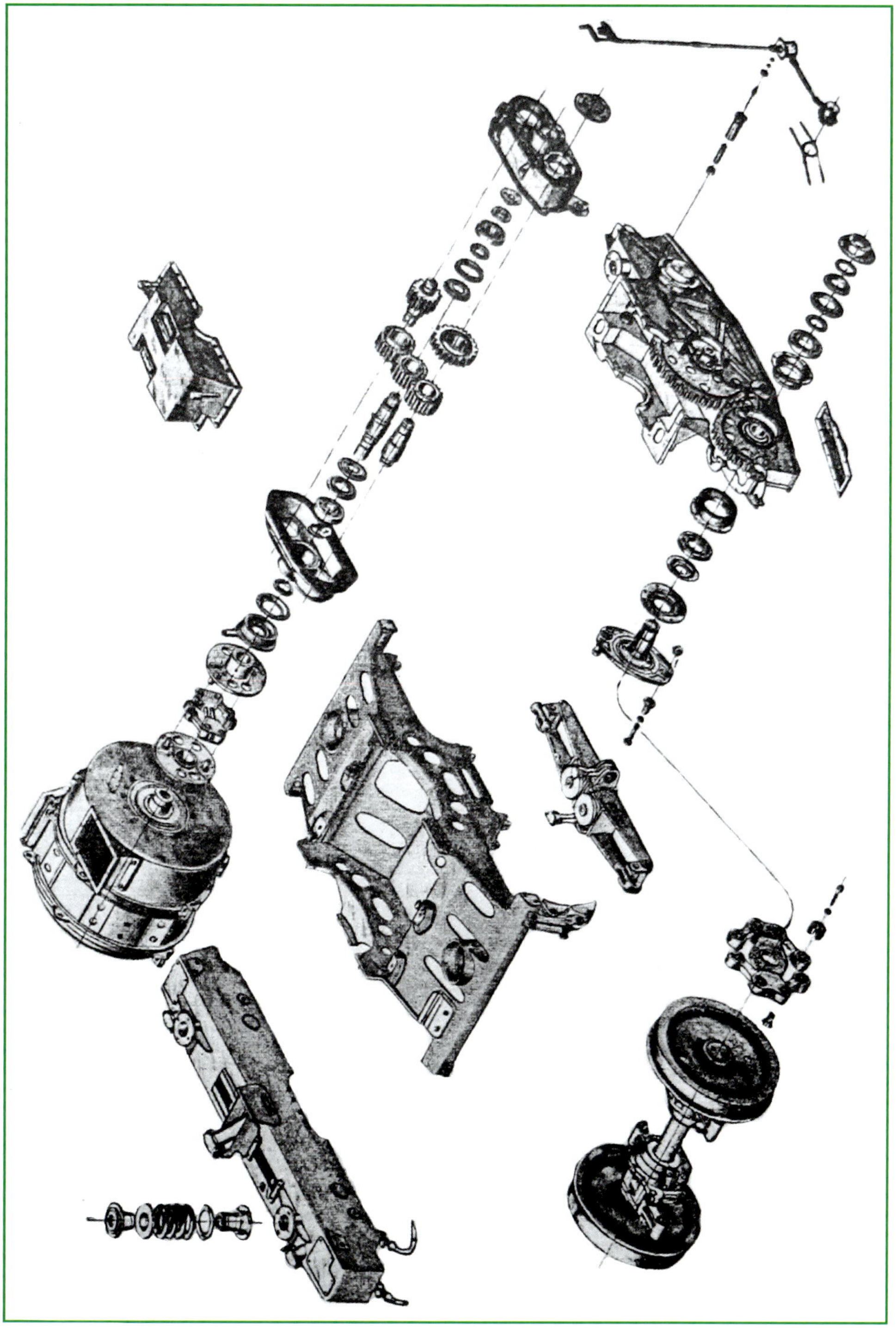

图 3-12-4　BB 16500 机车转向架部件分解图

法国BB 16500电力机车变速箱(内侧轴箱)和牵引电机电枢刚性连接的盘15,通过联轴节14与盘13相连,盘13与主动轴10刚性连接,通过齿轮和摆式变速机构12来驱动,如图3-12-5所示。变速箱的齿轮的齿数如下:齿轮5(21齿)、齿轮4(21齿)、齿轮7(23齿)、齿轮3(25齿)、齿轮8(16齿)、齿轮1和齿轮9(47齿)、齿轮2(61齿)。

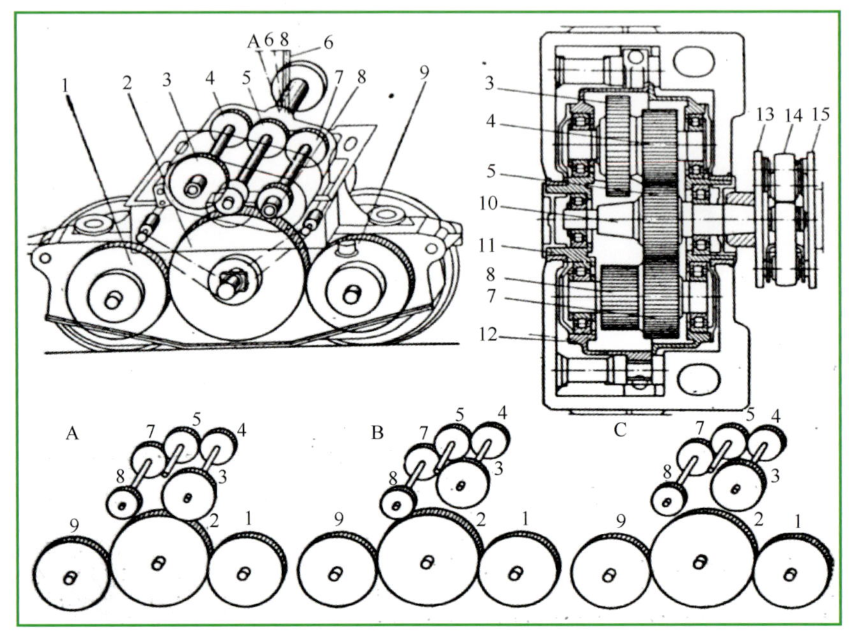

图3-12-5 法国BB 16500电力机车变速箱(内侧轴箱)

注:位置A应用于客运工况;

位置B应用于货运工况;

位置C在变速机构的中间位置,电机轴不与轮对连接。

对摆式变速机构有三个速度位置如图3-12-5所示。

货运的工况通过小齿轮5与7和8传递扭矩到大齿轮2和齿轮1和9上。

货运工况的传动比:

$$\frac{23}{21}\times\frac{61}{16}\times\frac{47}{61}=3.126$$

客运工况的传动比:

$$\frac{21}{21}\times\frac{61}{25}\times\frac{47}{61}=1.88$$

法国铁路确认了单电机转向架的优点,在1959年开始试运行的BB 9400机车(直流1 500 V)也采用单电机转向架如图3-12-6所示。图3-12-7为BB 9400机车单电机转向架的部件分解图。以上机车的运用证实了单电机转向架的优点。

图 3-12-6　法国铁路 BB 9400、9401 机车在巴黎—里昂线上试运行

如图 3-12-8 所示 BB 9400 电力机车驱动装置的牵引电机空心轴 6 从整流子一侧压入弹性联轴节主动轴套 5，主动轴套和外套 2 之间装入橡胶环 3，外套 2 用 16 个螺栓固装在连接器被动盘 1 上，被动盘 1 的凸盘的锥孔压入转轴 7。在整流子一侧的电枢空心轴上装有滚柱轴承 4，在另一端压入磷青铜套 8 安装在轴 7 上，轴 7 在轴承座 10 上装有滚柱轴承 11，在轴 7 上装有主动小齿轮 9 并与两个大齿轮啮合。电枢空心轴的扭矩通过弹性联轴节扭转轴 7、主动小齿轮 9 和中间齿轮驱动大齿轮。橡胶环 3 具有切线弹性，轴 7 与牵引电机空心轴间的最大转角 15°。中间大齿轮有滚柱轴承而被动大齿轮有圆锥滚柱轴承，变速箱由 12 mm 厚铸钢件焊接而成，变速箱经过加工后装在转向架架构上。被动大齿轮与轮对之间装有扎克曼驱动装置（本文已介绍过电力机车上用扎克曼驱动装置），这种装置用在成组驱动上和单轮对驱动上有些不同，大多数万向轴的弹性关节被动环为径向布置，而有两个弹性关节单轮对驱动装置的 BB 9200 电力机车其万向轴弹性关节被动环的伸臂与动轮连接则为轴向布置。

法国 BB 9400 电力机车的扎克曼驱动装置如图 3-12-9 所示。被动环 6 由橡胶金属套 1 和压入轮心伸臂 4 的销 3 连接，螺钉 2 将橡胶金属的内套装在销 3 上，伸臂 4 由 60 mm 的销 5 装在轮心上，销 5 分布在 570 mm 的圆周上，车轮直径为 1 020 mm。

驱动装置的空心轴的直径为 282 mm 而关节环的直径为 720 mm（为车轮直径的 0.7），主动环与被动环的间距（按中心点计）为 830 mm，大齿轮与主动环间距为 202 mm。

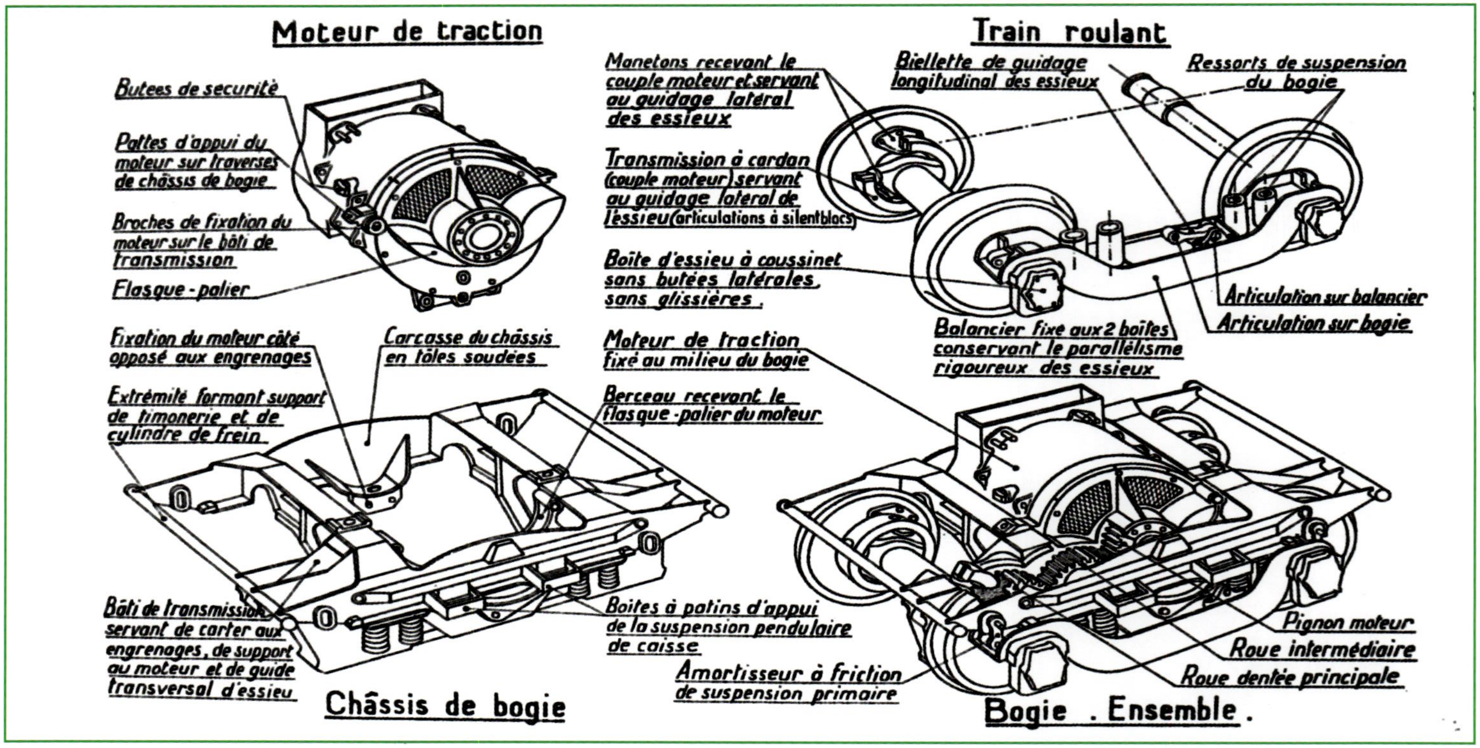

图3-12-7　BB 9400机车单电机转向架分解图

注：中译文按图上次序翻译。

1—牵引电机

1.1—1安全止销；1.2—装在转向架构架上的电机支托；1.3—装在驱动架上的电机固定

2—转向架构架

2.1—齿轮驱动另一端紧固电机处；2.2—转向架构架的焊接板；2.3—端梁制动缸支承；2.4—电机支撑法蓝的弯托；2.5—驱动架，用作齿轮箱、电机支承和车轴横向导板；2.6—车体悬挂的支承盒

3—车辆驱动

3.1—电机扭矩销并用作车轴横向引导；3.2—万向轴（电机扭矩）驱动用作横向引导（弹性块连接）；3.3—车轴轴箱轴承无横向止档无导向

3.4—纵向平衡梁装在两个箱体上并保持车辆绝对平衡；3.5—在转向架上的关节；3.6— 在平衡梁上的关节；3.7—车轴纵向导向杆；3.8—转向架悬挂弹簧

4—转向架组装

4.1—牵引电机装在转向架中心；4.2—一系弹簧的摩擦冲击减振器；4.3—主齿轮；4.4—中间齿轮；4.5—电机的齿轮

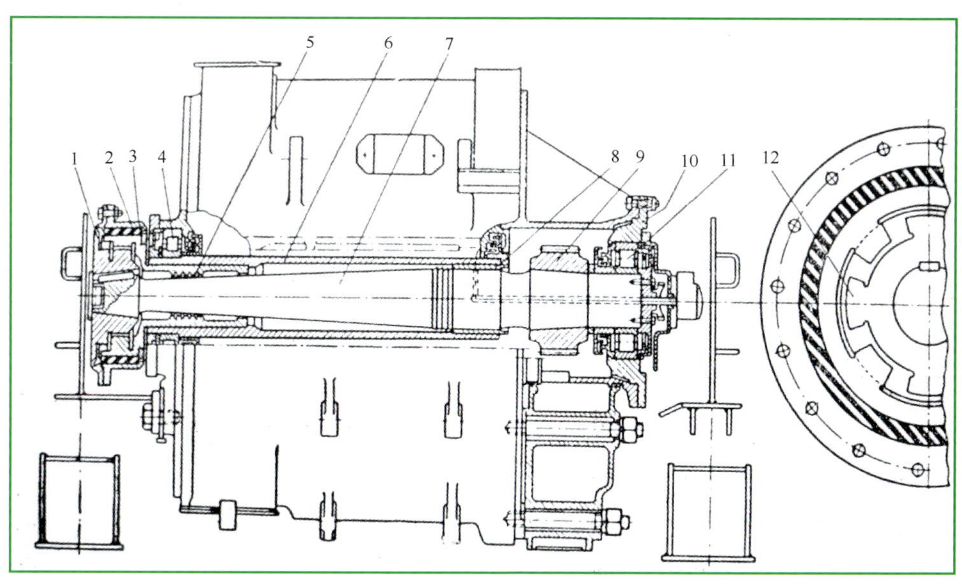

图 3-12-8　BB 9400 电力机车驱动装置

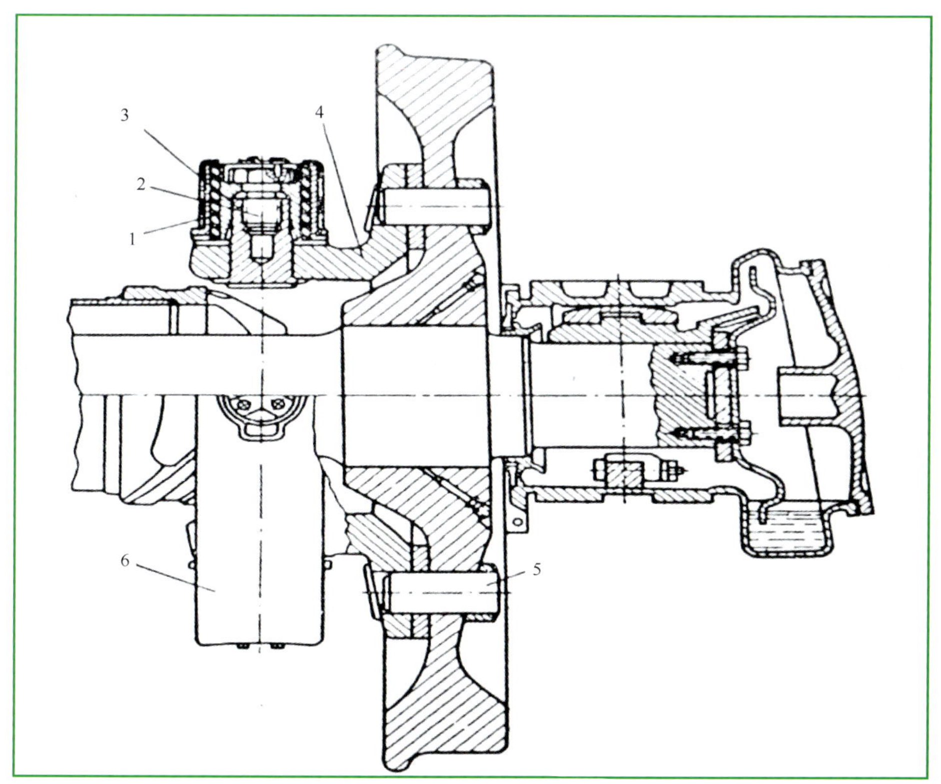

图 3-12-9　BB 9400 电力机车的扎克曼驱动装置

BB 9400 系列电力机车的传动比是固定的 2.32，而 BB 2600 系列电力机车和 BB 16500 系列电力机车传动比是可变的。BB 2600 系列和 BB 16500 系列电力机车的变速机构也不同：BB 16500电力机车的变速箱为摆式变速机构，而 BB 2600 电力机车的变速箱为主动轴前后方向滑动换挡来变速。

由阿尔斯通制造的四轴电力机车 No 10001～No 10004 牵引电机轴和变速箱主动轴以牙嵌式联轴节连接，而变速箱和轮对之间装有阿尔斯通空心轴弹性关节连杆驱动装置，变速箱有两个传动比(4.336 和 2.499)，每一轮对和驱动装置重 3.3 t。

如图 3-12-10 所示三轴转向架其内侧变速箱位于转向架纵中心线上，牵引电机通过减速齿轮弹性联轴节和滑动换挡变速箱及空心轴弹性关节连杆驱动装置驱动动轮。

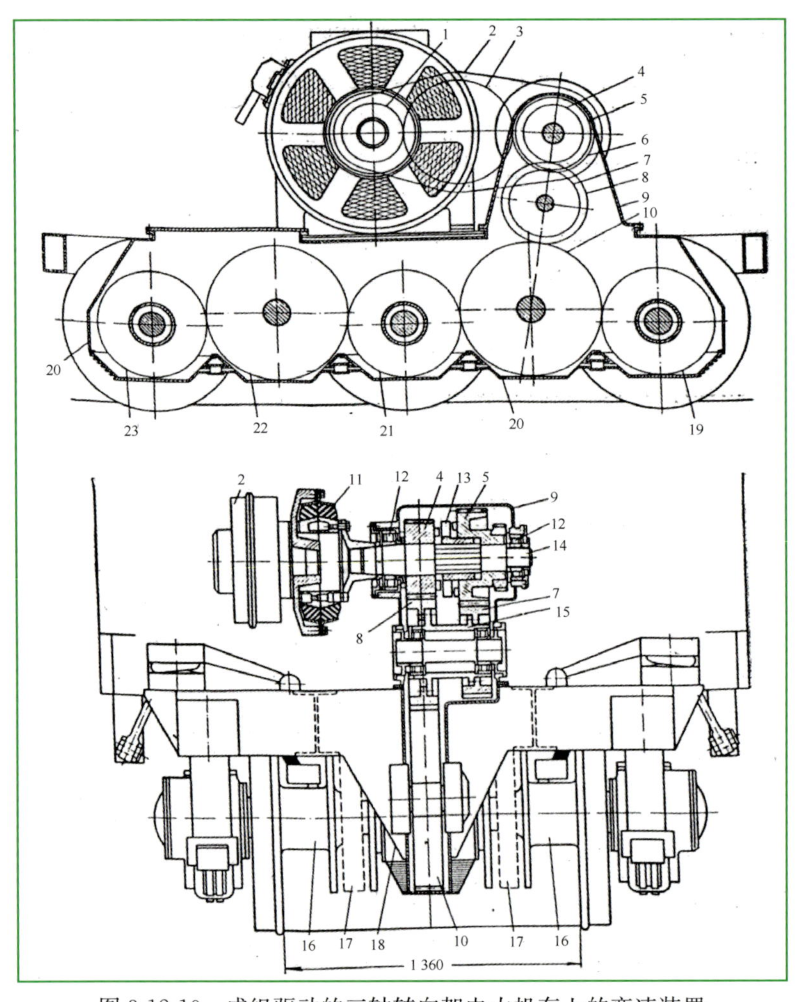

图 3-12-10　成组驱动的三轴转向架电力机车上的变速装置

十三、牵引电机体悬式驱动装置(Motor boby suspended drive)

法国 TGV-Y230 型转向架牵引电机体悬式驱动装置,详见第四章第二节。

CRH5 型动车组牵引电机体悬式驱动装置,详见第五章第三节。

十四、牵引电机半体悬式驱动装置(Motor with body half suspended drive)

德国 ICE-1 轮对双空心轴双六连杆牵引电机半体悬式驱动装置,详见第四章第三节。

第四章 现代高速列车牵引电机驱动装置

一、日本高速动车组牵引电机 WN 齿轮联轴节驱动装置

1964 年日本建成了世界上第一条高速铁路东海道新干线 0 系高速动车组列车投入运行。日本国铁(JNR)东海道新干线 0 系高速动车组如图 4-1-1 所示。

图 4-1-1 日本东海道新干线 0 系列高速动车组(最高速度 250 km/h)

0 系动车组为动力分散式动车组,最高试验速度 256 km/h,最高运行速度 210 km/h。此后,日本又发展了 100 系、300 系、500 系、700 系、800 系、N 700 系、E1、E2、E3、E4、E5、E6 系列高速动车组,列车运行速度提高到 300 km/h,转向架重量从 10.1 t 降到 6.5 t,簧下质量由 4.7 t 降至 3.2 t,

牵引电机由直流电机改为异步交流电机，但其驱动装置的机构没有改变均采用牵引电机架悬式 WN 齿轮联轴节驱动装置。WN 齿轮联轴节驱动装置布置图如图 4-1-2 所示。WN 齿轮联轴节如图 4-1-3 所示。WN 齿轮联轴节为 Westing House 公司和 Nuttle 工厂的简称命名的，这种装置的电机不是空心轴的，由牵引电机通过联轴节传递给齿轮箱的小齿轮，再传递到与小齿轮啮合的压装在车轴上的大齿轮以驱动动轴。小齿轮与牵引电机之间的相对位移由齿轮联轴节的齿轮之间的相对位移来实现。联轴节由两个外齿轮和两个内齿轮所组成，外齿轮具有较大的鼓形外廓，WN 齿轮联轴节的齿轮齿数为 50 齿。外齿轮进行高频淬火，而内齿轮则进行渗碳淬火热处理。WN 齿轮联轴节驱动装置的优点是结构简单。其缺点是大齿轮和齿轮箱的一部分仍为簧下质量，小齿轮与电机之间的相对位移量比其他形式要小，因联轴节所占的横向空间较大，使电机功率不能太大且联轴节内的润滑情况不能检查；由于齿轮热处理而产生的齿形误差会发生局部磨损。

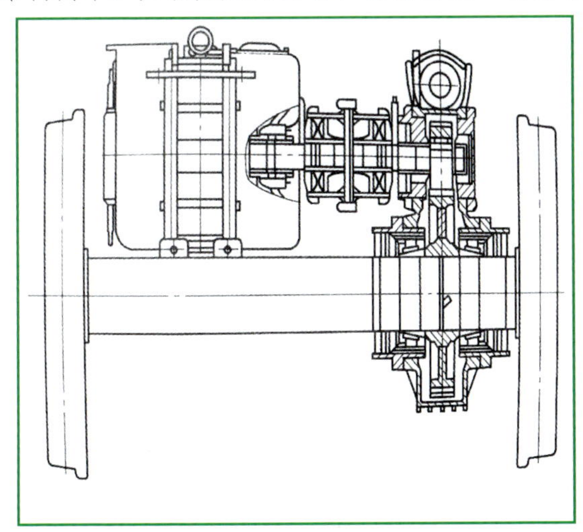

图 4-1-2　WN 齿轮联轴节驱动装置布置图

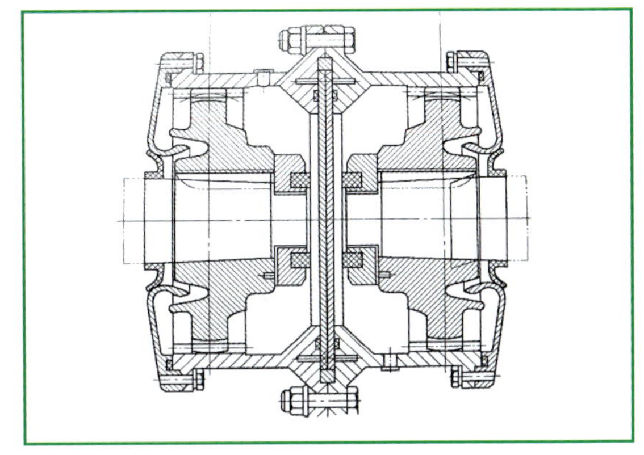

图 4-1-3　WN 齿轮联轴节

二、法国 TGV 和 AGV 高速列车牵引电机驱动装置

法国高速铁路于 1981 年 9 月将高速列车 TGV(Trés grand vitesse)的 TGV-PSE 投入运行，最高速度达 270 km/h，牵引方式仍为铰接动力集中式，由电力机车牵引客车。此后，推出的 TGV-A、TGV-R、TGV-TMST、TGV-PBKA、AVE、TGV-K、TGV-D 等型号高速列车如图 4-2-1 所示。列车采用头尾两台动力车，轴式均为 Bo-Bo，中间为拖车。

法国 TGV 高速列车经过多年发展，牵引电机由直流改为交流，速度提高到 300 km/h，牵引功率由 6 400 kW 提高到 8 800 kW(出口韩国的高速列车 TGV-K 则提高至 13 200 kW),牵引仍采用铰接动力集中式,其动力转向架均采用与 TGV-Y230 转向架类似的结构,轴式 Bo-Bo,牵引电机悬挂为体悬式,牵引电机和三级齿轮箱均悬挂在车体上,齿轮箱速比 1.934,齿轮为斜齿轮。法国 TGV-D 双层高速列车如图4-2-2 所示。

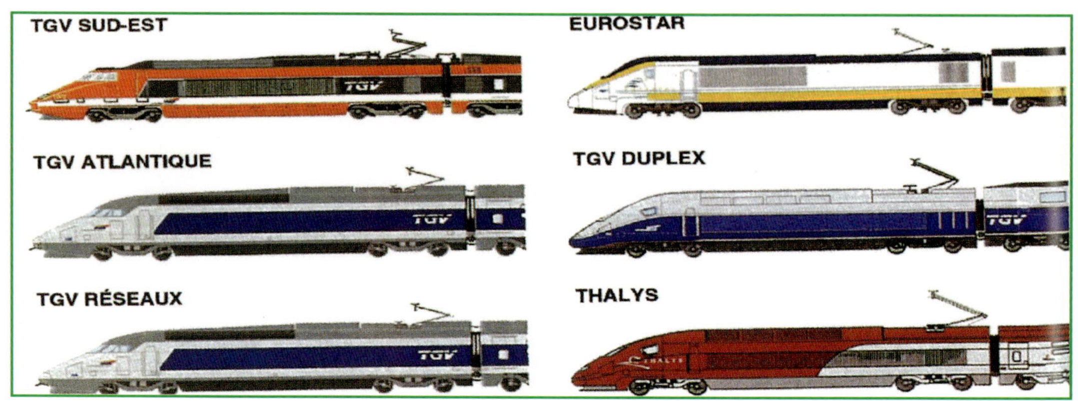

图 4-2-1 法国 TGV 高速列车

图 4-2-2 法国 TGV-D 双层高速列车

法国 TGV-Y230 转向架如图 4-2-3 所示。牵引电机输出扭矩驱动变速齿轮箱,再通过三爪伸缩式万向轴由轮对齿轮箱驱动轮对,如图 4-2-4～图 4-2-7 所示。三爪伸缩式万向轴的中部为三凹槽的销套与内有3个滚动轴承的万向轴连接在一起，万向轴可自由伸缩位移，牵引电机与轮对之间垂向、横向和角位移均由三爪伸缩式万向联轴节来调节，而取得较好动力学走行品质。

2001年阿尔斯通公司开始研制试验动力分散式新型动车组AGV(Automotice a Grand Vitesse)，目标是为在全欧300～360 km/h高速铁路网上运行。

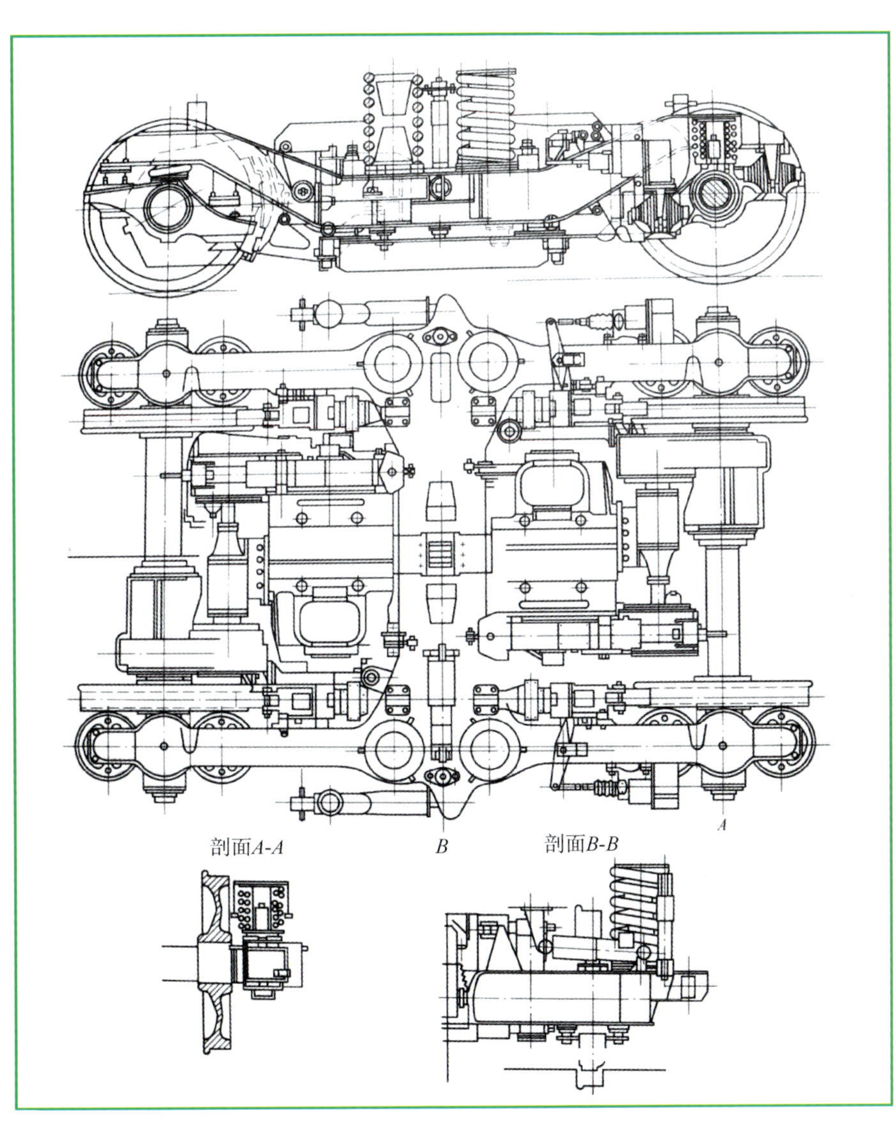

图4-2-3　法国TGV-Y230动力转向架

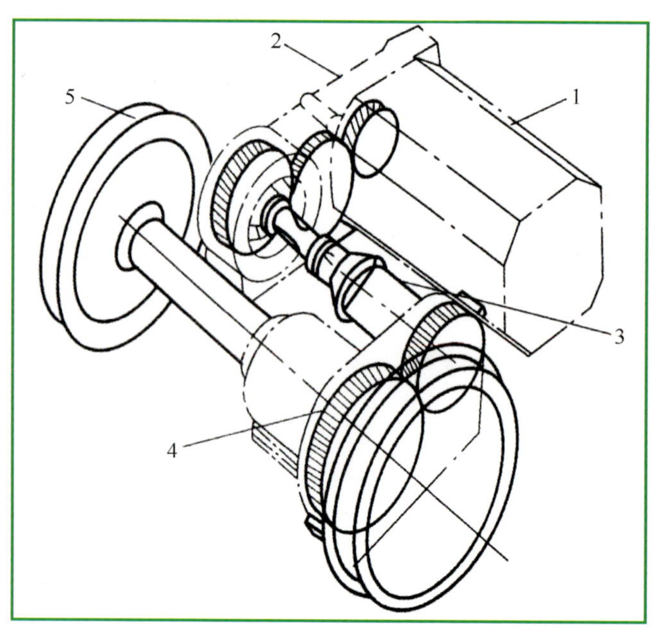

图 4-2-4 法国 TGV-Y230 转向架牵引电机三爪式联轴节体悬式驱动装置示意图

1—牵引电机;2—变速箱;3—三爪式万向轴;4—轮对齿轮箱;5—轮对

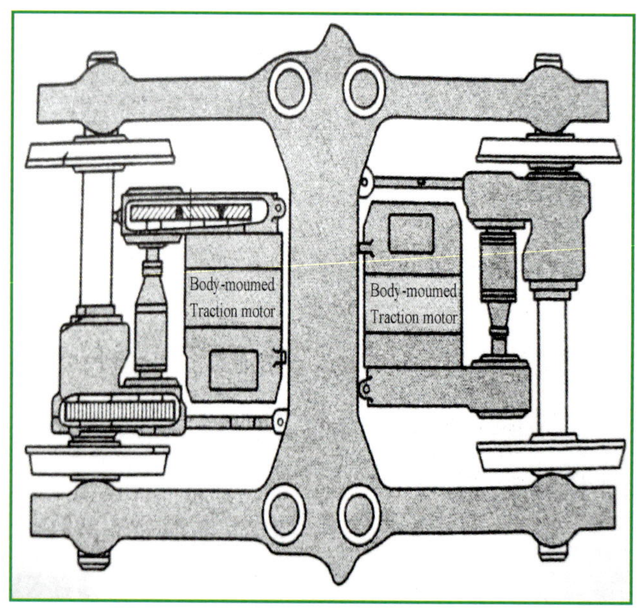

图 4-2-5 法国 TGV-Y230 转向架牵引电机体悬式驱动装置布置图

Body mounted traction motor—牵引电机体悬式

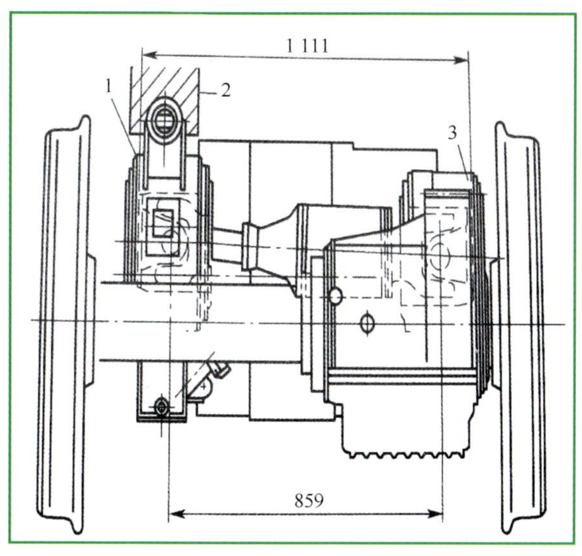

图 4-2-6 法国 TGV-Y-230 型转向架牵引电机体悬式驱动装置图(单位:mm)

1—牵引电机变速箱;2—车体;3—轮对齿轮箱

图 4-2-7 法国 TGV-230 转向架三爪万向轴体悬式驱动装置

阿尔斯通公司获得意大利私营公司 NTV (Nuovo Trasporti Vigiatori)25 列 AGV 动车的订货,7 节动车于 2007 年底在 La Rochelle 组装完毕,出厂进行慢速试验,然后于 2008 年初在捷克的 Velim 环形试验中心的 13 km 主环线上进行 4 个月的试验,里程为 6 万 km,取得了欧盟

TSIS 的证书(取得 TSIS 证书才允许在欧洲不同国家运行),这大约用了 2 年时间。在 Velim 试验中心试验结束后再回到 La Rochelle 工厂根据 Velim 试验的结果进行修改和改进。

2008 年底进行了 V 150 的列车试验计划,当时一个主要的担心是设备过热使机械和电气部件损坏。AGV 电机设计为 720 kW,但在 V 150 试验时每个电机达到 1 000 kW,其中有 40 次运行到 450 km/h,6 次达到 550 km/h,而温度仍在允许范围内,这说明设计留有很大余地。AGV 的 V150 试验列车打破了 1991 年 5 月 TGV 在 LGV 大西洋线上创造的 515.3 km/h 的记录,2007 年 4 月 3 日在 LGV 第一区创造了 574.8 km/h 的世界纪录。转向架部分保持了长轴距 3 000 mm 以保证临界速度。

动力转向架和拖车转向架都采用高强度钢,对比 TGV 的转向架,AGV 动力转向架的电机稍轻而使动力转向架重量减少了 25%,如图 4-2-8 所示。AGV 铰接架悬式动力转向架如图 4-2-9 所示,AGV 转向架在 V150 试验中其高速稳定性比 TGV Duplex 动力车要好,如图 4-2-10 所示。

图 4-2-8 法国 AGV 高速列车转向架(比 TGV 转向架轻 25%)

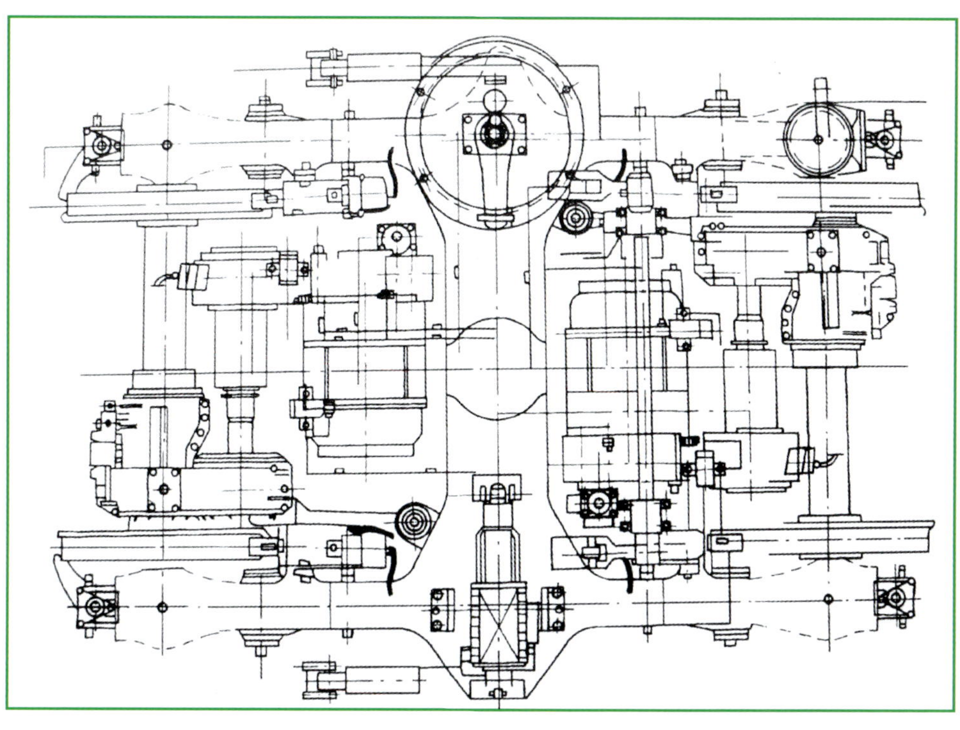

图 4-2-9　AGV 铰接架悬式动力转向架

图 4-2-10　法国 AGV 转向架进行 V150 列车试验。

注：试验结果表明其高速稳定性高于 TGV-Duplex。

AGV每千克电机的重量产生的功率可大于1 kW这是一个创新的指标。由于牵引电机很轻,悬挂方式由体悬式改为架悬式,使悬挂装置大大简化了。AGV的开发得力于TGV 30多年来的经验,AGV比TGV提高了旅客的舒适度,每个座位占有更多空间;由于采用了动力分散式,在相同列车的长度内增加了20%的座席,减低了噪声;降低了保养费15%~20%,提高了脱轨安全性并降低能源消耗,提高了环保水平。NTV公司的第一列AGV动车组于2010年5月在法国La Rochelle工厂组装完成,如图4-2-11所示。

图4-2-11　意大利NTV公司第一列AGV动车组

注:2010年5月在法国La Rochelle工厂组装完成。

2011年9月由NTV公司命名为Italo的6列AGV高速列车开始在米兰—拿坡里间进行商业运行。由阿尔斯通提供给意大利NTV公司的25列AGV Italo高速列车,最高速度360 km/h、运行速度300 km/h、每台牵引电机功率750 kW(共10台),于2012年4月20日首次举行由罗马—拿坡里的列车通车典礼,开始与意大利国铁Trenitalia公司在同一线路上进行竞争,这是世界上第一次由国家铁路与私营铁路在同一线路上展开竞争。这是一件很有启发的事件,

NTV公司宣称到2015年计划占有20%的市场。AGV Italo高速列车在莱茵—罗那高速铁路上进行声学试验如图4-2-12所示。

图4-2-12　法国制造的AGV Italo高速列车

注：在莱茵—罗那高速铁路上进行声学试验。

三、德国ICE-1、ICE-2、ICE-3和Velaro高速列车的牵引电机驱动装置

1991年6月德国ICE-1高速列车正式投入运行，ICE-1沿用了动力集中方式以机车牵引客车车辆，其速度达到250～280 km/h，轴式Bo-Bo，动力车额定功率4 800 kW，2 M动力车＋10～12 T拖车，功率9 600 kW，车轮直径1 040 mm，轴重19.5 t，簧下质量4.43 t。德国ICE高速列车如图4-3-1所示。ICE-1高速列车采用ET 401动力转向架，如图4-3-2所示。ICE-1高速列车电机半体悬式驱动装置与制动装置组成一个单元一端悬挂在车体上，另一端用吊杆挂在转向架端梁上。牵引电机通过变速齿轮箱传动装在外空心轴上的驱动齿轮，制动盘也装在外空心轴上，通过外空心轴传递驱动力矩和动力车制动力矩，外空心轴一端以六连杆机构与锥形的内空心轴相连接，另一端以连接盘和六连杆机构的连接销与车轮轮辐辐板上的六个孔相连接以驱动车轮。

六连杆机构的两端装有球形橡胶元件，橡胶元件具有较大的径向刚度，以传递扭矩。采

图 4-3-1　德国 ICE-1 高速列车

注:1991 年 6 月投入运行最高速度 250 km/h。

图 4-3-2　德国 ICE-1 高速列车 ET 401 动力转向架

用双空心轴轮对驱动装置,在动车通过不平顺线路时,驱动装置可以满足牵引电机与轮对之间的径向、横向和角位移,其半体悬挂三分之二的质量吊挂在车体上,而三分之一的质量支撑在转向架构架上,大大减少了簧下质量,使动车高速运行时具有良好的动力学性能和走行品质。ICE-1 高速列车轮对双空心轴牵引电机驱动装置如图4-3-3 所示。ICE-1 高速列车的拖车采用 MD 530 拖车转向架如图 4-3-4 所示。

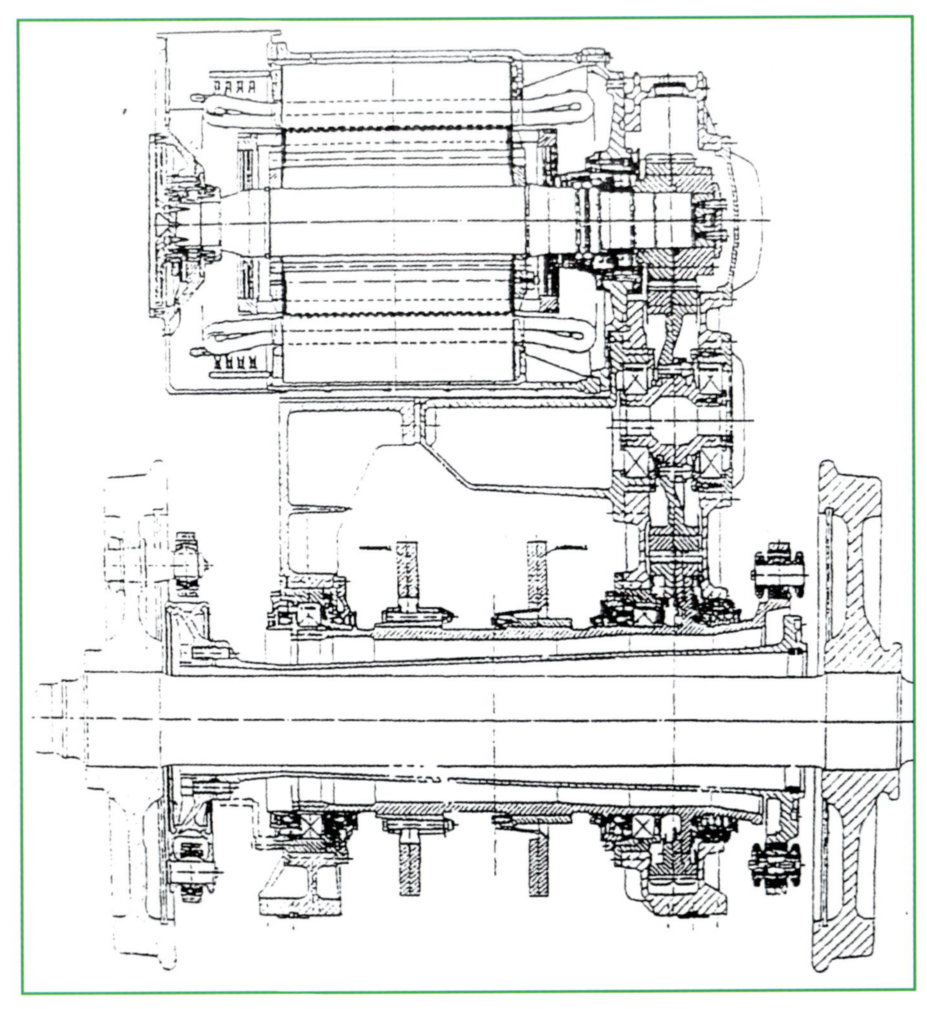

图 4-3-3 德国 ICE-1 高速列车轮对双空心轴双六连杆牵引电机半体悬式驱动装置

ICE-2 高速列车于 1996 年投入试运行。其结构与 ICE-1 相同，ICE-2 列车长度上只有 ICE-1 一半，1M + 6T + 1T（控制拖车），功率 4 800 kW，最高速度 250～280 km/h，其动力转向架ET 402 与ICE-1 动车组的 ET 401 基本相同，而拖车转向架则采用 SF 400，其转向架如图 4-3-5 和图 4-3-6 所示，这种转向架装有空气弹簧可用于单层和双层客车车厢，SF 400 转向架轮对导向的原理传承了运用良好的 SF 300 转向架，包括两个压在转向架构架上的销和在轴箱上的两个导向套，这种轮对导向装置不需要保养，在定期保养期几乎没有磨耗。H形转向架构架是一种重量轻的抗扭设计，两个横梁上有盘式制动的机架，装有盘式制动，磁轨制动可以选用。

二系悬挂为可控空气弹簧系和橡胶紧急弹簧，保证在空气弹簧放气的情况下高速运行，装有液压阻尼系统以阻尼横向和垂向运动，由一个中心销和两个导杆传递转向架和车体间的制动和加速力。

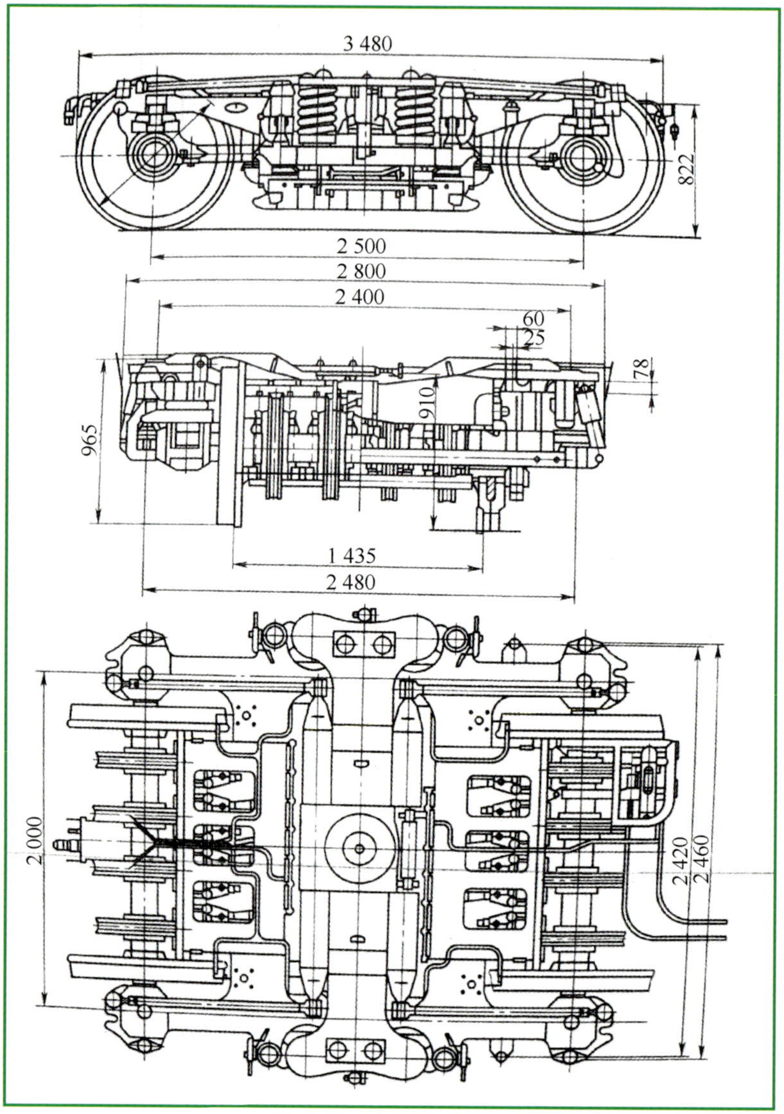

图 4-3-4　德国 ICE-1 的 MD 530 拖车转向架图(单位：mm)

图 4-3-5　德国铁路(DB)ICE-2 高速列车的拖车转向架 SF 400

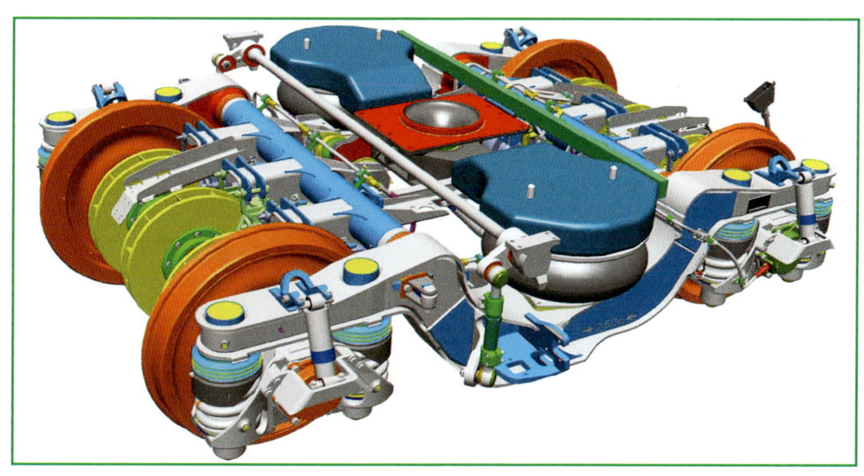

图 4-3-6　德国铁路(DB)ICE-2 高速列车的拖车转向架 SF 400

表 4-3-1　SF 400 转向架技术数据

转向架	SF 400
运行速度	最高 280 km/h
轴重	17 t
轴距	2 500 mm
轨距	1 435 mm
轮径(新/磨耗)	920/860 mm

续上表

最小运行曲线半径/工厂	150/80 m
转向架高	989 mm
重量包括磁轨制动	约 7.1 t
机械制动	盘式制动/磁轨制动

1999 年德国铁路(DB)将 ICE-3 高速列车

投入德国至荷兰的国际联运，ICE-3 高速动车组由动力集中式改为动力分散式，最高速度提高到 320 km/h，最大牵引功率为 8 000 kW。ICE-3 高速列车采用 SGP-500 转向架（又称 SF 500），SF 500 转向架可设计为动力转向架和拖车转向架，装于车体下可以有摇枕或无摇枕。SF 500 TDG 为动力转向架，SF 500 LDG 为拖车转向架。

运行于德国铁路（DB）的 ICE-3 高速动车组、西班牙铁路（RENFE）的 AVE 103 高速动车组的 SF 500 TDF 和 SF 500 LDF 转向架如图4-3-7 和图 4-3-8 所示。转向架构架设计为柔性开式 H 构架，经过大量详细的运行特性的计算，使设计取得最佳的走行品质和车轴导向。最佳的走行品质来自高技术的二系空气悬挂系统和储备大量压缩空气的空气弹簧。由于 ICE-3 高速列车采用动力分散式，牵引电机功率减小并采用交流异步电机和轻质部件，转向架的自重由 ICE-1 的 19.5 t 减为 9.2 t，轴重由 19.5 t 减到 17 t，其牵引电机悬挂由 ICE-1 的半体悬式改为架悬式。驱动装置由交流异步电机通过一个螺旋式齿轮联轴节传到部分悬挂的低噪声的齿轮驱动，车轮悬挂的设计考虑了走行的稳定性和声学要求，液压抗摇头阻尼保证高速的走行品质。拖车转向架装有机械制动系统包括盘式制动（每轴 2～4 个盘）和一个无磨耗的涡流制动。

图 4-3-7　德国铁路（DB）ICE-3 高速动车组的动力和拖车转向架 SF 500 TDG 和 SF 500 LDG

图 4-3-8　ICE-3 高速动车组的动力和拖车转向架 SF 500 TDG 和 SF 500 LDG

表 4-3-2　SF 500 TDG、SF 500 LDG 转向架技术数据

转向架	SF 500 TDG 和 SF 500 LDG
形式	动力车和拖车转向架
运行速度	最高 350 km/h
轴重	17 t
轮对持续功率	最高 500 kW
最大启动牵引力	19 kN
轴距	2 500 mm
轮径(新/磨耗)	920/830 mm
最小曲线半径运行/工厂	150/120 m
转向架高度	1 054 mm
重量心盘/摇枕	9.2/7.5 t

德国 Velaro 高速列车系列是继 ICE-3 之后开发的第四代高速动车,2007 年由西门子提供给西班牙的 AVE -103 高速动车(Velaro E)最高速度 350 km/h,运行于马德里和巴塞罗那之间取得成功如图 4-3-9 所示。中国和西门子合作生产的 CRH3 型高速动车组(图 4-3-10),最高速度为 350 km/h,于 2008 年在中国举办的夏季奥运会中投入运行。2009 年 Velaro RUS 在俄罗斯－32°C 低温寒冷地区投入运行,Velaro RUS 高速列车如图 4-3-11 所示。由德国铁路(DB)订购的 Velaro D[速度为 320 km/h,欧洲电网四供电制(AC 15 kV/16.7 Hz,AC 25 kV/50 Hz,DC 1.5 kV,DC 3 kV)]高速列车适合在德国、法国、荷兰和比利时运行,于 2011 年底投入运行。Velaro D 高速动车如图 4-3-12 所示。ICE-3 高速动车安装的 SF 500 转向架在欧洲和亚洲经受了运行考验,经过改进后用在中国和俄罗斯的列车上。SF 500 驱动装置已在本文中叙述,SF 500 转向架在最新的转向架中将电缆走线方式加以改进,以保护众多的变送器与传感器电缆。今后 SF 500 转向架将安装传感器轴承式轴箱,西门子新型走行机构监测诊断系统以满足 TSI 规范要求,以监测轴箱温度、

滚动及运行稳定性的要求；还可以以监测整个转向架及轮对和轴箱，以便将昂贵的预防性维护（按修程维护）转为干预性维护以充分利用部件的寿命提高列车利用率。传感器轴承整合在轴箱上如图 4-3-13 所示。

图 4-3-9　西班牙铁路(RENFE)AVE-103(Velaro E)高速动车组

图 4-3-10　中国铁路 CRH3 型高速动车组

图 4-3-11　俄罗斯铁路 Velaro RUS 高速动车组

图 4-3-12　德国铁路(DB)Velaro D 高速动车组在组装中

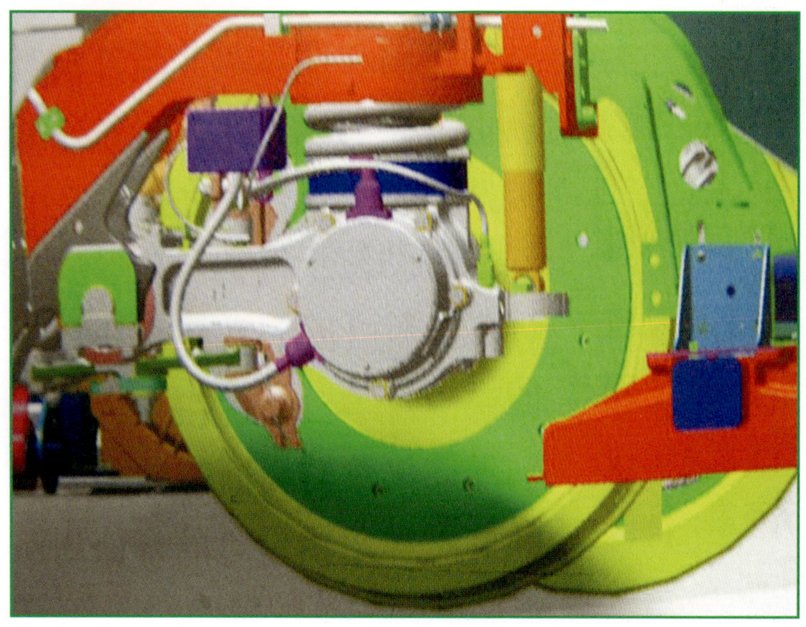

图 4-3-13　整合在轴箱上的传感器轴承

第五章　我国机车和动车组的驱动装置

我国的电力机车和内燃机车系列具有品种齐全，功率范围大，既有高速客机车又有大功率货运机车并适应各种复杂的地形及气候条件。我国的高速动车组已达世界先进水平。

我国机车和动车组的驱动装置在国内出版的书刊已有详细的阐述，有些在本书前部也有所叙述，因此简述之。我国机车的驱动装置主要有半悬挂（抱轴式）驱动装置，其中有牵引电机抱轴式滑动轴承驱动装置和牵引电机抱轴式滚动轴承驱动装置；全悬挂架悬式驱动装置，体悬式和半体悬式驱动转置。

一、我国内燃机车的牵引电机驱动装置

1. 牵引电机抱轴式半悬挂滑动轴承驱动装置和牵引电机抱轴式半悬挂滚动轴承驱动装置

国产内燃机车型号众多，今将部分内燃机车的照片示于图 5-1-1。国产内燃机车东风$_{4B}$

图 5-1-1　国产部分内燃机车

(DF$_{4B}$)型(轴式 Co-Co、功率 2 430 kW)其转向架如图 5-1-2 所示，其驱动装置采用抱轴式半悬挂滑动轴承驱动装置如图 5-1-3 所示。东风$_{4D}$(DF$_{4D}$)型(客)(轴式 Co-Co、功率 2 940 kW)内燃机车转向架如图5-1-4所示，其驱动装置作了改进将滑动轴承改为滚动轴承。由于采用了滚柱轴承提高了齿轮组的啮合精度条件改善了工作条件，延长了齿轮寿命，解决了抱轴瓦烧损等安全隐患。其牵引电机抱轴式半悬挂滚动轴承驱动装置如图 5-1-5 所示。滚动轴承抱轴箱如图 5-1-6 所示。

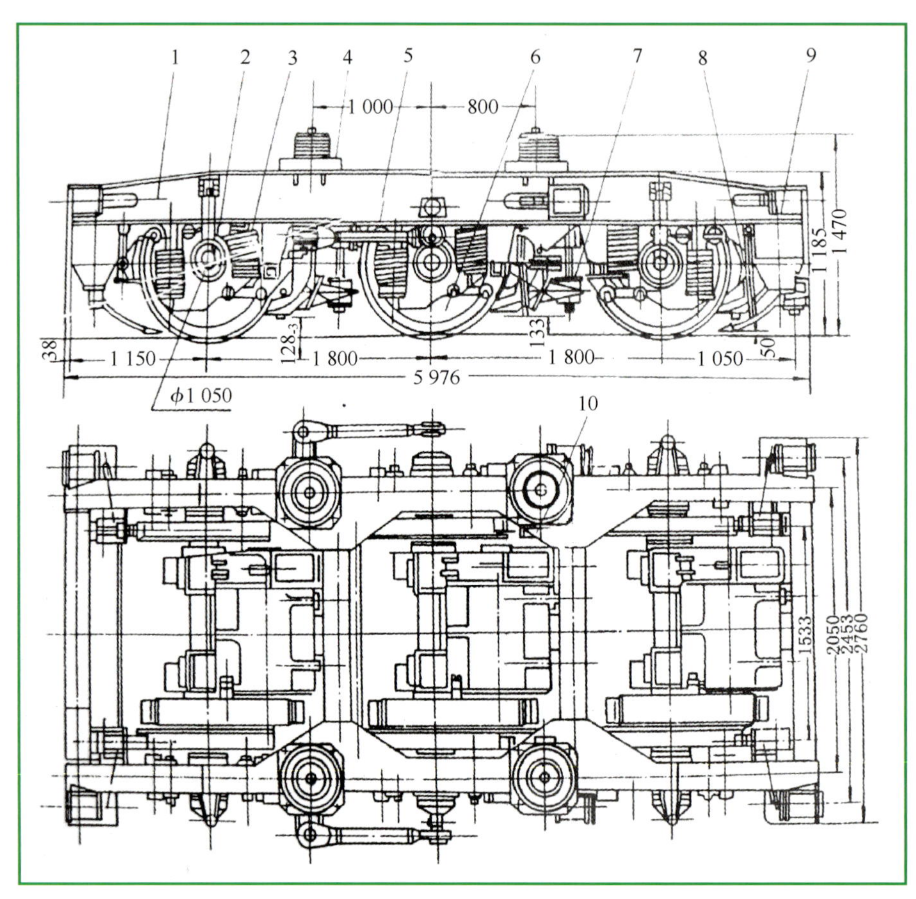

图 5-1-2　东风$_{4B}$(DF$_{4B}$)型内燃机车的转向架(轴式 Co-Co，单位：mm)

1—构架；　2—轴箱；
3—弹簧装置；　4—摩擦旁承；
5—牵引杆装置；　6—轮对；
7—电动机悬挂装置；　8—基础制动装置；
9—砂箱；　10—手制动装置

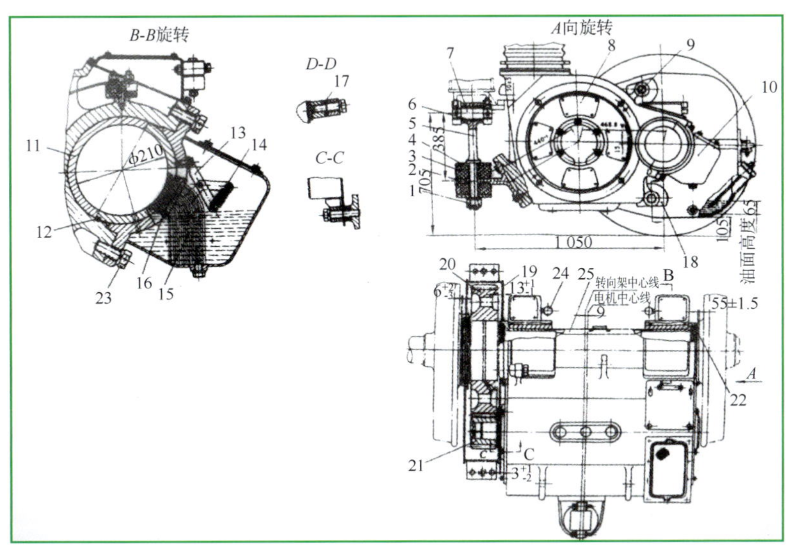

图 5-1-3　东风$_{4B}$型内燃机车牵引电机抱轴式半悬挂滑动轴承驱动装置(单位:mm)

1—螺母;2—吊杆座;3—橡胶座;4—垫片;5—吊杆;6—橡胶套;7—芯轴;8—牵引电动机;9、23—螺栓;10—抱轴轴承盖;11—抱轴瓦;12—键;13—刷架;14—弹簧;15—毛线垫;16—刷架框;17—调整垫片;18—座;19—齿轮罩;20—从动轮;21—主动轮;22—密封圈;24—油环;25—防尘罩

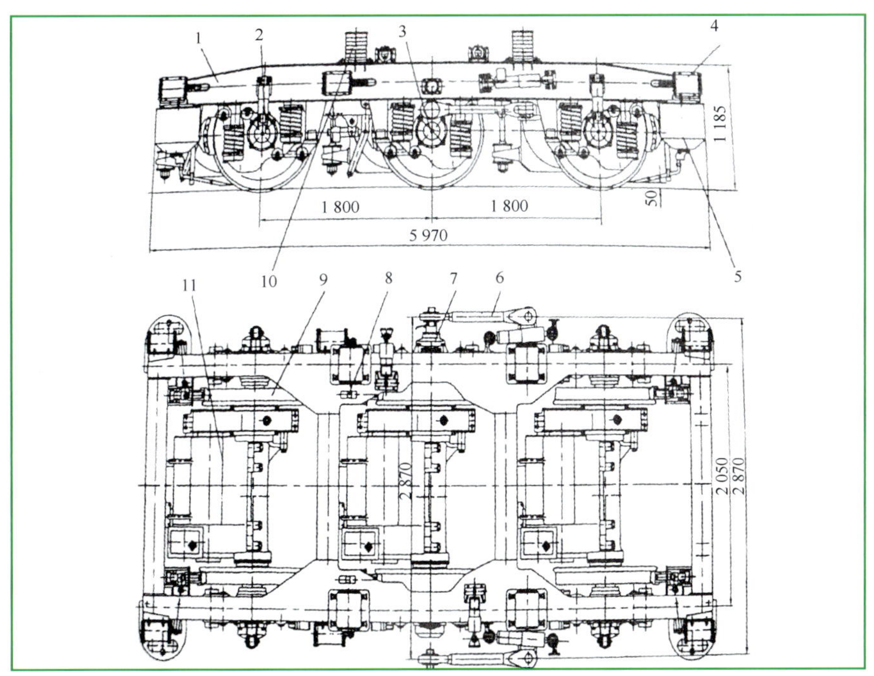

图 5-1-4　东风$_{4D}$(DF_{4D})型内燃机车转向架(轴式 Co-Co,单位:mm)

1—构架;2—轴箱(一);3—轴箱(二);4—基础制动装置;5—砂箱;6—牵引杆装置;7—轴箱(三);8—手制动装置;9—轮对;10—支承装置;11—电动机悬挂装置

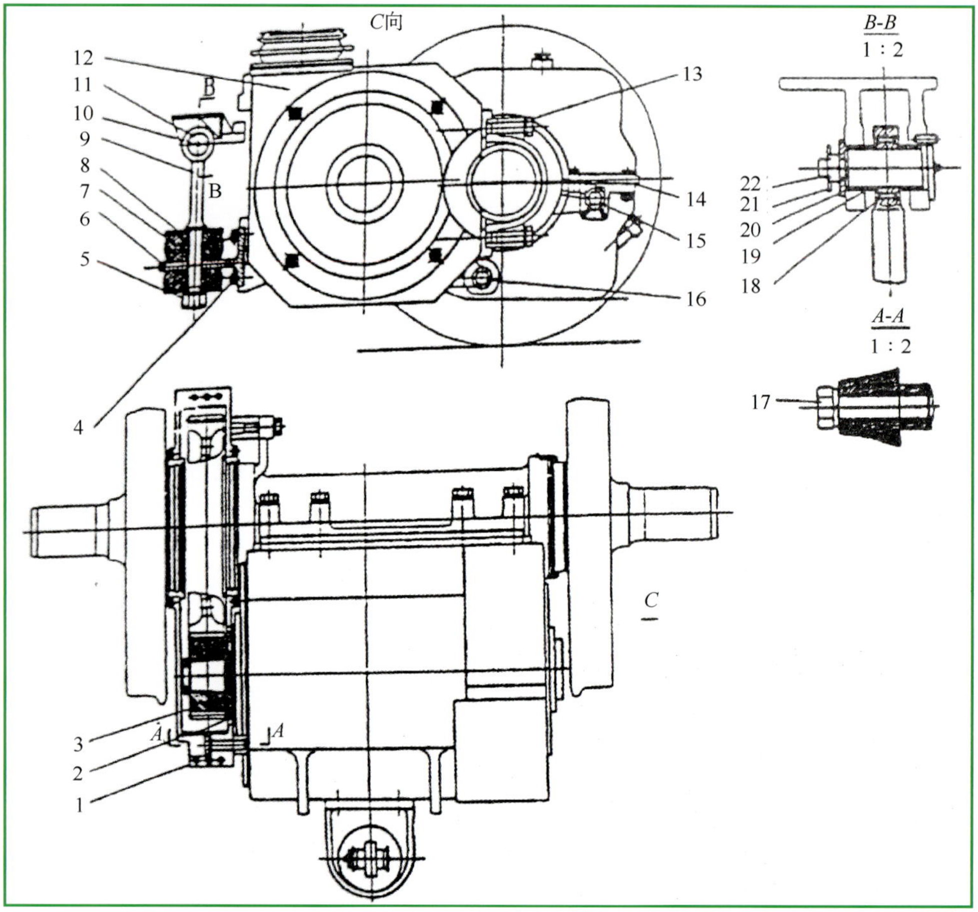

图 5-1-5　东风$_{4D}$型内燃机车牵引电机滚动抱轴式驱动装置

1—齿轮箱；　2—密封圈；　3—主动齿轮；

4—螺栓；　5—螺母；　6—吊杆座；

7—橡胶垫；　8—垫板；　9—吊杆；

10—油杯；　11—轴销；　12—牵引电动机；

13—螺栓；　14—密封胶垫；　15、16、17—螺栓；

18—关节轴承；　19—隔套；　20—压盖；

21—开口销螺母；　22—密封圈

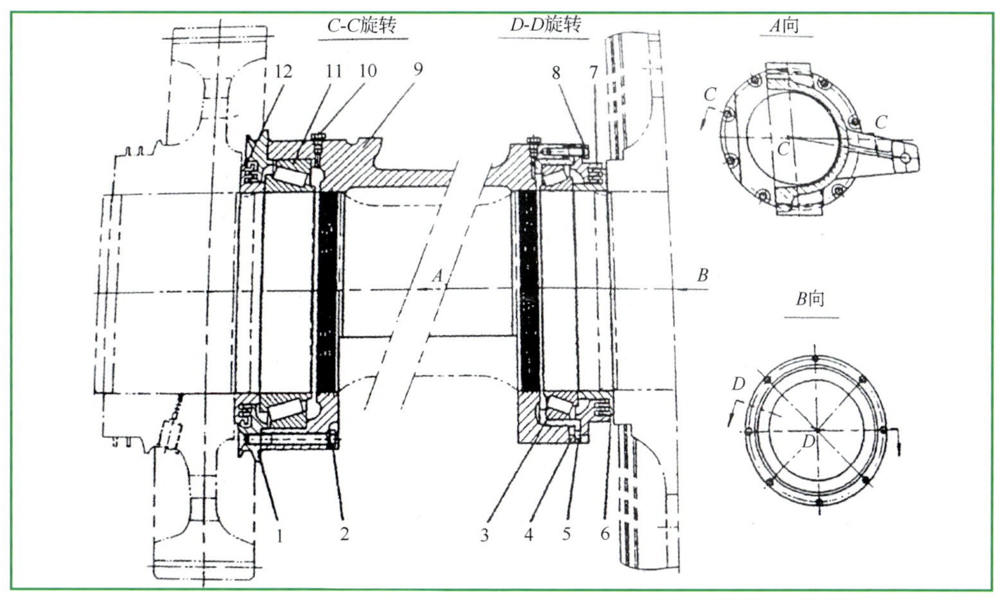

图 5-1-6　滚动轴承抱轴箱图

1—大端盖；2—螺栓；3—小端轴承；4—调整垫片；5—轴承套；6—小档油圈；7—端盖；
8—螺栓；9—抱轴箱体；10—螺堵；11—大端轴承；12—大档油圈

2. 牵引电机全悬挂轮对空心轴驱动装置

东风 11(DF_{11})型高速客运内燃机车最高运行速度 170 km/h，如图 5-1-7 所示。其转向架如图 5-1-8 所示。

图 5-1-7　东风$_{11}$(DF_{11})型内燃机车

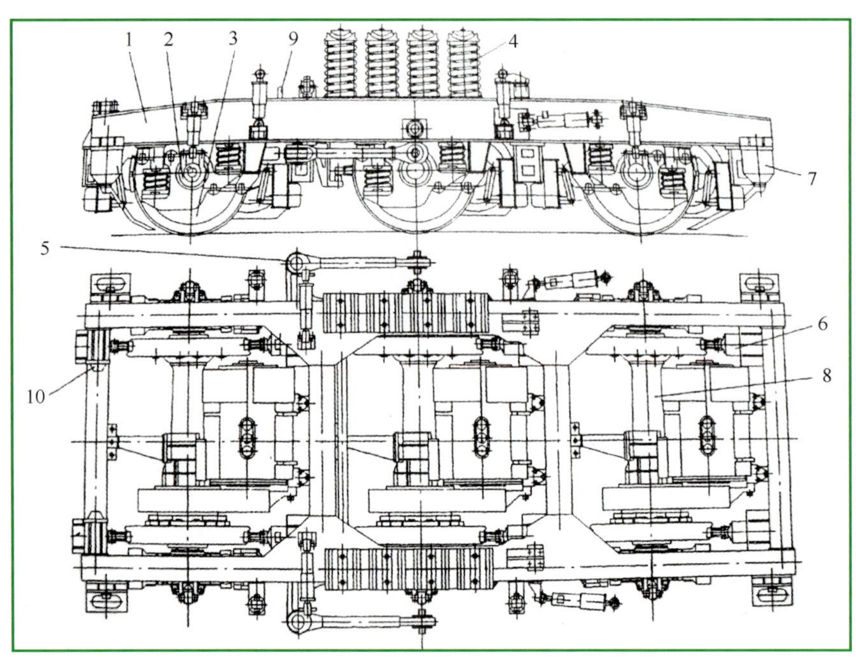

图 5-1-8　东风$_{11}$（DF_{11}）型内燃机车转向架构架

1—构架；2—轴箱；3—轮对；4—旁承；5—牵引杆装置；6—基础制动装置；7—砂箱；8—电动机悬挂装置；9—手制动装置；10—安全止挡

东风$_{11}$型内燃机车的驱动装置设计为轮对空心轴牵引电机架悬式六连杆万向轴驱动装置。牵引电机及驱动装置悬挂在转向架上，每根动轴的簧下质量由采用抱轴式（东风$_{4B}$型及东风$_8$型）的 4 609 kg 降为 2 475 kg 使机车的走行品质大大改善。东风$_{11}$型内燃机车的轮对空心轴牵引电架机六连杆架悬式驱动装置如图5-1-9 所示。

二、我国电力机车的牵引电机驱动装置

自 1958 年我国第一台韶山（SS_1）型电力机车诞生以来生产和研发了多种电力机车，今将部分电力机车示于图 5-2-1。

1. 牵引电机抱轴式半悬挂滑动轴承驱动装置和牵引电机抱轴式半悬挂滚动轴承驱动装置

国产电力机车韶山$_1$（SS_1）型（轴式 Co-Co、功率 3 780 kW）、韶山$_2$（SS_2）型（轴式 Co-Co、功率 4 602 kW），韶山（SS_3）型（轴式 Co-Co、功率 4 350 kW）均采用牵引电机半悬挂抱轴式滑动轴承驱动装置，而韶山$_{4B}$（SS_{4B}）型［轴式 2(Bo-Bo)、功率 6 400 kW］电力机车则采用半悬挂抱轴式滚动轴承驱动装置，改善了齿轮组的啮合提高了齿轮寿命。

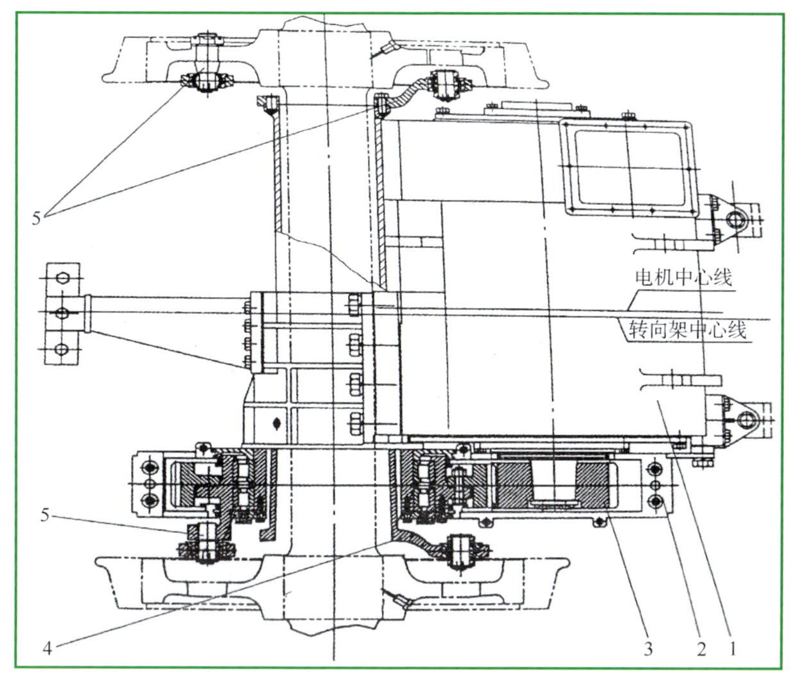

图 5-1-9 东风$_{11}$型内燃机车的轮对空心轴牵引电机六连杆架悬式驱动装置

1—牵引电机；2—齿轮箱；3—齿轮传动装置；4—轮对空心轴；5—双侧六连杆驱动装置

图 5-2-1 国产部分电力机车

从 2004 年开始我国通过技术引进合作生产发展了大功率电力机车，单轴功率达到 1 600 kW 成为世界上功率最大技术先进的电力机车。其中：

和谐 D_1（HXD1）型［轴式 2(Bo-Bo)、功率 9 600 kW］最高运行速度 120 km/h。

和谐 D_2（HXD2）型［轴式 2(Bo-Bo)、功率 9 600 kW］最高运行速度 120 km/h。

和谐 D_3（HXD_3）型［轴式 2(Co-Co)、功率 7 200 kW］最高运行速度 120 km/h。

和谐 D_{1B}（HXD_{1B}）型［轴式 Co-Co、功率 9 600 kW，单轴功率达到 1 600 kW］最高运行速度 120 km/h。

和谐 D_{2B}（HXD_{2B}）型（轴式 Co-Co、功率 9 600 kW）最高运行速度 120 km/h。

和谐 D_{3B}（HXD_{3B}）型（轴式 Co-Co、功率 9 600 kW）最高运行速度 120 km/h。

以上大功率货运机车均采用牵引电机抱轴式半悬挂滚动轴承驱动装置。

HXD_3 型电力机车牵引电机抱轴箱滚动轴承装置如图 5-2-2 所示。

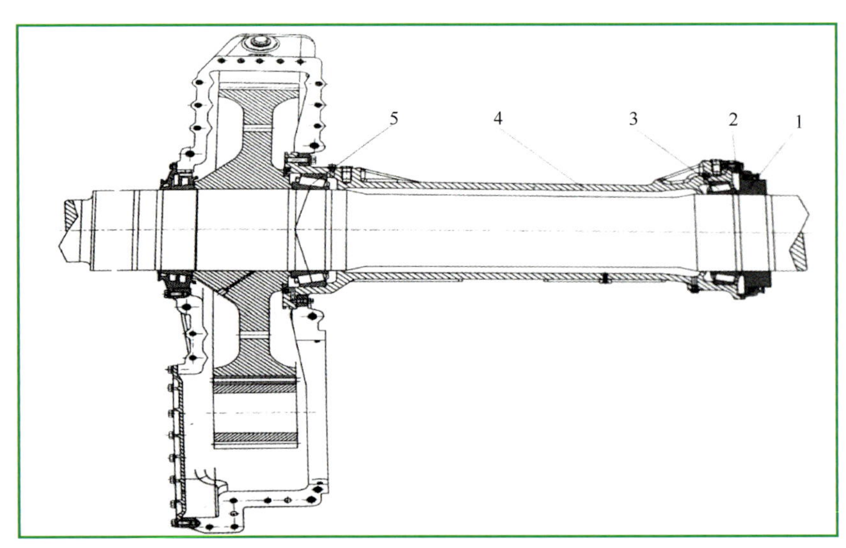

图 5-2-2　和谐 D_3 型电力机车牵引电机滚动轴承抱轴箱装置

1—谜宫环；2—谜宫盖；3—圆锥滚子轴承；4—抱轴箱体；5—圆锥滚子轴承

和谐 D_3 型电力机车牵引万吨列车行驶在大秦线上如图 5-2-3 所示。

2. 牵引电机全悬挂轮对空心轴驱动装置

韶山$_{7D}$（SS_{7D}）型（轴式 Bo-Bo-Bo、功率 4 800 kW）、韶山$_8$（SS_8）型（轴式 Bo-Bo、功率 3 600 kW）和韶山$_9$（SS_9）型（轴式 Co-Co、功率 4 800 kW）电力机车最高速度均为 170 km/h，其驱动装置均采用牵引电机全悬挂轮对空心轴六连杆万向轴驱动装置，大大降低了簧下质量，改善了机车走行品质。

SS_8 型电力机车转向架图如图 5-2-4 所示。

SS_8 型电力机车轮对空心轴六连杆驱动装

置如图 5-2-5 所示。

SS_8 型电力机车在行驶中如图 5-2-6 所示。

图 5-2-3　和谐 D_3（HXD_3）型电力机车行驶在大秦线上

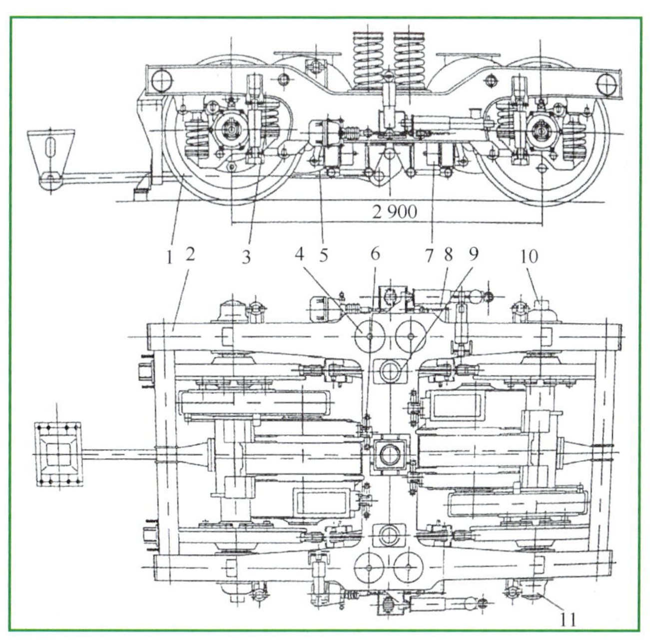

图 5-2-4　韶山$_8$（SS_8）型电力机车转向架（单位：mm）

1—轮对电机驱动装置；2—构架；3—一系悬挂装置；4—二系悬挂装置；5—牵引装置；6—电机悬挂装置；7—基本制动装置；8—蓄能制动装置；9—辅助装置；10—测速空转传感器；11—接地线装置

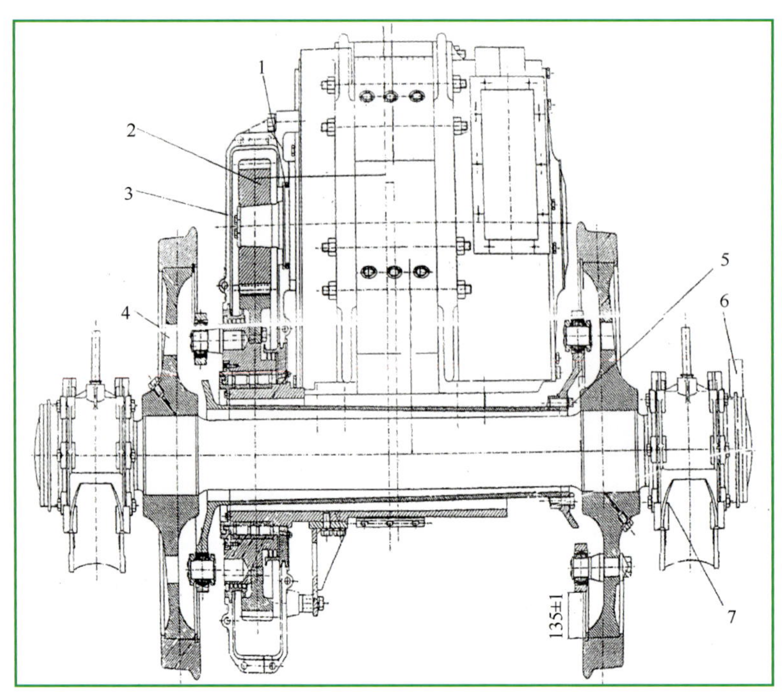

图 5-2-5　韶山$_8$(SS$_8$)型电力机车轮对空心轴六连杆万向轴驱动装置

1—牵引电机;2—齿轮传动装置;3—齿轮箱;4—轮对组装;5—双侧六连杆传动系统;6—轴箱组装;7—轴箱拉杆

图 5-2-6　韶山$_8$(SS$_8$)型电力机车

三、我国高速动车组的牵引电机驱动装置

我国高速动车组 CRH（China Railway High-Speed）有以下各种动车组：

CRH1 型、CRH2 型和 CRH5 型动车组为 200～250 km 速度等级的动车组。

CRH2C 型和 CRH3C 动车组为 300～350 km 速度等级的动车组。

CRH380 系列动车组为 300～380 km 速度等级的动车组。

我国高速动车组的驱动装置的形式如下：

图 5-3-1　CRH1 型动车组

1. CRH1 型、CRH2 型和 CRH380 系列动车组的挠性浮动齿轮式联轴节驱动装置

CRH1 型、CRH2 型和 CRH380 系列动车组采用挠性浮动齿轮式联轴节牵引电机架悬式驱动装置，该装置如图 5-3-2 所示。联轴节的两个带内齿的半联轴节与装在牵引电机轴上和装在车轴齿轮箱侧的外齿轮相啮合。外齿与内齿可允许径向和轴向相对位移，使轮轨不平顺传来的振动可以由联轴节调节并传递牵引电动机的驱动扭矩。

2. CRH5 型动车组牵引电机体悬式驱动装置

CRH5 型动车组在大桥上运行如图 5-3-3 所示。

CRH5 型动车组的驱动装置安装在动力转向架和车体上，为牵引电机体悬式。牵引电机安装在车体底架上，牵引电机连接万向轴，由万向轴驱动伞齿轮箱。体悬式驱动装置的机构如图5-3-4所示，驱动装置的齿轮箱如图 5-3-5 所示。由于采用体悬式驱动装置，将牵引电机等重量置于二系悬挂系统以上，使簧间质量大大减小，大大改善了动车高速走行品质。

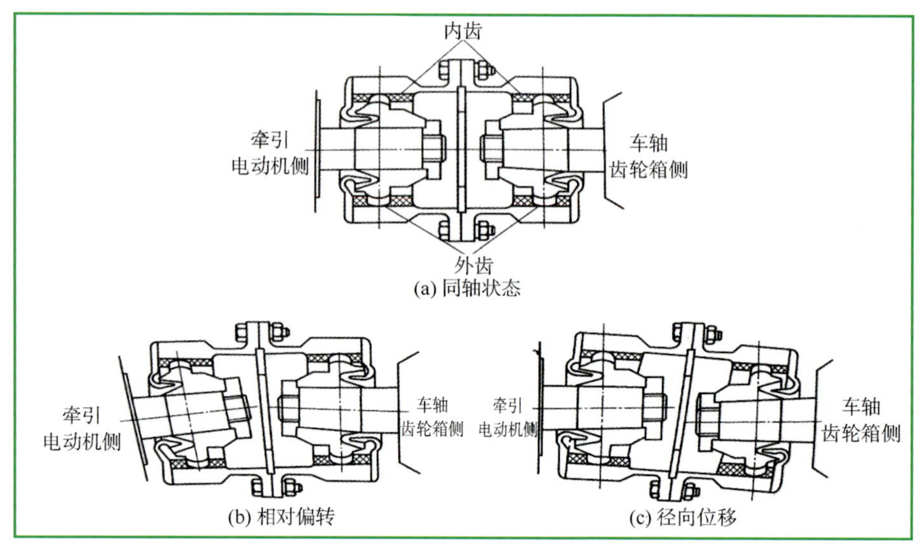

图 5-3-2　挠性浮动齿轮联轴节(WN 联轴节)

图 5-3-3　CRH5 型动车组在大桥上运行中

后　记

一、探索各国驱动装置发展的轨迹

机车、动车和电车的发展史也是其驱动装置的发展史，因此速度的加快必须要有驱动装置的革新。如本书所叙，从德国西门子E41电力机车上装有Siemens-Schuckert SSW型橡胶块弹性抱轴式驱动装置，发展至E03电力机车上的西门子万向轴橡胶环轮对空心轴驱动装置，再发展到ICE-1高速电力机车轮对双空心轴双六连杆半体悬式驱动装置以至Velero电动车组，其他如瑞士勃朗包维利、BBC、法国阿尔斯通等驱动装置的发展轨迹。我们可以看到随着速度和功率不断提高驱动装置在不断创新，创新的基础是深厚的技术积累和不断创新的需求。百年以来，世界各国的铁路工作者发明创造了形式多样、适合各种速度和牵引力的驱动装置，使驱动装置的技术达到空前的水平，这是铁路工作者可吸取的养料。

二、我国铁路工业步入世界先进行列

我国机车工业起步较晚，自我国实行改革开放政策以来，随着国民经济的大发展，铁路实行大提速和引进消化吸收再创新的道路，在我国铁路工作者孜孜不倦、锲而不舍、不断创新的努力下，快速提高了我国的铁路建设和机车车辆的技术和能量，到2015年底我国铁路营业里程已达12.1万km，高速铁路里程19 000 km，占世界高速铁路总里程60%以上，京津城际高铁于2008年8月奥运会前投入运营，成为世界上第一条速度为350 km/h的高速铁路，英国著名铁路记者Murray Hughes摄影照片见附图1。

2010年9月首列CRH380A高速动车组于上海到杭州间进行试运营，在这次试运营中速度达416.6 km/h；2010年12月3日京沪高铁试验时速达486.1 km/h，创造了中国高速列车的最高速度记录。我国已成为世界上拥有最长和最快的高速铁路的国家，见附图2。从世界范围来看，高速列车仍限于欧洲和远东，美洲、南亚、非洲和澳洲仍无高速列车，从总体效果来看，中国、法国、西班牙、日本和中国台湾地区高速列车的运营速度已超过 250 km/h。我国最高速列车点至点的平均速度快于第二位的法国 40 km/h，列车正点率、安全率均为世界前茅。各国铁路点至点的最高速度时间表见附表 1。

Riding the world's first 350 km/h trains

HIGH SPEED A trip over the Beijing – Tianjin high speed line confirmed that Chinese Railways runs some of the fastest trains in the world. Murray Hughes reports.

附图 1　记者 Murray Hughes 乘坐世界第一条 350 km/h 的列车

附图 2　世界最长最快的高速铁路

附表 1 各国铁路点至点的最高速度时刻表

列车	从	至	距离(km)	时间(min)	速度(km/h)
中国(350 km/h)					
22 列车	韶关	耒阳西[1]	248.0	47	316
G96/97	广州	长沙	706.8	136	311.8
G79	郑州东	武汉	535.9	104	309.2
G81/1142	衡阳东	韶关[1]	303.0	59	308.1
G1/2	北京南	南京	1 023.0	219	280.3
G88	西安	郑州	523.0	137	229.1
76 列车	北京南	天津[1]	118.0	33	214.6
法国(320 km/h)					
TGV 54 25	洛林	香槟 Ardenne	167	37	271.8
TGV 5110	瓦朗斯	阿维尼翁	129.7	30	259.4
TGV 6134	普罗旺斯	巴黎	730.6	170	257.9
TGV 5322	圣彼德	马赛	206.8	50	48.2
TGV 8352	马赛	Vendome-Villier	147.7	36	246.2
Several	戴高乐(机场)	里耳	203.0	50	243.6
西班牙(300 km/h)					
AVE 3203	Guadalajara-Yebes	Calatayud	156.9	35	269.0
AVEs	马德里	巴塞罗那[1]	621.0	150	248.4
AVE 5340/5141	马德里	瓦伦西亚[1]	391.3	95	247.1
AVE 3941	Cuidad Real	萨拉戈萨	454.1	111	245.5
AVE 3990	哥多华	Puente Genil- Herrera	76.1	20	228.3
AVE 2072/2073	马德里	马拉加	512.5	145	212.1
日本(300 km/h)					
Hayabusa 4/5	大宫	仙台	294.1	67	263.4
Hayabusa 4	盛岗	仙台	171.1	39	263.2
Nozomi 95/1	广岛	小苍	192.0	45	256.0
Nozomi 53	冈山	广岛	144.9	34	255.7
Nozomi 301	横滨	名古屋	316.5	77	246.6
Toki 313	大宫	新泻	303.3	74	245.9

续上表

列车	从	至	距离(km)	时间(min)	速度(km/h)
中国台湾(300 km/h)					
22 列车	高雄	台中	179.5	42	256.4
16 列车	台中	嘉義	85.9	22	234.3
605/604	新竹	台中[1]	93.6	24	234.0
国际(320 km/h)					
TGV 9861	戴高乐机场	比利时中	291.0	73	239.2
Thalys	巴黎北	比利时中[1]	313.6	82	229.5
Eurostars	伦敦 St Pancras International	巴黎北	491.1	137	215.1
Thalys	鹿特丹	安特伟浦	95.0	32	178.1
意大利(300 km/h)					
24 Italo	米兰	波隆那中	205.1	53	232.2
3 Frecciarossa	波隆那中	米兰中	214.5	60	214.5
6 Italo/2Frecciarossa	米兰	罗马	551.1	160	206.7
Frecciarossa	罗马	佛洛伦萨	257.0	78	197.7
Italo/Frecciarossa	罗马	拿坡里中[1]	222.1	68	196.0
德国(300 km/h)					
ICEs	福兰克福机场	波恩	143.3	38	226.3
ICEs	波恩	蒙塔堡[1]	63.1	18	210.3
ICEs	乌兹堡	柏林	168.7	49	206.6
ICE823/528	纽伦堡火车站	英哥斯塔脱[1]	90.1	27	200.2
韩国(300 km/h)					
KTX 121	光明	大田	137.8	39	212.0
KTX 121	东大邱	新庆州	55.3	16	207.4
KTX 001/002	首尔	釜山	408.5	136	180.2
土耳其(250 km/h)					
4 列车	爱斯基谢希尔	Polatil	156.0	46	203.5
列车 91208	Konya	Sincan	287.0	85	202.6
列车 91210/91216	Konya	Polatil	222.0	66	201.8
5 列车	Sincan	爱斯基谢希尔	221.0	66	200.9
列车 91204/91212	Konya	安卡拉	312.0	105	178.3
俄罗斯(250 km/h)					
Sapsan 162	搏洛戈耶	Chudovo	201.0	62	194.5
Sapsan 163	Chudovo	特维尔	365.0	115	190.4

续上表

列车	从	至	距离(km)	时间(min)	速度(km/h)
4 Sapsan	莫斯科	圣彼得堡[1]	650.0	225	173.3
Sapsan 161	搏洛戈耶	特维尔	164.0	57	172.6
Sapsan 157	圣彼得堡	Okulkoy	249.0	91	164.2
Sapsan 157	Okulkov	搏洛戈耶	70.0	26	161.5
英国(225 km/h)					
18.55 IC225	约克	斯蒂夫尼奇	259.0	88	176.6
19.42Class 390	斯塔福	沃特福	186.8	64	175.1
4 列车	Ashford International	斯特拉	80.0	28	173
4 列车	约克	达灵顿	71.0	25	170.4
瑞典(200 km/h)					
X2000s	Katrineholm	Skovde[1]	179.3	63	170.8
X2000 413	C 斯德哥尔摩	C 哥德堡	455.0	169	161.5
X2000 437	舍夫德	阿林萨斯	99.2	37	160.9
葡萄牙(225 km/h)					
IC 570/572/574	Pinhal Nova	格拉纳达	71.0	25	170.4
8 AP 列车	里斯本	B 科英布拉	211.0	94	134.7
美国(225 km/h)					
3 列车	威灵顿	巴底莫尔	110.1	39	169.4
19 Acela Express	费城	威明顿	41.4	17	146.1
芬兰(200 km/h)					
4 Allegro	Tikkurila	拉蒂	88.0	33	160.0
Allegro services	拉蒂	科拉沃	61.0	25	146.9
7 Pendolinos	Tikkurila	坦派勒	171.0	74	138.7

注 1:双向发车。

三、由铁路大国成为铁路强国任重道远

我们为我国铁路取得举世瞩目的成就而欢欣鼓舞，但我们仍要清醒的看到我国路网总网量仍然不足，运量和运能的矛盾仍然突出，铁路路网建设任重道远。至于高速铁路，我国通过引进和消化吸收再创新的道路，得以在短时间内引进和吸收铁路先进国家长时间积累起来的包括机械、电气、材料、电子网络和管理的技术复杂的系统工程。当前技术先进的国家诸如德国、法国和日本已开始为 20 年以后的高速列车进行研发。德国航空航天研究中心(DLR)正研究下一代的高速列车，

速度为 400 km/h，能耗为现在列车的一半，列车将采用双层设计，10 节编组，总长度202 m，可乘坐800 名旅客，比 TGV Duplex 双层列车（545 人）增加近 50%。正研究光学非接触式动车组连挂，研究 400 km/h 速度侧吹的影响，研究取消转向架改为每台 260 kW 的架悬式电机驱动轮对，附图3 所示。

附图 3　德国航空航天研究中心为 2035 年进行研发的高速列车

注：目标为 400 km/h 双层 NGT 电动列车，能源消耗将为现在的一半

目前欧洲铁路从业人员达成一个共识，认为 300 km/h 适合于今日市场的材料成本和能源消耗。预见 20 年以后高速列车将比今天的更轻。

为了提高国际竞争力，日本三菱重工建设了日本第一条铁路运输系统验证设施，位于 Mihara 的 Mihara 试验中心，在 2014 年上半年投入使用。具有 3.2 km 环线，环线设有各种信号和通信系统，以试验出口国际标准的车辆。此中心也将为日本其他公司提供服务。

我国高速列车蓬勃发展，重建我国城市有轨电车方兴未艾，目前正从阿尔斯通、庞巴迪等公司引进低地板电车和无接触网技术，并需研发有自主技术产权的新技术。

当前，世界铁路先进国家都在摩拳擦掌为提高出口的竞争力而努力，我国要在“一带一路”中发挥我们的优势，如何组织队伍进行创新，将是面临一个重大课题。

四、几点思索

机车和动车的驱动装置是各国研发人员最感兴趣的部分，我国如何在引进消化吸收的基础上进行创新是值得重视的课题。

我国大功率货运电力机车和内燃机车基本上采用抱轴式滚动轴承驱动装是否能有所改进？如加装弹性齿轮。弹性抱轴式驱动装置曾在欧美风行一时，是否仍有利用的可能？弹性车轮应用于地铁动车及城市电车等轻型列车是成功的经验，具有减少噪声、提高车辆走行品质的优点，是否应建设弹性车轮专业工厂以提供弹性车轮？无齿轮驱动仍有其生命力是否要组织有关单位进行研发？我国高铁动车的驱动装置基本上沿用引进的机车和动车的驱动装置，是否应在此基础上研发自己知识产权的新型的驱动装置？日本 WN 齿轮联轴节驱动装置具有结构简单可靠的优点已成为日本高铁动车的标准型驱动装置，但不可否认其动力学性能不是最好的，是否要研发更好的驱动装置来替代？我国高速客运电力机车和内燃机车主要采用西门子式轮对空心轴六连杆万向轴驱动装置，这是一种性能良好的驱动装置，如何进一步选用和研发其他驱动装置来进行比较？我国机车车辆工业的研究机构基本上以电力机车、内燃机车、客车及加工工艺来分别设置，以研究电机、电器、柴油机及加工工艺为主，而电力机车、内燃机车、动车及电车所共有的驱动装置和转向架，在各工厂和研究所是否应设专门的研究机构来加强这方面的人才及研发？

我国高铁已与日本等国在国际市场上进行竞争，发挥我国的资金及技术优势实属必要。除了自己独立研发外，也可在有条件的情况下与可能合作的国家和企业进行合作研发，这比以往派遣个别研究人员去国外学习考察更为有效。

总之如何进一步开发和创新适合中国国情的机车、动车和电车的驱动装置等，都有待我们进一步工作。笔者作为一个献身于铁路机车车辆的工程技术人员，谨以编写本书作微薄的贡献。

参 考 文 献

[1] Monthly bulletin of international railway congress association. 1947, 823-1020. 1948, 73-697. 1949, 71-811. 1950, 17-46. 1954, 1069-1096. 1995, 634-745.

[2] Adolphe M Hug. Individual axle drive for electric locomotive. 1608-1643.

[3] Mechanical design of high-performance locomotives type Re 6/6 of the Swiss federal railway (SBB).

[4] Skoda develops a second generation of electric locomotives. RGI, 1974, 6: 221-223.

[5] Karl Meyer. Swiss railways Bo-Bo-Bo of 8000 kW with conventional coil-spring secondary-suspension. Railway international, 1974, 2: 81-85.

[6] Erhard Gierth. Design problems of electric high-speed locomotives. Bulletin of the international railway congress association, 1965, 6: 75-403.

[7] Michele Manzo. Trial runs at speeds exceeding 200 km/h of new rolling stock designed for the Italian state railways. Bulletin of the international railway congress association, 1965, 5: 323-345.

[8] Giulio Giovanardi. Bogie and traction aspects of high locomotives development on Italian state railways. Rail engineering international, 1974, 7: 258-265.

[9] Along the right line. Engineering, 1975, 9.

[10] B G Cavell D. Resilient wheels of SAB design applied to mainline locomotives of high power. Rail engineering international, 1974, 1.

[11] British railway prototype high speed train for 200 km/h. Rail engineering international, 1972, 5.

[12] Voeker Kefer. Rebuilding the reputation of Germany's railways. RGI, 2012, 9: 46-52.

注：RGI——Railway Gazette International

[13] Jeremy Harticl. How fast is fast enough. RGI,2013,7:31-37.

[14] Laurent Baron. AGV Italo targets lower life cycle costs. RGI,2012,7:43-46.

[15] Murrey Hughes. NTV fires the opening shot. RGI,2012,7:48.

[16] AGV tailors capacity and performance to the market. RGI,2007,9:548-550.

[17] Murrey Hughes. NTV targets 20 % market share by 2015. RGI,2008,8:500-502.

[18] Francois Lacote. Testing times ahead. RGI,2008,8:502-503.

[19] Martin Steuger. Velaro D takes shape. RGI,2010,5:32-35.

[20] Harry Hondius. Syntegra revives the gearless drive. RGI,2006,11:744.

[21] Karl Sachs. Elektnische Triebfahrzeuge by Springe-Verlag. 1973.

[22] Murray Hughes. Riding the world's first 350 km/h train. RGI,2009,8:26.

[23] Gordon Pettitt. The world longest and fastest high speed railway. Modern railway, 2013, 5:65.

[24] Duan Li Ren,Dennis Li. Planning the world's biggest high speed network. RGI,2010,12:41.

[25] Test centre to boost Japan's competitiveness. RGI,2013,2.

[26] A. Gladigau. Electric motive power units for high running speeds. Bulletin: IRCA, 1968, 3: 267-284.

[27] Danial Caire. The new class 16500 single phase 25 kV 50 Hz BB locomotive with Bogie with single motor and two speed reduction gear built by Alsthom for SNCF. Bulletin: IRCA Electric Traction on the Railway,1959,8:368-390.

[28] Y Machefert Tassin. The BB 9400 locomotive of the SNCF for 1500 V DC with single-motor bogies. Bulletin:IRCA Electric Traction on the Railway,1960,11:536-556.

[29] Murray Hughes. NTV gears up to launch in 2011. RGI,2010,7:54.

[30] Reinhard Christteller. Developing the high speed train of 2035. RGI,2013,3:58-60.

[31] Murray Hughes. Italo will be fast agile and fun. RGI,2012,1.

[32] J Liljeblad. The Swedish state Railways electric locomotive Ra for fast train. Bulletin: RICA Electric Traction on the Railway,1960,2:85-95.

注:IRCA——International Railway Congress Association

[33] The 6000 HP Ae 6/6 locomotive for the Swiss Federal Railway. Bulletin: IRCA Electric Traction on the Railway,1953,12:301-303.

[34] Erhard Gierth. Design problems of electric high speed locomotives. Bulletin:IRCA,1965,1:394-403.

[35] Alfred Kniffler. The class E03 high speed locomotive of German federal Railway for 200 km/h. Bulletin:IRCA,1965,10:642-679.

[36] Welhelm Koch. The new BBC cardan drive with rubber joints for high speed locomotive Bulletin:IRCA Electric Traction on the Railway,1964,1:1-20.

[37] Seizing the golden opportunity. RGI,2009,9.

[38] ВН. Хлебников. Электровоэ ,1964.

[39] БВ. Эаброви. Элестро-подвихной состав французекихХелезный дорог,1965.

[40] Hans Rudolf. Nebelung Versuche mit Lokomotiven der Baureihe E10 Für die Entwicklung der schnellfahrlokomotive E03. ETR,1965,5(5).

[41] Von wilhelm koch. Der neue BBC-Gummi-Gelenk-Kardanantrieb Für schnellfanrende lokomotiven. Elek Bahnen. 1963,5(1):34.

[42] Von Erhard Gierth. Die erste deutsche Lokomotive fur 200 km/h plangeschwindigkeit. ETR,1965,10(10).

[43] Jochen Schonfisch. Hochgeschwindigkeitszuge in Frankreich. Elek Bahnen,2002,100:68-74.

[44] Andreas Jockel. Sytegra-innovativer prototype einer nachsten Triebfahrwerk-generation. Elek Bahnen,2006,100:360-366.

[45] Andrew Benton. December openings conclude abusy year. RGI,2014,2:31-43.

[46] Rait Niklass. World's fastest train poised to enter service. RGI,2014,2:65-69.

[47] Andrew Benton. Another year of growth. RGI,2014,5:42-44.

[48] Andreas Brinkmann. 80 Jahre SAB-Scheibenrad,80 Jahre gummige federate. Raeder stadtverkehr,1958,2:13.

[49] 龚积球,龚震震,赵熙雍. 橡胶件的工程设计及应用[M]. 上海:上海交通大学出版社,2003.

[50] C. C. 乌沙科夫著. 王文耀,梅志存,徐铭译. 蒸汽机车和内燃机车的业务设备及其发展[M]. 北

京：人民铁道出版社，1957.

[51] 董锡明. 现代高速列车技术[M]. 北京：中国铁道出版社，2006.

[52] 董锡明. 高速动车组工作原理与结构特点[M]. 北京：中国铁道出版社，2007.

[53] 钱立新. 世界高速铁路技术[M]. 北京：中国铁道出版社，2003.

[54] 铁路机车车辆科技手册编委会. 铁路机车车辆手册（铁道机车）[M]. 北京：中国铁道出版社，2000.

[55] 铁路机车车辆科技手册编委会. 铁路机车车辆手册（铁道车辆）[M]. 北京：中国铁道出版社，2006.

[56] 华茂昆. 中国铁路提速之路[M]. 北京：中国铁道出版社，2002.

[57] 俞展猷. 日本高速列车车体主要技术的发展[J]. 国外铁道车辆，2004，(4)：1-5.

[58] 臧其吉. 德国高速列车技术的发展[J]. 机车电传动，2003，(5)：10-14.

[59] 臧其吉. 轮轨高速牵引动力关键技术的特点与发展趋势[J]. 电力机车与城轨车辆，2003，(5)：1-3.

[60] 张红军，等. 高速列车转向架技术[J]. 机车电传动，2004，(3)：1-4.

[61] 俞展猷. 日本新干线高速列车的发展历程[J]. 机车电传动，2003，(2)：1-7.

[62] 钱立新. 350 km/h 高速动车组制动技术的最新进展[J]. 电力机车与城轨车辆，2004，(1)：1-3.

[63] 刘有梅. 铁路高速与可持续个发展[J]. 电力机车与城轨车辆，2004，(5)：1-4.

[64] 林宏迪. 漫画机车[M]. 北京：中国铁道出版社，2009.

[65] 杨中平. 漫画高速列车[M]. 北京：中国铁道出版社，2009.

[66] 段里仁，Dennis Li. 中国规划世界最大的高速铁路网[J]. 国际铁路工程，2011，(4)：12-6.

[67] 张卫华. 高速动车组引进消化吸收再创新之引进[J]. 世界轨道交通，2006，(9)：38-39.

[68] 钱立新. 世界高速列车的最新进展[J]. 中国铁道科学，2003，(4)：1-11.

[69] 赵红卫. 列车通信网络的应用和发展——铁道科学技术新进展[M]. 北京：中国铁道出版社，2005.

[70] 余也艺. 高速运输系统安全[M]. 北京：中国铁道出版社，1996.

[71] 鲍维千. 机车总体及转向架[M]. 北京：中国铁道出版社，2010.

[72] 铁路机车概要. 铁道部运输局装备部[M]. 北京：中国铁道出版社，2009.

[73] 朱熹峰. 机车总体结构及设计[M]. 成都：西南交通大学出版社，2010.

[74] 崔殿国. SSJ3 型交流电传动电力机车[M]. 北京:中国铁道出版社,2008.

[75] 杨永林. 韶山 7D 型电力机车[M]. 北京:中国铁道出版社,2004.

[76] 杨永林. 韶山 7E 型电力机车[M]. 北京:中国铁道出版社,2004.

[77] 赵叔东. 韶山 8 型电力机车[M]. 北京:中国铁道出版社,2001.

[78] 余卫斌. 韶山 9 型电力机车[M]. 北京:中国铁道出版社,2005.

[79] 王伯铭. 高速动车组总体及转向架[M]. 成都:西南交通大学出版社,2008.

[80] 王学明,金晶,宋年武. 机车转向架技术[M]. 成都:西南交通大学出版社,2009.

[81] 赵洪伦. 轨道车辆结构与设计[M]. 北京:中国铁道出版社,2010.

[82] 钱立新. 图解国外高速铁路[M]. 北京:中国铁道出版社,2010.